媒体融合时代的视听内容生产与审美接受

冷 淞◎著

国际文化出版公司
·北 京·

图书在版编目（CIP）数据

媒体融合时代的视听内容生产与审美接受 / 冷淞著. —北京：国际文化出版公司，2021.1

ISBN 978-7-5125-1304-4

I. ①媒… II. ①冷… III. ①视听传播－传播媒介－研究 IV. ① G206.2

中国版本图书馆 CIP 数据核字（2021）第 069033 号

媒体融合时代的视听内容生产与审美接受

作　　者	冷　淞	
责任编辑	戴　婕	
特约策划	董保军	
特约编辑	周立峰	
出版发行	国际文化出版公司	
经　　销	全国新华书店	
印　　刷	永清晔盛亚胶印有限公司	
开　　本	787 毫米 ×1092 毫米	16 开
	16.5 印张	220 千字
版　　次	2021 年 1 月第 1 版	
	2021 年 1 月第 1 次印刷	
书　　号	ISBN 978-7-5125-1304-4	
定　　价	58.00 元	

国际文化出版公司
北京朝阳区东土城路乙 9 号　　邮编：100013
总编室：（010）64271551　　传真：（010）64271578
销售热线：（010）64271187
传真：（010）64271187-800
E-mail：icpc@95777.sina.net
http://www.sinoread.com

目 录

第一章
引进与原则：电视节目的内容生产

媒体融合时代，最为引人注目的往往是新兴媒体、移动媒体、融合媒体的发展，各种“电视将死”的说法不绝于耳，但实际情况则是：多种终端呈现的，依旧是电视的内容，人们热议的话题多来自电视内容；电视机构正在积极重组，走融合发展之路；电视品牌的影响力依旧较高，赢得较高收益和商业回报；在传媒产业呼唤高素质人才之时，电视专业人才依然抢手；等等。[①] 应当说，电视媒体依旧保持着发展创新的活力。

同时，“全球化”又是中国当前媒介发展的一个重要背景，在电视生产制作模式国际交流日益频繁的当下，“全盘西化”式的电视内容生产策略固然不可取，但“闭门造车”的策略肯定困难重重。如何向世界学习，以促进中国电视内容生产自身创新意识的提升和创新能力的提高，如何在中国电视产业快速发展的当下很好地消化吸收世界经验，创制具有中国特色、中国气度的电视节目，是我们应当关注的话题。

---

① 胡智锋、刘俊：《内容、机构、人才与收益：论当前媒介融合时代的电视活力》，载《编辑之友》2015 年第 3 期。

第一节　国际电视节目的本土化

在我国的文化发展过程中，历来都不抗拒“洋为中用”，也皆注重本土化的改造与创新。事实也无数次证明，继承与借鉴、融合与创新，才是促进文化大发展大繁荣的关键，对于我国电视的长远发展亦是如此。国际电视节目的本土化借鉴和改造，为中国电视的发展带来机遇与动力，刺激着中国电视不断变革、创新与发展，也引起了“本土化”“原创化”的反思与探索。与此同时，在全球化的背景下，我国电视业更应当关注国际电视节目的发展趋势，研究其内在运作机制与创新规律，以获得更为强劲的内生性发展动力。

一、回顾与远望：国际电视节目本土化的历史与趋势

若对电视进行一番寻根溯源的梳理，便能发现电视本身就是一个舶来品，就是“拿来主义”的产物。中国电视产生之初，国际视野并没有如今宽广，仅仅将学习的视角对准了苏联。尽管当时苏联的电视技术并不落后，但其僵化、单一的电视节目的诸多弊端却直接对我国造成了影响，直到改革开放之后，我国的电视荧屏才开始焕发生机。世纪之交逐渐明朗的经济全球化所产生的影响同样波及了经济领域之外的政治、文化等诸多方面。在此背景之下，中央电视台引进英国电视节目《百万富翁》的模式，推出了《开心辞典》。该节目在2003年完成了本土化改版并由此引爆了全民“答题”的热情，在宽广的世界视阈中，我国的电视人尝到了国际电视节目本土化的甜头，开始了在国际电视节目本土化道路上的不断探索。“温故”意在“知新”，我们有必要对国际电视节目本土化的历史和未来发

展进行回顾与展望。

（一）国际电视节目本土化的中国历程

所谓国际电视节目本土化，就是选择适合我国实际情况的国外电视节目模式，经过改造，使之成为我国社会制度、文化道德标准能够接受，并受到我国电视观众喜爱的节目形态的过程。[①] 而电视节目模式，则是指一档电视节目在制作中的范本依据，它包含节目的主题宗旨及内容表现形式，同时也包含节目在制作过程中的细节等元素。[②] 目前常见的电视节目模式主要有游戏益智节目、综艺娱乐节目、真人秀节目等。正是由于电视节目能够形成一个个完整的模式系统，使得电视节目这一文化样式得以迅速流动和复制。而全球化发展的现实环境，也使得热点节目模式的跨国流动，变得异常方便可行。

目前，主要的电视节目模式跨国流动方式可以分成以下几种：

A. 进口：购买国外电视节目，直接在本国播放，不对内容做任何改动，顶多加上字幕方便收看。

B. 获得许可，合法引进电视节目模式：本国媒体机构同外国公司签订合同，制作外国电视节目的本国版本。

C. 克隆：未获得许可，对外国电视节目模式进行完全模仿。

D. 改编：为了适合本国受众的口味，外国电视节目模式的关键要素被改编，根据改编程度的不同还可以再细分为开放式改编（只选择部分关键要素）和封闭式改编（高度复制）。

E. 再生产 (re-production)：本国媒体购买外国电视节目模式的脚本，仅仅将主持人更换为本国人——跟改编不同，再生产几乎没有任何本国的创造，主持人的台词可能跟母国版本一字不差。

F. 原创：本国生产商独立创作出新的电视节目模式，并且享受版权保护。然而，由于文化混杂的存在，很难做到纯粹的地原创，新

---

① 张利生：《国外电视节目本土化管见》，载《电视研究》2009 年第 8 期，第 26 页。

② 胡智锋：《电视审美文化论》，北京·中国传媒大学出版社，2004 年版，第 63 页。

电视节目模式多少带有其他电视节目模式的影子。

G. 电视节目辛迪加：在首轮放映之后，生产商将节目卖给其他的本土电视台。

H. 自由复制：某些电视节目模式（如宗教节目）被免费提供给电视台播出。①

国际电视节目的本土化大致可分为以下几个阶段和模式：

1. 克隆、改编——粗放的发展模式

我国电视业开始注重版权保护是近几年才有的事情，在此之前，不少电视节目制作是靠克隆、山寨或是封闭式改编（高度复制）来产生源源不断的“创作灵感”。克隆是指在未购买版权的情况下对外国电视节目完全模仿。往往都是少数人发现一个国外优秀电视节目模式，克隆出一档中国式节目，若收视效果可观，其他频道则“群起而克隆之”，致使我国电视观众在成百的频道中，每天只能看到几乎是出自同一个模板的电视节目。这也是中国电视创新乏力的一个重要原因，观众在五彩斑斓、不断变幻的节目中，看到的却是中国电视节目制作的荒凉。

克隆的电视节目常常会带来版权纠纷，比如，《超级女声》引起了我国真人选秀节目的火爆，也引来了英国电视节目制作公司弗里曼特尔传媒公司（Fremantle Media）对盗用其版权的起诉。然而，现行的法律是不保护思想自由的，而只是保护思想独创性的表达方式，虽然创意独特的电视节目模式才会被模仿和剽窃，但是创意无法获得版权。就像第一个发明“诗歌”这种文学体裁的人不能据此申请版权保护一样，制作公司也很难证明电视节目模式能够受版权保护。② 有关部门表示，只可以保护有形实体，如文字、图案、名称等，不能保护游戏规则、主持人形象等属于创意和思维范畴的

① 刘玉龙、陈永华：《台湾电视产业的克隆、改编、引进与创新》，载《电视产业、节目模式与全球化》2004 年第 1 期。

② 罗莉：《浅析电视节目模板的法律保护》，载《法律科学》（《西北政法学院院报》）2006 年第 4 期，第 31—36 页。

部分。[1] 英国传媒公司起诉《超级女声》的不了了之，也从侧面印证了以上说法，但这并不代表肆意克隆、山寨就是我国电视节目制作的正确选择。事实也已证明，在毫无克制的克隆之下，我国电视早已陷入了同质化的怪圈，电视节目模式使用的“过劳死”和观众的审美疲劳，最终对这种粗放的发展模式做出了回应。粗放式的克隆与复制尚且谈不上“本土化”，这仅仅是国外电视节目创作本土化尝试的萌芽。

2. 合法引进——抢攻市场的新路径

我国电视在经历了克隆、照搬之后，逐渐走向了模式引进。而在模式引进之初，却也经历了一段对外来模式囫囵吞枣的时期，效果不甚明显。直到 2010 年，《非诚勿扰》与《我们约会吧》这两个同是使用英国电视节目模式 *Take me out* 的节目又产生版权之争，才使得电视节目领域的“版权保护”重新走入公众视野。饱尝了无序克隆、肆意山寨之苦的中国电视人，在近几年中逐渐开始意识到版权保护的重要性，从中央电视台，到各省级卫视频道，都开始了购买国外电视节目模式版权的新战略。

2012 年浙江卫视推出了《中国好声音》，此节目购买的是荷兰节目 *The Voice of Holland* 的版权，在专业团队的制作和本土化改造之后大获成功。海外版权方大都会提供一份动辄上百页的节目说明书，从创意来源、灯光舞美、环节流程、嘉宾设置等进行全套说明，并派出专业人员进行现场督导，参与节目的改造、制作、执行、宣传、营销等各个环节。[2] 这种一条龙式的服务，使购买版权的国内电视人的国际视野得以拓宽，整体水平得到提升；国外积累的先进经验足以让一贯缺乏系统训练的国内电视人快速成长。这种简单易行又能迅速抢占市场的速成秘籍，让国内不少电视人跃跃欲试，不断探索新的国际电视节目模式的引进渠道。到 2012 年，我国国际电视

---

① 吴勇：《电视业界谁当王海〈梦想成真〉申请版权保护再碰壁》，《北京晚报》2009 年 8 月 19 日第 10 版。

② 杨林：《海淘节目模式，好声音“蒙对了”？》，《新京报》2012 年 10 月 19 日。

节目模式引进渠道大致有三种：一是主流电视台和创意研发机构在亚洲的办事处，比如英国 ITV 电视台（Independent Television）、荷兰 ENDEMOL、欧洲 RLT 集团旗下的弗里曼特尔传媒公司（Fremantle Media）等三家创意模式版权出售方；二是代理多个公司模式版权的中方中介公司，比如《中国好声音》合作的 IPCN 传媒（International Program Content Network）；三是独家代理境外版权方模式产品的公司，如英国广播公司（British Broadcasting Corporation）的独家代理，与湖南卫视《名声大震》合作的世熙传媒。[①]

3. 模式与细节——本土化的实践成败

然而，引进国际电视节目模式并不是万能的，本土化改造是最终成功的关键。西方的文化、价值观念与我国有着诸多差异，甚至还存在着很多对立面。西方的主体价值取向是崇尚力、崇尚智、崇尚竞争、崇尚个人英雄主义，而我国的主体价值则崇尚“仁”、崇尚和谐中庸、崇尚情感，崇尚集体主义。[②] 在人生哲学上，西方哲学是一种痛苦哲学，无论是但丁的《神曲》还是莎士比亚的悲剧，都是一种悲观哲学、痛苦哲学的彰显。中国哲学中的人生哲学的主要特点是一种安宁、快乐的人生哲学。因此孔子说“学而时习之，不亦乐乎”；孟子说“反身而诚，乐莫大焉”；王阳明的弟子王心斋说“人心本自乐”，即人心最根源的东西就是建筑在快乐上的，也就是李泽厚先生所说的“乐感文化”。

因此，西方电视节目从不避讳人性之恶。它可以在真人秀节目《幸存者》（*Survivor*）中毫不掩饰地表现人性的自私和伪善；可以在《真心话大冒险》（*The Moment of Truth*）中肆意表达出伤害亲人，甚至造成家庭破裂的真话；还可以在《101 杯具淘汰法》（*101Ways To Leave A Game Show*）中，展现对失败者近乎残酷的各种惩罚。而这些价值观的呈现则不能够被国人所认同，因此对国际电视节目的

① 俞虹、肖妍琳：《引进·走进·跨进——海外电视模式版权引进机制与本土化生存研究》，载《南方论坛》2012 年第 5 期。

② 辜正坤：《中西文化比较导论》，北京大学出版社，2007 年版，第 64 页。

引进需要鉴别和本土化改造。在我国电视人有意识或无意识的本土化改造中，能够把握中西方文化差异并进行再创造的节目才能够立得住脚，那些不加以鉴别而把握不了受众需要的节目，在电视节目模式引进中吃了不少苦头。

《中国好声音》的成功就让国人大赞模式引进之成功，让众多电视人也都摩拳擦掌，希望在下一轮模式引进的比拼中大获全胜。“盲选+转椅”，这一被全世界证明了的好用模式，拿到中国也给国内观众带来一股新意。大投入、大制作和装置创新，使观众感受到了“大片”的魅力。《中国好声音》的成功不只是对原有模式的较大程度的尊重，更在于其合理的本土化创新。《中国好声音》总导演金磊认为：“本土化就是讲好中国人的故事。”[①] 而他正是按照他所表达的那样，讲述中国老百姓的真实故事，抓住老百姓的心声和兴趣来做节目。节目将四位导师塑造得各具特色，不时真情流露，散发人性光辉；将参赛选手的背后故事进行深入挖掘，为观众展现出了一个个用生命诠释艺术的温情人物，准确地抓住了中国观众的心理需求。

对电视节日模式的引进和改造，并不是每一个节目都能“拿来有效”。同样是浙江卫视 2012 年打造的节目《心跳阿根廷》，结果就没有预想的好。《心跳阿根廷》的节目模式来源于世界知名电视制作公司荷兰 ENDEMOL 的《101 杯具淘汰法》，此节目在西方同时有英国版本和美国版本，虽然这两个版本在具体环节上有些差别，但相同的是，不论哪种版本，都是让被淘汰者以几近极端的方式离开现场，比如用喂鲨鱼、炸弹飞车、恶狗扑食、人体大炮等方式让被淘汰选手离开。如前所述，中西方在价值观方面有着本质差异，这样“火爆”的惩罚方式根本无法让我国观众接受。《心跳阿根廷》节目在本土化的过程之中并没有采用如此极端的惩罚方式，仅仅在其原版节目的众多惩罚方式中选取了较为适合播出的若干项经典的方式，但尽管经过了精心挑选，一些惩罚措施对于我国观众来说仍

① 冯军：《“限娱令”下外国综艺本土化过程中的决定性因素》，载《视听纵横》2013 年第 2 期，第 65 页。

显刺激。此节目在第一季由于其形式和淘汰方式的新颖性吸引了一些观众，但在第二季之后便因为惩罚方式高度重复，导致节目单一，新鲜感丧失，从此一蹶不振。除此之外，在面对惩罚时，一些娇生惯养的80后选手表现出的惊慌、怯懦、哭泣、放弃等负面情绪，也大大削弱了人物的表现力，引起了观众的反感。

由此可见，我国国际电视节目本土化能否成功，可以说是模式决定命运、细节决定成败。然而，我国电视节目引进与本土化风风雨雨的十年之中，无论是轰轰烈烈的克隆山寨，还是有板有眼的模式引进，都未将我国的电视节目创作引上一个更高的台阶，在这一阵阵引进与本土化之风的繁华背后，我国电视节目依然未能改变创新能力低下的现状，优秀电视节目出现偶然大于必然，昙花一现之后终究是无尽落寞。

（二）中国电视节目本土生产的创新匮乏

美国加州大学伯克利分校的社会学教授吉特林在精心考察后得出结论：电视业者一心追求做出广受欢迎的娱乐节目，而且迷信制作此类节目的唯一公式就是保持现状，追随现有的成功先例，其结果是所谓的新节目无非是老套路的重新搭配。即使偶有创新，其后续往往也是最终回到老路子上来。① 这一结论深切地道出了我国电视节目生产的现状。我国电视人的众多行为在这个争先恐后引用国外先进模式的时代，都自动变成了一种“一次性”行为——一次性投入和一次性收获，获利之后甚至连反思都省去，直接投入到下一轮的“一次性”行为之中。而在这行为和偶然成功的背后，却是创新机制和创意战略的匮乏。

① 苗棣、任阳梅：《我国电视节目类型的发展与创新》，载《电视研究》2008年第10期，第67页。

1. 我国的本土化创新传统

并不是说学习别人的东西就不再有创新的余地，从古至今，我国都是一个在文化上兼收并蓄，极具包容性的国度，也正是由于长期对本土文化和外来文化的不断融合、创新，才造就了我国博大精深的民族文化和深厚的历史意蕴。对外来文化本土化创新，从来都是我国历史发展的自觉过程。唐朝包容外来文化，穿“胡服”、吃“胡食”等，利用外国文化与本土文化结合创新的方式，将中国打造成中西方文化交汇的世界中心。而印度佛教传入中国时，也同样与中国的儒家文化和道家文化形成了“三教合一”的创新融合。

我国的新文化运动，无论是“诗界革命”“小说界革命”抑或是“白话文运动”，说到底也同样都是“西学东渐”“洋为中用”，将西方文化思想与中国传统思想相结合进行创新，在“拿来主义”的意识之下以本土化的创新自觉加以引导，从而引领了中国文化的新发展。除此之外，将马克思主义的革命真理同中国革命的具体实践相结合，这不同样也是我们党智慧地兼收并蓄的本土化创新吗?

没有继承就没有创新，当然没有借鉴也没有创新。从古至今，中华民族都是一个重视本土化创新的民族。而如今在看似繁华的电视荧屏之上，却鲜见创新的光辉闪现。但如果这样就说我国电视人创新能力低、思维惰性大，却是非常不公平的，我国电视领域创新匮乏，其实也有着深刻的内在原因。

2. 创新匮乏的直接原因

（1）创新空间缩小——花样好像都玩完了?

我国电视业的早期发展深受苏联的影响，电视节目模式和风格都僵化、单一，而在那个时候，我国电视业的创新空间可以说是非常大的。随着改革开放的逐渐深入，人们的视野变得宽广，思维也更加活跃，打开国门看世界的中国人逐渐认识到可以发挥自己的想象创造更多的新节目，于是，电视谈话节目、脱口秀以及 MV 等一大批形式新颖的电视节目形态不断涌现，并都受到了观众的欢迎。

在那个大众文化日益兴起而人们的娱乐手段又不多的年代，电视成了绝对的强势媒体，电视节目的创新既有广阔的空间，又有强大的内在动力。

进入21世纪之后，随着经济的飞速发展，人们生活有了巨大改善。互联网将诸多不可能变成了可能，在全媒体时代，人们所有的活动时间几乎都能被另一种媒体占据，电视的观众被瓜分得支离破碎。在多元的娱乐世界中，电视所能提供的愉悦性已相对减弱。而我国的电视节目形态已趋于完善，一般性的创新已不能再引起观众的兴趣，这让很多人不时会发出“是不是所有的花样都玩完了”的感叹，电视节目大有江郎才尽之感。

（2）创新风险增大——谁来为电视买单？

创新就必定伴随风险。所谓风险，在经济学家看来，是一个函数，即不确定性（或者失败的概率）与一个人或组织的资金投入的乘积。① 随着电视创新空间的逐渐缩小，创新的风险也在相应地增大。电视节目创新的风险主要体现在以下四个方面：

其一，市场风险。市场是一个多元混杂并且不断变化的概念，在电视节目创新时，能够及时把握市场走向，准确定位市场需求才能够创造出合时宜的节目。而做到对市场需求的准确把握却并非易事。除此之外，对受众目标的掌控也是创新能否成功的因素之一。如何定位并且吸引受众目标，这就需要创新者的准确判断和对节目以及受众的充分了解和掌控，否则就会面临失败的风险。再有便是对竞争对手的了解和掌控是否准确。一个创新节目的差异性常常决定着节目的成败，而节目制作者要充分了解市场和竞争对手的动向，创造差异性的节目，才能有机会脱颖而出。

其二，宣传风险。宣传管理是中国电视体制环境的制度特色，也是节目创新不可逾越的底线与边界，所以，宣传风险主要来自节

① 彼得·斯卡辛斯基、罗恩·吉布森：《从核心创新》（陈劲译），北京·中信出版社，2009年版，第182页。

目创新与宣传管理之间的契合性状态。[①] 因此，节目的宣传要符合主流的要求，要做到契合主流价值观，把握好宣传尺度，无论创新是过于保守还是过于激进都不利于节目的后续发展。

其三，社会风险。电视作为一个大众娱乐的工具，和社会的联系是最为密切的，创新不能够忽视其所能带来的社会效果。因此，电视节目的创新要充分认清当前的社会形势和大众心理，要做到创新与当今社会发展相契合，也要与复杂的大众心理相契合。要做到将创新与众多矛盾问题的调和达到一个平衡的状态，并在这个基础上弘扬公平和正义，传达正能量。

其四，技术风险。技术与艺术结合是电视节目呈现的方式，只有将二者恰当结合才能够保证节目成功。当今科技迅猛发展，对技术的过度或超前运用都会使节目创新与观众接受相脱节。保守使用技术虽然能够大大降低电视节目制作成本，但会影响节目效果，给人以落后之感。因此，技术使用与艺术呈现是否能够相得益彰，尤为重要。

面临这种种风险，在竞争激烈的市场经济条件下，一个投入巨大的新节目如果没有观众、没有收视率，谁来为其买单？这个严峻问题使得不少有想法想尝试的电视人望而却步。于是，与其冒着巨大的风险，将大量资金投入到一个不知效果如何的节目之中，倒不如采用克隆、模仿或者购买国外版权这些低风险的方式。于是，我国的电视人便纷纷投入到发现国际优秀电视节目模式的行列，都希望自己能够跨上优质电视节目仿鉴的头班车。

3. 创新匮乏的根本原因

当今，没有一个国家的经济发展速度像我国如此惊人地突飞猛进，而相对于快速腾飞的经济，我国电视节目的创新却是如此迟缓。放眼西方，比如英国和日本，一个优秀电视节目模式的产生需要经

① 胡智锋、杨乘虎：《中国电视节目创新问题之观察与思考——中国电视节目创新问题研究之一》，载《现代传播》（《中国传媒大学学报》）2011 年第 6 期，第 77 页。

过长达几年的酝酿，且都需要科学系统地思考、研究和论证，几乎每一个节目模式都是经过仔细打磨的结果。反观我国的电视节目，改版速度之快甚至让观众来不及仔细回味。经济的飞速发展影响到了社会的各个方面，包括电视行业。全世界都未经历过的快速发展，使整个社会都处在一个急躁、匆忙、无法停歇的状态之中，电视业若想独自停留在一个地方细细思考、琢磨、研究，终究无法做到，也没有那样的社会环境来支持电视人这样做。因此，并非我国电视人真的缺乏创新或者说全都懒惰，而是由经济飞速发展所形成的社会环境和社会状态，已让中国电视业无法停下来思考，这才是我国电视节目创新匮乏的根本原因。如何在当下快速变化、暂无停歇的社会环境中，在媒介急速变革、不断迭代的情况下，进行细致缜密的思考，进行留有余味的创作、后劲有力的创新，是中国电视业急需冷静理性对待的重要问题。

（三）国际电视节目本土化的努力方向

尽管我国的电视节目创新面临着种种现实风险和困难，但有创新就有风险，这是所有的创造活动都必须面对的现实。在饱尝了粗放式克隆、模仿之苦之后，我国电视人是时候思考如何开始真正的中国本土化之路了。历史的经验无数次证明，继承与借鉴、融合与创新，才是促进文化大发展大繁荣的关键，对于我国电视业的长远发展亦是如此。

1. 走出创新误区，坚持和而不同

电视艺术的生命力来自不断创新，法国著名电影导演弗朗索瓦·特吕弗曾提出自己的见解："真正吸引观众的并非规则，而是例外。"[①] 艺术生产与其他生产不同的地方，就是它不能简单地复制已生产过

① 弗朗索瓦·特吕弗，《眼之愉悦》（王竹雅译），江苏南京·凤凰出版社，2010年版，第74页。

的东西。被称为“德国最后一位知识分子”的德国哲学家瓦尔特·本雅明曾对艺术的复制进行过深入研究，他这样讲：“即使在最完美的艺术复制品中也会缺少一种成分：艺术品的即时即地性，即它在问世地点的独一无二性。在对艺术作品的机械复制时代凋谢的东西就是艺术品的光韵。”[①] 而其“光韵”则是指每一个艺术作品独特的审美价值和艺术魅力。

但所谓的创新并不是盲目创新，电视节目的创新并不是一味推翻所有，不讲传承。在当今激烈的竞争环境之下，追求突破、渴望超越的心情和愿望可以理解，但超越不能割裂传统，而是要建立在继承的基础上。当下许多人将改版理解为彻底改变，这就背离了创新的初衷。将节目创新视为从未有过的独创观念，如同鲁迅先生所说的，“用自己的手拔着头发离开地球，既不现实，也不可能”。任何事物的发展变化都是一个从量变到质变的过程。我国的电视节目创新要注重从我国的优秀传统文化之中吸取精华，只有对已有传统和经验进行批判地吸收、鉴别地采纳，才能够创造出既有厚度又有新意的电视节目。

创新虽然大多数是个体的灵光闪现，是个人化的思想行为，但是在电视节目的创新过程之中，并不能忽略接受主体这一客观存在。作为传播主体的创造者要关注接受者的审美需求，而不是一味地闭门造车。将创新与受众的需要对接，才能实现有效创新。

此外，当前的很多创新行为都只关注当前效应，而忽视了长远发展。对当前的发展趋势保持一定的敏锐度并适时创造出时尚的、符合当下人们接受的电视节目，会引起一时的轰动效应，获得一定的经济利益，但长此以往，好节目便只是昙花一现，又造成了成功偶然大于必然的可悲后果。在电视节目中，所有能够历久弥新的创新成果都是着眼于长远效应的创新，都是注重内在品质和审美品格的优秀节目。

---

① 瓦尔特·本雅明：《机械复制时代的艺术作品》（李伟、郭东译），重庆出版社，2006年版，第89页。

创新固然重要，但要认清创新与传承、传者与受者，以及眼前效应与长远效应的辩证关系，走出创新的误区，在和而不同、兼收并蓄中真正实现创新的目的。

2. 重塑文化自信，通向文化自强

我国的文化在兼收并蓄中发展，然而，学习和借鉴的外来文化多了，却容易产生认为外来文化比本国文化好的错误印象。诚然，在科学技术发展的某些方面，我国确有相对落后之处，经济发展虽然速度迅猛但起步较晚，但这不能抹杀我国上下五千年所形成的文化的先进性。然而，事实却常常事与愿违，崇洋媚外者不少，真正看到我国文化先进性者却不多。我国的民族文化正面临着自信心丧失的困境。

不可否认，当下由于一些创作者对文化的不自信，盲目创作了一些令人担忧的影视文艺作品。对文化精神构建的功能不自信者，做出了一系列只重经济效益不重社会效益的作品；对民族文化审美优势不自信者，做出了一系列只重外表不重内涵的华丽空洞的作品；对历史传统文化不自信者，做出了一系列肆意篡改、戏说的虚无作品……凡此种种，都是创作者对文化丧失自信在电视节目制作领域的表现。殊不知，这些作品终将蚕食我国强大的民族精神。因此，我国的电视人要擦亮自己的眼睛，理清自己的思绪，重塑对我国博大文化的自信心，在对待外来文化时，同样也要注重培养对其吸纳、兼容和再造的自信，而不应一味地盲目崇拜，认为外来文化全是精华。费孝通先生在谈到“文化自觉”时提出了坚持“各美其美，美人之美，美美与共，天下大同”的文化兼容观，值得我们珍视。所谓“各美其美”，就是每一个人、每一个民族要以自己最美的东西为美；所谓“美人之美”，就是要以开放的眼光，善于学习和借鉴其他民族、其他国家、其他地区的有利于本民族、本国、本地区的有用的东西，为我所用；所谓“美美与共”，就是立足于我们改革开放的现实土壤，把中华民族的优秀文化同世界的优秀文化交融、整合、创新，创造

出既富民族特色又富时代特色的社会主义先进文化。[①]

3. 找准核心竞争力，实现效益最大化

我国电视节目的制作者大都希望通过购买一个优秀的电视节目模式获得成功从而获利。虽然翻版能够获得稳定的经济效益，但事实上这些经济效益只是一小部分，真正受益者是产权的拥有者。比如，依靠“流行偶像”发家致富的福莱门特公司，仅仅靠一个《美国偶像》就从福克斯娱乐集团的口袋里掏走了超过7500万美元的授权费用。[②] 由此可见，节目创新才是一种更为重要的盈利途径，它不仅在节目的制作上产生作用，还可以以模式版权的方式进入市场交易。因此可以说，在电视节目制作领域，创新才是核心竞争力。

长期以来，以英国、荷兰为代表的欧洲国家主要扮演了上游的“原创大户”角色，每年为全球输出大量节目模式。而美国由于其本土需要大量节目的现状，出口节目模式相对欧洲国家少。由此，可以将这条全球电视节目模式的产业链简单描述为：欧洲原创，在美国大市场获得验证，然后推广到全球。

我国的电视人要找准创新这一核心竞争力，同时积极地融入这条全球性的电视节目模式产业链中去，只有这样才能实现效益最大化的目的。

任何艺术作品的发展与产生社会影响都和创新有关，而所有创新都与差异性有关，所有的差异性又都与稀缺性有关。从这个意义上来说，我国电视节目制作无论是靠克隆、模仿还是靠模式引进都不能使我国电视节目有更大的突破性发展。我国电视已经必须面对世界，与其仅仅在世界的一角捡拾别人的成果，不如真正融入全球性的竞争之中，面对真正的挑战。勇敢地将我国传统的文化全球化、将世界的文化本土化，不仅要让本国的文化成为世界的，也要让世界的文化成为自己的。

---

① 仲呈祥：《文化自信的力量》，载《求是》2011年第7期。

② 载《传媒主张》（SMG发展研究部主编）2007年第4期。

二、寻觅与互鉴：国际视频节目模式发展的增量前瞻

回顾中国视频节目崛起的辉煌十余年，其先后经历了对海外节目仰慕学习、盲目抄袭、版权引进、元素借鉴、自主原创等不同发展阶段。现如今，我国视频综艺稳健发展，产量与质量不断攀登新高峰，甚至少数精品节目成功出海，实现了视频节目样式与创作理念的对外输出。但不可忽视的是，海外优秀视频节目模式依然代表着行业顶尖水准，成为争相模仿研习的对象。尤其当下对不同领域探索挖掘和借鉴融合的创新性研究趋势，着力突破既往叙事框架的约束和美学表达的限制，持续完善着创作方法论，在形式与内容上时常推陈出新，成为创新迭代的重要推力。这些先进的制作经验、发展规律、创新理念与内在逻辑仍需中国综艺行业积极关注、主动学习、努力把握，以期为创作生态注入新的活力，指明新的方向。

（一）纵深高维：创新迭代的通用方法与融合发展的路径选择

打造一档成功的综艺节目模式大多基于天时、地利、人和三要素。所谓“天时”是指推出时机恰当，经典的《学徒》（*the Apprentice*）系列就抓住了美国社会创业就业的风口；“地利”指适应本土文化，风靡各国的“好声音”离不开对音乐的重新具象阐释；“人和”指窥视人情人性，荷兰的《幸存者》（*Survivor*）、《老大哥》（*Big Brother*）则坚持挖掘特殊境遇的人物内心抉择。遍观各国制作公司的成功案例，这些作品无不通过目标人群的严谨调研和平台气质的绝佳匹配，加诸强有力的选题支撑和资源集聚，进而谋求对传统经典元模式——达人秀、真人秀和脱口秀——的颠覆超越或交叉融合，最终在主题宗旨及内容表现上脱颖而出，乃至形成优秀范本可供规

模化效仿，共同建构一定时期的影像审美活动。

而囿于社会审美趋势的频繁波动，很难有综艺节目能历经数年依然备受追捧。那些人气日益下滑的综N代更多的是面临两种截然对立的回馈，粉丝拥趸或是吐槽新一季节目改动超出期待视野，失去继续追看的兴趣欲求；或是反映内容毫无新意、老调重弹，转向其他新近涌现的作品。于是乎综艺节目市场经常处在一种特殊的循环局面。新的题材模式出现伊始便有大量制作公司蜂拥而上，及至播放时便出现各大平台相似内容扎堆、撞车的奇观，热度退却后又集体落幕，只余个别精品试图推出续作。而当下一波风潮更迭时即新一轮的比拼竞争开始时，多元题材与个性表达不断被单调内容和类型叙事所冲击，周而复始，形成难以跳脱的创作怪圈和收视困境。

究其根本，还是由于内容同质化所带来的双重审美疲劳。当大同小异的视频综艺在一定频率内长期集中出现，这些极其接近的视听符号和美学风格不仅消解着节目的审美价值，更让个体产生的刺激快感在综艺内容的筛选过滤和反复接受实践中趋于弱化，美感过载严重时便会产生倦怠心理和排斥现象，最终导致观众终止此次收看行为。因而往往同类节目的收视和流量数据在播放前期攀升后便逐渐回落，只余部分忠实人群留存。

而类型化探索的纵深发散思维与融合式试验的高维拓展实践，则通过大幅创新既往节目形式，满足了不同受众的审美需求和收视期待，成为国际综艺创作的通用方法论和突围破解之道。从纵向来看，如今综艺的研发周期愈发缩短，对各个领域题材的深耕挖掘产生了无限垂直精分的创作景观，通用的母题可以有效覆盖普罗大众，个性的样态同样能够吸引特殊人群，充分满足多元的观赏诉求。从横向来看，吸纳融合相近艺术门类的表现手法不仅有效实现了叙事逻辑和视听语言的高维升级，还延展了综艺主体内涵，突破美学呈现维度的瓶颈，作为众多国际制作公司摒弃传统式微技法、追求迭代发展路径的新选择。

（二）垂直精分："包罗万象"的大众辐射与"情之维系"的知音寻觅

伴随媒介技术的不断演进，移动互联网时代受众的能动性得到极大提升，对综艺的观看由既往议程设置下被动的收视行为转向多元渠道积极的自主寻觅过程，收看偏好表现出鲜明的个性特征和显著的审美差异。因而当前国际综艺制作公司均针对不同群体的欣赏诉求，合理分配资源，布局综艺版图，以期热切回应观众的实际娱乐休闲需要，进而抢占市场份额，实现经济效益，最终使历年来生产播出的节目数量不断攀升。

这些类型异常丰富的作品，不仅构筑了包罗万象的内容场域，辐射覆盖到各类收视人群，推动全球综艺行业走向以用户为主体的生产创作格局，还逐渐呈现出综艺垂直精分的内在演化脉络：即平衡大众题材与小众题材，协调普通领域与专业领域，打造维系情感的独特价值因素，寻求覆盖圈层的最大公约数，最终得以形塑持续而健康的观看黏性。

1. 共性母题的圈层出新

常见的综艺题材包括音乐舞蹈、戏剧表演、美食旅行、访谈交友、购物带货、游戏竞技等多种样式，涉及生活娱乐的方方面面。国际制作公司历年来不断开发这些类别的共性母题，已经创作出大量兼具口碑和效益的优秀作品。但随着时间推移和资源消耗，常规题材区隔于重新部落化下相对封闭的文化圈层，普适性内容被网络场域独特的话语规则和编码、解码体系所屏蔽，节目自然难以有效触达不同粉丝族群的兴趣边界。因而更加注重不同圈层观众的审美需求，适配粉丝经济的精准营销，是当前国际综艺研发的着力点和大势所趋。

制作方惯常预先研判收视主体的用户画像，精准定位节目的价值导向、内容形式和风格属性，继而围绕产生的系列标签和元素来聚合具有相似审美品位的想象共同体，以较高关联度催发集体认同，完成规训内化。对于圈层文化的消费群体而言，驱动他们进行选择与否的标准是内容与创新以及精神与情感的满足。① 因此新颖的题材表达、新锐的主旨内涵、新奇的结构逻辑、新潮的风格气质、新兴的人物设定等辨识度较强的综艺作品，在相当程度上更能拉升初始收视数据和早期用户流量，进而有机会通过自我情感的投射引发深层共鸣，产生移情效应，围绕观众的身心投入，完成现实生活精神需求缺失的代偿，在主体意识的推动下实现自发而稳定的观看与留存。

2. 个性样态的大众围观

共性母题融合鲜明特色和稀缺元素，可以有效带动一定圈层社群内的关注，但并不代表其他兴趣群体同样青睐有加。合理调控小众和大众，打造兼具专业性和普适性的“专众”综艺，也一直是国际制作方试图让个性样态的综艺作品突破圈层限制、追求大众围观、开拓市场份额的重要举措。

就美食类综艺节目而言，其与日常生活息息相关，但浅显展现不同家常菜肴的制作流程注定唯有少数学习烹饪的人群关注，而以《国际名厨争霸赛》（*The Final Table*）和《英国家庭烘焙大赛》（*The Great British Bake off*）为例，前者集结全世界知名的精英大厨，聚焦不同国家地区的风味美食佳肴，最终评选出获胜者；后者由不同年龄层次、不同职业背景乃至不同国家种族的烘焙爱好者构成，在丰富多样的比拼环节中穿插讲述参赛选手的人生故事，这两档综艺均适当中和小众心理需求与大众围观潜力之间存在的矛盾冲突，分别破除地域和文化圈层、年龄和代际圈层，并在主题内容展示、竞赛目标设定、人物情节关系等关键因素上最大限度满足民族阶层、文化背景、年龄代际、情趣爱好不一的受众。

其他诸多成功的个性化综艺同样选择对题材、内容、形式等方

---

① 杜娟：《新消费体现圈层文化内在需求》，2019 年 12 月 5 日《社会科学报》，第 4 版。

面进行特殊处理，着重考虑圈层外潜在的大量心理需求，确保节目文本所呈现的人物嘉宾、语言对话、运转机制等表征意义符号具有共同的理解以及大体一致或接近的生活经验和相应的社会文化背景，从而在播放过程中不断扩大共通的意义空间。如此建立观众与节目的认知纽带，并借助圈层文化内附的新型意见领袖、内容创造能力和自发分享基因，以良好口碑的发酵催生舆论热潮，社交媒体的渗透引发大众围观，经历多轮创新扩散过程的节目最终能够取得显著社会价值和经济效益。

3. 超级资源的无限细分

既有的经验是宝贵的财富，但有时也会束缚创新思维。以往中国综艺节目，在内容选择上基本固定于唱歌、跳舞、言谈、游戏、表演等，但其他领域的资源也值得挖掘。工、农、学、兵，科、教、文、卫、体，不同领域的资源对于综艺创作来说都是超级富矿。在无限垂直精分的态势下，综艺节目一味求新、求奇反而是本末倒置的，因此，目前不少国际制作公司也在注重不同视听资源的合理利用和最佳组合，发挥创新题材的最优效果，获取更为广泛的关注。

譬如歌曲舞蹈、男团女团可以比拼才艺和竞技选拔，而《美食网烹饪大赛》(*Food Network Challenge*)比拼蛋糕复刻经典造型的创意，《麻理惠的整理秘诀》（*Tidying Up with Marie Kondo*）关注收拾房间杂物的能力，《乐高大师》（*Lego Masters*）聚焦乐高玩具搭建的技巧等。其他具有操作性的技能，具有观赏价值的实体单位同样能够展露荧屏。餐厅、店铺、旅馆、客栈可以经营体验，《肉食家族》(*Meat the Family*)调整传统饮食习惯，《共享之家》(〈공유의 집〉)体验共享经济乐趣，《美味的广场》（*Delicious Rendezvous*）推销当地风味特产等，相关足以支撑叙事的场景同样能够模拟生存。《妻子的浪漫旅行》《女儿们的恋爱》等可以观察感悟家庭代际关系，《和老板同住》（*Living with the Boss*）检验雇主雇员关系，《花样爷爷》（*Flower H4*）刻画老人处世哲学，《卧底教师》（*The Secret*

Teacher）展现学校教育发展状况，此类社会个体境遇同样能够引发共情共鸣。

越来越多的国际制作公司转移制作焦点，不再囿于传统题材，逐渐通过资源的无限细分和重新语境化开拓了综艺版图。但这一举措并不刻意追求填补类型的缺失，而是将创新作为内在驱动和价值标准，依据细分用户内在的心理需求，挖掘多元发展方向，寻觅具有流行潜质的综艺类别。对准不同粉丝的情感痛点和观看定势，以审美再造的匠心配置优质元素和妥帖场景，打造让观众产生心理维系、情感寄托、知音陪伴等属性的内容，发挥影视美学的社会功能，如此作品才会在当前文化圈层语境下培育更持久的生命力和忠实度。

（三）艺术升维：叙事场景的跨域融合与视听语言的媒介互鉴

全球每年视频综艺的产出量不断攀升，这主要来自观众对优质内容需求的日益高涨。但作品想要以内容厚度、思想深度、情感浓度取得出色的口碑和流量，除却题材类型的创新表达因素，精良视听艺术质感同样至关重要。因而近年来国际制作公司在增强节奏性、娱乐性和竞技性等节目体验之余，还针对传统综艺弱情节逻辑、弱审美取向等短板，开始逐步参照借鉴其他艺术门类独特的符号元素，如故事讲述形式、美学呈现风格等方面；吸纳融合先后涌现的新兴技术资源，如叙事创新和场景重构等表现特征。这一艺术升维的尝试探索为综艺文本内容带来了剧情化、奇观化、窥视化等新的制作趋势和发展增量。

1. 艺术真实下的叙事手法

从世界范围来看，国际综艺行业在迅速发展迭代的进程中，不断对戏剧、电影和剧集等艺术的成熟叙事手法和结构美学进行充分借鉴和学习，其整体的专业化程度和职业化分工愈发凸显。尤为突出的便是专业编剧的引进，使得综艺的环节流程把控、任务目标设定、矛盾冲突设计等剧情化编创思维成为常态，为节目的艺术性创作奠定了基调。

无论是歌舞、乐器才艺等技能式的选秀表演，还是观察经营模拟等日常类的生活实验，国际综艺渐趋超前配置相关资源而减少临时场面调度、弱化刻意表演成分，部分甚至采用纪录片式的纪实手法。许多出乎意料的矛盾与反转让节目更为自然、真实，饱含戏剧张力。而人物形象设定和关系塑造方面，则依据不同嘉宾的身份背景和性格特点来完成，多样、明确的角色定位映射出纵深立体的人物弧光，激发出充沛饱满的情感表现。

综艺制作的其他关键流程同样在遵循艺术真实原则的前提下需要有高度专业化的操作。如充分挖掘精良服、化、道和视效舞美的潜力，灵活设置多机位和分镜头拍摄大量素材片段，并通过对叙事时空的节点选择、顺序安排、程度变形等蒙太奇剪辑手法，以及影像资料的后期组合技巧，架构起节目的情节推进和节奏发展，在多线性、碎片式故事编排基础上增强叙事表意，形成完整封闭的故事结构和艺术世界。

此外，综艺的叙事模式也逐渐突破传统二元结构，在雅与俗、教化与娱乐的对立面找到平衡点，发挥节目的思想性和价值性指向。而这一趋势形成的过程中，不仅产生了包含图文音像的多媒体叙事，还有丰富的衍生作品和多种传播渠道独立运转的跨媒体叙事，以及实时互动的交叉媒体叙事，促使综艺摆脱人物、故事、游戏、语言等叙事元素的简单拼接叠加，实现了节目样态和审美价值的跨越升级。

2. 场景塑造下的视听奇观

综艺不仅拥有类似音乐、舞蹈、运动、表演元素这样动态的时间艺术形式，还具有摄影光线、色彩、场地、构图等静态的空间造型属性。随着传媒领域在影像构造方式和数字智能特效等相关方面的视觉技术手段的不断进步，国际综艺也不断加强了对影视美学表意空间的借鉴，逐渐发展到场景的构建思维和画面的极致呈现。这些技术在节目中大量运用，不仅给观众带来良好的审美体验，更催生后现代社会视听文化生产与消费的奇观。

近年来国际上形成风潮的场景化设置策略便从空间维度突破综艺传统叙事的桎梏，追求极致的视觉效果。一方面是极致匹配内容。从场地的选取搭建、道具的配合使用，到镜头的视角切换，均高度服从于内容主旨。具体而言，越来越多的综艺节目主动模糊棚内和户外的范围，叙事场所不再局限于一地一景；积极打通台前和幕后的边界，选取舞台之外的内容或许更具特殊的意义价值。甚至连同机场的候机室、游乐场的过山车、医院的产房、超市的收银台、住宅的楼顶等场地资源都能开发利用。多元场景的塑造既强化了实体道具的仪式感，也大幅拓展了综艺有限的叙事空间。而从摄制环节来看，影视作品的优秀镜头语言也为国际综艺大量模仿使用。有航拍的高空取景和全知俯瞰视角，也有特写的面部神情和肢体动作等细节刻画；有运动下的快速跟随追踪，也有静态下的普通记录写实。这些多重的拍摄视点丰富了综艺节目内容的表现层次。

另一方面则是极致画面呈现。无论是在好莱坞商业片影响下，虚拟现实、增强现实、全息投影等电脑技术的炫酷特效加成，使得绚烂舞台和喧闹场面给观众造成强烈的视觉冲击，还是在与之相对的文艺片的带动下，唯美滤镜、花字贴纸等清新风格，通过饱满的暖色调渲染出闲适氛围和生活气息，均旨在打造富有沉浸感和代入感且能完成自我投射的综艺场景，以期满足不同圈层追求刺激观感抑或寻觅情感报酬等深层次心理需求补偿。这些极富幻真性的场景塑造元素推动综艺视听文化奇观的形成，而其本质上都来自受众的消费旨趣和自我认同的需要。[①] 因此国际制作公司也有意突出叙事场景的作用，沿着这一重要趋势大量生产具有奇观效果的综艺产品以

---

① 刘婷：《文化调解视角下治愈系综艺节目的情感张力研究》，载《中国电视》2019 年第 6 期，第 60—64 页。

获取更多注意力。

3. 直播互动下的心理诉求

移动互联的媒体生态急速扩张，其代表的全民参与、实时互动、开放共享等理念深度嵌入社会机理，孕育出日常生活皆可直播的广泛化景观。相较电视剧难以有效利用这一技术红利，综艺作品却在一定程度上与直播存在天然的贴近性和联动优势。

当前全球已有不少新颖的实践成果。《我的小电视》（*My Little Television*）让每位明星嘉宾化身网络主播，在设立的个人频道中自行策划直播主题，在限定时段内比拼各式才能和独特魅力，赢取最佳收看人气方可获得胜利。《蠢人和智能手机》（*Stupid Man, Smartphone*）跟踪直播一位喜剧演员和一位受邀网红在未知偏远地区的生存探险历程，其间面临语言不通、习俗差异等困境时，只能通过仅有的一部手机来搜索信息和求助网友。《世界大不同》（*Donderen in Keulen*）抛出具有文化差异的有趣问题让全球观众实时决定对错，现场参与的选手需同步猜测多数派的答案。《Snapchat 好声音》（*The Voice on Snapchat*）将选秀移植到手机社交软件上，直播全球不同国家的录制过程，并以跨屏互动和竖屏播放的形式呈现。

这些节目虽然会流失部分时移性受众，但当综艺承载了直播互动的种种特性，实现了媒体融合所带来的深层变化，便超脱了传统的运转体系和滞后的反馈机制，改变了生产消费的商业闭环，重新定义了互联网时代综艺的创作流程。节目制播与观众收看同步进行，既满足了观众的好奇心理和窥视欲望，使其不断主动寻求人物行为展现出的真实面貌和目标任务存在的悬念线索，也让观众无意识中产生虚拟陪伴的在场感，深度卷入并沉浸于综艺塑造的场景，乃至通过实时互动展示观点、发表意见、评判优劣等方式参与和决定节目内容的走向，在争夺话语权的同时收获认同感和归属感。

尽管直播互动型综艺独具的良好观看体验能够吸引受众关注，获得更多商业效益，但其粗糙的线性叙事、简单的美学呈现、欠缺的艺术价值等问题难以回避。如何处理内容与形式的绝佳适配，拓展节目类型程式创新的想象空间，也成为当下国际综艺制作公司着力探索与加强实践的要点。

4. 美学流变：日常生活的审美征候与影像意蕴的消费迷思

溯源视频综艺的发展脉络，其承继了部分电影与剧集的剧本策划、场景搭建、影像摄录、后期剪辑等制作手法，因而呈现出的美学特征也带有普遍的视听艺术的色彩。但其在题材类型表达、主旨思想传递、欲望客体设置、叙事目标动力等文本内容创作层面仍别具一格，尤其前文所提及的垂直精分和融合互鉴的独特发展态势，也直接推动国际综艺领域出现了较为明显的美学流变现象，并间接影响到观众的审美风格和观赏意愿，进一步重塑了综艺行业日常生活审美化的影像生产消费景观。

而将美学活动放置于历史语境考察，人类早期美学意识的觉醒和审美现象的产生便是观照日常生活的种种事物来满足色、形、声、味等感性需求。① 虽然这一传统历经古典文艺的不同发展阶段，但其本质却专属于社会上少数贵族精英与士族文人的雅趣。直至近代以影视综艺为代表的传媒艺术的诞生才改变如此局面，美学追求也发生了从专业领域到普通层面、由小众需求向大众消遣的转变。

由于个体趣味不一而足，社会审美活动便存在明显分流迹象。当前迭代创新的国际综艺行业趋向共性母题的差异表达、个性样态的灵活变通等类型化探索路径，以此匹配不同文化群落之间圈层的期待视野。这也致使节目的视角不断突破固定空间场所的限制，充分辐散到日常生活的方方面面，将衣、食、住、行、玩乐等垂直精分的基本素材皆以不同体裁形态吸纳入视听艺术范畴，转化为影像艺术作品，促进审美价值的扩散。综艺节目再佐以剧情化叙事策略、奇观化画面表达、窥视化心理应偿等充分迎合观众情感需求的艺术

---

① 薛富兴：《“日常生活审美化”的三大历史形态》，载《美育学刊》2015 年第 6 期，第 26—38 页。

手法，通过移动网络和社交媒体建构用户实时互动、离场介入的虚拟场域时，则会进一步消解艺术与现实的界限，并催发更大规模的观赏行为和审美活动，加速日常生活话语的流行。

随着传媒领域相关技术的飞速演进，以及传媒行业生产关系的优化调整，国际视频综艺的生产力得到充分解放，综艺数目得以大幅提升。因而日常生活审美化愈发凸显，渐趋成为节目制作的底层架构和美学范式，并进一步以原生动力反哺综艺内容创作。这一现象不仅导引主流题材衍化出各种次生延伸和跨域融合的品类，突破常规类型探索的窠臼，还经由丰富多样的综艺作品为观众的审美活动提供多元视野和示范体验，让越来越多的人自觉追求具有美学意蕴和价值的生活环境和生活方式。

与此同时，审美的心理特征通过商品消费来产生感性体验的愉悦，因而日常生活审美化附着的弊病也被综艺强烈的市场化属性和商品性特征所强化，形成了复杂难辨的文化征候和消费迷思，诸如国际综艺在垂直精分趋势下依然存在许多模仿抄袭、雷同重复的流水线式文化工业产品；类型泛化带来小众题材的兴盛，少许亚文化抵抗和冲击主流价值，造成文化偏离；一些日常生活类实验的猎奇、窥私情节突破伦理道德界限，甚至出现违背公序良俗的问题。此外，部分制作方在追求极致视听质感过程时，过度依赖娱乐方式而忽视艺术表达手法，导致叙事内容的合理性存疑；试图以精良的声画制作激发观赏动力，反而迷失在技术堆砌滥用、诉诸感官享乐的浮夸视觉呈现风格中；推崇打造多感知、多维度、互动性的沉浸式体验，[①] 却充斥着粗糙的营销伎俩和消费主义理念，影像意蕴和美学价值在诱导和操纵中大幅消解。

总体而言，国际视频综艺领域在日常生活审美化的范式下不断探寻垂直精分、情感维系、媒介互鉴、美学转向等创新方法和发展增量，已有大批体系完善、模式成熟、创意多元、制作精良的典型范例，

---

① 周建新：《传统化回归与螺旋式升级——论互联网时代传媒艺术审美活动的转向》，载《现代传播》（《中国传媒大学学报》）2019 年第 1 期，第 108—113 页。

但同时也面临诸多问题。

中国综艺行业有必要审慎反思并借鉴吸纳海外节目题材类型的创新表达元素和影像内容的极致视听艺术质感，规避既存的病态审美征候与消费迷思端倪，以期超脱对成熟模式的简单模仿和过度使用，探寻其创作的内在思维与创新的逻辑本质，进而发展本土美学风格的特色发展之路，打通跨文化传播的障碍与壁垒，在全球化的激烈竞争中占据一席之地。

第二节　本土电视节目的原创化

在“全球化”“媒体融合”与“国家需求”的背景下，海外电视节目模式的引进、旧有电视节目模式的重复，无论在审美文化上，还是在产业发展上已不能满足中国电视发展的内在需求。而“原创”电视节目发展创新的内在的根本性动力，一切的借鉴、学习与改造，其最终目的是原创能力的提升与原创产能的实现，提升原创能力是保持文化话语权、争得社会影响力、获得经济效益的现实路径。

一、供给：模式冲击下的原创电视节目供给侧路径

在全球化的竞争中，中国电视节目明显原创力不足，对海外模式的使用和改造依然有诸多“后遗症”不断出现，这使得我国的电视节目必须找寻原创出路，因而，重新审视中国电视的未来发展方向，探寻中国原创电视节目供给侧路径，是十分必要的。

中国电视节目在 2013 年正式迎来了“版权引进年”，从此至今便产生了海外模式的引进狂潮，稍有条件的电视节目制作方都开启了“海淘”模式，致使 90% 以上的电视节目都能够找到海外模式的原型。在这些引进的众多节目之中，有的异军突起成了收视黑马，但更多的节目却都成了“炮灰”，只是无论是成功的还是失败的，它们都有了一个共同的身份——海外模式。短短的这几年里，我们目睹了中国电视节目对于海外电视模式的日益倚重，一时间“海外模式”“国外版权”充斥了电视荧屏，也席卷了相关学术研究的关键词，同时也让中国观众恍惚感受到除了模仿和引进版权的电视节目之外，我们的电视机上已无本土原创节目了。

对于海外模式的引进和本土化使用并不是新鲜之举，曾经红遍大江南北的电视节目《幸运 52》和《开心辞典》都采用了英国博彩娱乐节目 *Go Bingo* 的节目模式。CCTV-2 在 1998 年就购买了 *Go Bingo* 节目并将其进行了一次成功的本土化改造，只是在 1998 年还没有被奉为圣经的“制作宝典”，也没有批量“海淘”的跟风哄抢，更没有你死我活的版权之争。中国电视节目海外模式引进的这条漫漫长路走到今日如火如荼的境地，已然成了一个不容忽视的现象。

量的积累定会催生质的演变，事物的繁荣期亦是矛盾的凸显期和发展的转折期。在疯狂的版权引进和海外模式冲击之下，在电视节目制作的同质化红海之中，“原创”一词的意义也被前所未有地强调和反衬了出来。面对海外模式日益显露的诸多“后遗症”，我国的电视节目制作者渐渐在如获至宝的狂喜之后，看清了中国电视节目长远发展的前路，这让很多电视人逐渐清醒，也开始领悟到了“学我者生，似我者死”的真谛。

中国电视事业已经进入了全球化的竞争大潮之中，众多海外模式的流入已经证明，无论是选择随波逐流，还是选择自己掌舵，中国电视业早已不能置身事外，只能继续前行。中国电视节目制作的发展，从《正大综艺》《综艺大观》的“综艺表演”到《快乐大本营》的“明星 + 游戏”，再到《超级女声》的“草根竞秀”，都将中国电视节目的创作推向了新的创作方向。如今各种模式的真人秀又将中国电视节目制作推向了新的高潮，只是这一次面对众多海外电视节目模式的冲击，中国的电视节目制作将迎来一个更为艰难的转身，需要面对更为复杂的形势，需要经历更为深刻的思考，需要中国的电视人真正肩负起原创的重担，平心静气地重新审视中国电视业的未来发展方向，探寻中国原创电视节目供给侧路径，这也正是本研究论题的归旨所在。

（一）中国电视节目模式引进的利弊分析

用“繁荣”一词来形容近些年的电视节目创作并不为过，各电视节目频道争相推出形式各异的新节目，也让观众欣赏到了从内容到形式、道具到布景等各个方面都不同以往的新鲜电视节目，如《中国好声音》《我是歌手》《爸爸去哪儿》《奔跑吧兄弟》等，让我国的电视观众大饱眼福。这些电视节目大多制作精良，每个细节都进行了充分的思考和包装，节目的形式也都颇具新意，这都得益于海外电视节目模式的引进。海外电视节目模式的引入将很多新鲜的思路和元素介绍到了中国，开阔了电视节目制作者的思路和眼界。很多经历了试错和实践检验的成功电视节目模式可以为我国的电视节目制作者提供很多制作经验，让他们在创作中少走一些弯路，这都是海外电视节目模式引进的益处所在，不应抹杀。

美国、英国及荷兰是目前电视节目模式输出的大国，由于中韩文化有相似性，韩国对于我国的电视节目输出也占有很大比重。不可否认，这些国家拥有很多成熟的电视节目模式，在我国引入的很多电视节目模式中也不乏成功的电视节目诞生，但是在这如火如荼的背后，在一茬又一茬的电视节目模式引进、开发、使用的实践大潮中，悄然消失在电视节目单上的节目数量却也是巨大的。电视节目作为文化产品的一种，文化贴现（亦称“文化折扣”，Cultural Discount）是其必有的主要特征之一，霍斯金斯和米卢斯（1988）把外国电视节目或电影在价值上减少的百分比叫作“文化贴现”。一个特定的进口电视节目或电影的“文化贴现”可以用以下公式计算：国内相应产品的价值—进口价值 / 国内相应产品的价值。[①] 电视节目诞生于特定的文化背景之下，一国的电视节目在本国文化中受到观众欢迎，而对于不熟悉此国文化的观众则其吸引力和价值将会降低。

---

① 考林·霍斯金斯、斯徒亚特·迈克法蒂耶、亚当·费恩：《全球电视和电影——产业经济学导论》（刘丰海等译），北京·新华出版社，2004 年版，第 45、47 页。

我国引进的很多在国外表现突出的电视节目模式在国内却频频遭遇水土不服。比如户外冒险挑战类真人秀节目《心跳阿根廷》在国外很受欢迎，但不符合国内观众的欣赏习惯。再如一系列的“虐星”真人秀《明星到我家》《喜从天降》《我是传奇》等，便因大尺度的“虐星”受到了很多争议。我国大量引进海外电视节目模式而其价值损耗却较难把控，加之本土化改造水土不服问题严重，引进之后会产生诸多“后遗症”，最终致使成功引进海外模式的案例凤毛麟角，其性价比非常低。

从创新本身而言，大量引进海外模式会造成创新领域的思辨匮乏。将现成的电视节目模式“拿来”就用，这不是实质创新，长此以往便会消磨中国电视节目制作者们的原创动力。当前，面对大量引进的“国际大片”一般的电视节目，很多人甚至将中国真正的自主原创看作是对外国模式的“高级山寨”，不能用公正的眼光和欣赏的眼光去看待，这更是对自主原创节目的巨大打击。而版权引进往往有多个“买家”，致使同一个节目产生很多个相似版本，因此由模式引进引发的纠纷一直不断，如《喜从天降》和《明星到我家》，以及《极速前进》和《非凡搭档》等之间因版权问题官司不断。凡此种种，都造成了对中国电视节目原创能力的内耗，对中国电视节目的可持续发展极为不利。

从经济角度来讲，大量引进海外模式会造成经济领域的外汇流失。引进海外电视节目模式需要雄厚的资金支持，有实力的电视台将大量资金用于模式引进，使中国在国际贸易中失去了大量外汇，在文化产品领域造成了更大的贸易逆差；而投资者对于国内的创意却不屑于重视和购买，使得中国的本土原创丧失了存活的机会和出路，让其不能得到提炼和发扬，长久下去，便只会加剧中国对海外模式的依赖，影响中国文化产品领域经济效益的提升。

从民族文化角度而言，大量引进海外模式会造成民族领域的文化失守。电视节目的国际流动是一个非常复杂的现象，很容易挑起政治和意识形态争端。[①] 大量海外电视节目模式裹挟着西方文化理念和价值观念登陆并占领中国，挤压中国传统文化的发扬空间，更不利于中国主流核心价值观的树立。

海外电视节目模式的大量引进撑起了中国电视节目的暂时繁荣，但是中国的电视节目制作终究要学会自己“走路”才能继续前行，对于海外优秀电视节目的学习和借鉴无可厚非，但要懂得“见贤思齐”，让自己也拥有同样的能力，而不是一味地“拿来主义”。当繁华落尽，中国电视节目原创所落下的路程终究还是要靠自己追赶回来。

（二）中国电视节目原创的研究

由于中国电视节目引进、模仿和同质化的发展现状不容忽视，电视节目原创的意义已经前所未有地凸显出来。无论是在电视节目制作领域，还是在学术研究领域，创新才是中国电视节目未来的突围之路已是业界和学界的共识。原创意识觉醒促使电视节目制作者们开始思考电视节目创新的方向和思路，尽管由于积累和能力等条件的限制，创新实践还需进一步探索。在学术研究领域，面对海外模式的拥入和国内同质化节目的此起彼伏，对海外电视节目模式、电视节目形态、电视节目版权引进和中国电视节目原创等相关的学术研究也有明显增多。

首先，海外电视节目模式不断被引入中国，进入观众的收视视野，使得电视节目模式或者说形态的研究不断增多，研究者的视野也开始注重放眼全球，如陈阳、陈欣钢、田维钢、文卫华、胡智锋、刘

---

① 李家伦：《电视节目全球流动及相关理论述评》，载《当代电影》2016年第1期。

俊等人的研究。[①] 此类研究自 2012 年以来有了明显增多，这些研究关注电视节目模式的全球流动及其规律，以期探寻出本土电视节目模式的发展方向。其次，海外模式的拥入也带动了中国电视节目版权研究，如张常珊、陈笑春、王建磊等人的研究。[②] 这些研究希望在中国版权意识和版权保护有待建立和完善的背景之下探索出版权保护的出路，从而为中国原创电视节目保驾护航，激发电视节目创作者的原创动力。由此我们可以清楚地看到，在电视节目创新的学术研究领域，国际思维已经建立，版权意识也已觉醒，这都将在学术理论方面为我国的电视节目原创提供实践思路和方向。

除此之外，还有一类研究着眼于具体电视节目形态或单个电视节目，如梁鸣、陈斌、任新刚、卢小波、周婧等人的研究。[③] 另有同模式电视节目的中外版本比较研究，如周敏、冯宇晴等人的研究。[④] 相比而言，对于中外电视节目模式的个案样本分析文章较多，截至 2020 年 12 月底，有关《中国好声音》《爸爸去哪儿》《奔跑吧兄弟》

---

① 陈阳：《文化混杂、本土化与电视节目模式的跨国流动》，载《国际新闻界》2009 年第 10 期。

陈欣钢、田维钢：《电视节目形态的跨国流动与本土重构——以真人秀节目为例》，载《当代传播》2012 年第 1 期。

文卫华：《海外电视节目模式的“中国式生长”——2012 年电视综艺娱乐节目观察与思考》，载《中国电视》2013 年第 4 期。

胡智锋、刘俊：《进程与困境——模式引进时代中国电视的内容生产与产业发展》，载《深圳大学学报》2016 年第 3 期。

② 张常珊：《关于国外电视节目模式版权引进的观察与思考》，载《中国广播电视学刊》2013 年第 6 期。

陈笑春:《外国案例形成的电视节目模式版权认定原则及其运用》，载《电视研究》2014 年第 8 期。

王建磊：《广电视听节目传播面临的版权新问题》，载《现代传播》（《中国传媒大学学报》）2015 年第 10 期。

③ 梁鸣、陈斌、任新刚:《从〈为你而战〉看引进节目模式创新改造》，载《电视研究》2013 年第 5 期。

卢小波：《〈梦想合唱团〉看海外模式本土化创新》，载《中国广播电视学刊》2012 年第 5 期。

周婧：《从〈奔跑吧兄弟〉看电视真人秀节目的多元价值建构》，载《中国电视》2015 年第 11 期。

④ 周敏、冯宇晴：《中国版〈极速前进〉与美国原版 The Amazing Race 比较分析》，载《声屏世界》2015 年第 3 期。

等火爆的海外模式，其节目样本研究论文成果在中国知网的搜索结果都达到了2000个以上，在整个研究体系中占有很大比重。

近几年来，国外电视节目形态的研究相对完善且不乏学理层面的研究，如美国的《视觉传播形象载动信息》(保罗·M.莱斯特)、英国的《理解电视：电视节目类型的概念与变迁》(大卫·麦克奎恩)等；在节目研发和应用层面也有很多电视节目模式介绍说明性的著作，很多著作被他国译介，促进了节目模式的跨国流动。我国对于电视节目创新的研究也有了一些直面问题的系统性论证，如胡智锋、杨乘虎等人的研究，[①] 但此类研究尚不在多数。

综上所述，在中国电视节目制作面临全球化竞争的现实之下，中国电视节目创作和研究的原创意识已经觉醒，相关的研究也在猛增，直接或间接地从不同的角度探索着中国电视节目未来的原创之路，这令人欣慰。但在欣喜之余，我们也不能忽视当前学术研究存在的缺陷和不足：第一，对电视节目创作的内在规律触及不够，分析停留在技术性、操作性的层面；第二，以样本分析文章为主，大多数停留在对具体节目的具体表现的分析上，重于经验性的描述而缺少系统性和学理性的总结。

（三）中国原创电视节目实践的理论解析

1. 从认识层面看引进与原创的辩证统一关系

我国的电视节目创作急须摆脱同质化竞争的现状，发挥中国电视节目制作者的创新能力，但在创新实践之前，必须在意识层面有一个对原创的正确认识，才能够准确把握创新方向，正确指导创新实践。

海外模式引进与中国本土原创是辩证统一关系。由大量引进海外电视节目而产生的同质化现象应该警惕和改变，但是同质化也并非一无是处，其对于刺激国内电视节目制作者的原创意识觉醒、促

① 胡智锋、杨乘虎：《中国电视节目创新问题的观察与思考——中国电视节目创新问题研究之一》，载《现代传播》（《中国传媒大学学报》）2015年第1期。

进电视节目质量提升有一定促进作用。海外电视节目让中国电视人可以“放眼看世界”，搭建起了中国电视与世界沟通和交流的桥梁，让中国电视能够以一个开放的姿态融入世界发展大潮中去。因此，引进与原创并不是非此即彼的敌对关系，引进也是电视节目发展的一个环节，符合中国电视节目在这个原创蓄力期的客观现实和发展规律，有其必然性。不引进海外节目并不代表我国就已经具有原创能力，引进海外节目也不代表中国电视节目原创能力彻底丧失。电视节目创作者应以理性和开放的心态去面对现实的状况，既不实行“关门主义”，也不盲目推崇“西方至上”，而是要在正确把握形势的基础上大胆地学习西方先进的制作经验，努力把握基本规律，提升自身的原创能力，最终形成一套自己的创作方法体系。

在明晰了引进与原创的辩证关系的同时，也要理解什么才是真正意义上的创新。对形态的加工模仿不是创新，那只会迎来新一轮的同质化竞争；为创新而创新，只求与众不同，不顾电视节目制作的基本规律，这也不是创新；盲目地迷信创新的力量，不计成本和后果导致好的创意中途夭折更不是创新。真正的创新需要清醒地分析情势，沉稳地积累经验，踏实地实践创造。

2. 从接受美学看中国电视节目的原创实践

接受美学作为一种重要的文艺批评理论，同样适用于电视艺术。接受美学理论的核心是“读者中心论”，认为读者的阅读活动（观众的收视活动）、接受程度对作品的意义、价值及历史地位起着决定性的作用。[①] 按照接受美学的理论，在电视艺术领域，观众并不是被动的接受者，而是具有主观能动性的参与者之一，任何电视节目作品实质上都是由电视节目制作者和电视观众共同创造的结果。在引进海外电视节目模式的前提之下，如何满足本土观众的“期待视野”，创作出符合本土观众收视习惯的电视节目则更为重要，因此，

① 江小春、张璘：《从接受美学论中国电视娱乐节目》，载《科教文汇》2007 年第 2 期。

对于引进的电视节目模式，进行本土化的改造是符合接受美学理论的创作之举，也正因为观众的期待，才促使中国的电视节目进行本土化改造，而这种改造正是一种创新实践。

中西方文化从道德本位、思维方式到审美趣味各个方面都存在着明显差异。在道德本位方面，中西方的伦理体系和道德规范具有不同的特点：西方重契约，中国重人伦；西方重理智、重自我，中国重人情、重集体；西方的伦理道德多从人性本恶的观点出发，强调法制对个体的约束作用，中国儒家是从人性本善的观点出发，强调个体的道德修养。理学和道学大师都在主张“虚静”的欣赏状态，对比西方人动态为主的游戏活动，中国古代惯于以静态来取代剧烈运动。唐诗宋词中有形容古人的外出旅游的篇章，多是傍依诸如“杨柳岸晓风残月”，做静状观赏，与大自然共享安闲。当然，动与静并不是绝对的，西方人的动是动中求静，于身体狂欢中兼求心智的愉悦；中国人的静也是与心动结合，于闲情逸致中兼求体魄的舒展。明代洪应明在其《菜根谭》中概括了中国人静态的休闲观和人生观：“从静中观物动，向闲处看人忙，才得超尘脱俗的趣味；遇忙处会偷闲，处闹中能取静，便是安身立命的功夫。”关于中西游戏文化之差异，西方人也曾有直观的表述。美国《纽约时报》记者富弗克斯·巴菲特尔德在《苦海沉浮》一书中说：“我们外国人劲头不足，东蹿西跳，匆忙行事，大概是因为摄入的热量过高、养分过多，可以尽情地消耗精力；而中国却习惯于不慌不忙，按部就班地行事。”中国人的休闲真谛就在于“静”，西方人休闲活动表现出快速激烈的特征，而中国则表现出缓慢柔和的特点，这些都极大程度地塑造了中西方电视节目审美中的差异性。中国的传统是旨在通过消闲，从广阔和谐的宇宙中找寻一种飘飘然的快意，是“柔版”，在天人合一、物我交融的境界中取得心灵的慰藉；西方人则专注于通过消闲游戏追寻热烈的感官享受，并通过强烈的纵欲获得以自我为体验的人格意识。所以说：“西方古代娱乐生活，恰似耀眼、炽热的太阳，振奋着人们的精神，给予人们奋发的力量。而中国古代的娱乐生活，则更像温柔慈祥的月亮，守护着人们那恬静、和谐的梦，抚慰着人们宽仁、宏大的心灵。”①

正因中西方文化的差异存在，使得大量流入中国的海外电视节目模式，裹挟着西方的审美趣味和欣赏习惯也进入国内，如何准确地把握中外电视观众的审美差异，是进行电视节目创新的关键环节。近几年对海外电视节目的本土化改造中已有了不少创新实践，如欧美一些国家的部分电视节目模式注重揭示人性恶与人际权谋，表现残酷的生存法则，环节设置过分追求惊悚和刺激，这便不符合我国电视观众的欣赏习惯。因此在本土节目的创新改造中，以金钱刺激的本土化节目为“家庭梦想”“公益基金”等形式，而如《开心辞典》《一站到底》等知识竞技类电视节目大多强调知识性和趣味性，在真人秀节目中则较多地强调集体的合作和人与人之间的情谊，没有厚黑学也没有权谋，这都是符合我国电视观众期待视野的有益探索，使得我国很多被成功改造了的电视节目避免了只有瞬间收视的风险。

电视节目制作供给侧在传播层面具有单向性，但是不能因此而忽略在收视层面的双向性，只有在观众的需求侧圆满地完成收视行为，电视节目作品才能真正实现本身的价值。供给侧的创作需要充分研究需求侧的需求，这就需要电视节目制作者们能够提升自身的认识，依照受众的文化背景和欣赏习惯，不断通过创新行动引领受众走向更高的审美境界。

（四）中国电视节目原创路径的方向探寻

1. 文化坚守：扎根传统，嫁接文化精髓

当下的方寸荧屏之间，一波又一波的电视节目不断推陈出新，爸妈宝贝系、群星穷游系、奔跑挑战系、梦想穿越系等，仅真人秀节目就有不止此四大类别，而各种歌唱选秀节目、生活服务节目也

① 冷淞、张丽平：《中国突围——中国影视文化对外传播战略研究》，北京．中国广播电视出版社，2012 年版，第 52 页。

是竞相登场，一片热闹繁华。电视荧屏被大制作的灯光舞美包围，被缤纷炫目的花字包装占领，但是依然掩不住内容的单一和创意的贫乏。褪去五花八门的外衣，真人秀节目都只是“明星＋户外”的单一模式，各类服务类节目每次变换的也只是嘉宾，在膨胀的电视节目之中，观众看到的只有内容的贫瘠。除了大牌明星和炫目的道具，我国的电视节目创作就真的没有更加引人入胜的元素了吗？其实不然，中国的电视人看了太多的国外模式，习惯了直接引用、便宜行事来迅速获得回报，但国外资源并非取之不尽用之不竭，反而是自己足下的土地拥有丰厚的资源，中国的电视节目制作者终究要回望近处的沃土，在中国丰沃的传统文化里进行一场真正意义上的原创之旅。

2015 年可以说是中国原创电视节目元年，原创意识真正贯穿到了实践之中。我们可以看到，不少中国原创节目皆是以嫁接传统文化作为创意起源，充分运用了中国文化元素。如北京卫视于 2015 年至 2016 年播出的跨年季播节目《传承者》，就定位为“国内首档传统文化展示真人秀”，节目将中国非物质文化遗产的展示和传承作为节目重点，将人们既熟悉又陌生的非物质文化遗产搬上了舞台，将那些正在被人忘却的记忆重新唤醒，打造了一个展示中华文明的华丽秀场。也许在一些人眼里，传统文化尤其是非物质文化遗产过于老套，并不是时髦的元素，因此千方百计地规避它们，其实通过《传承者》这个节目的表现可以证明，传统文化与电视的结合是一种双赢的完美组合，借助于电视节目展示、辩论探讨、点评和比拼等喜闻乐见的形式，让传统文化变得新鲜时尚而又平易近人，电视节目也因传统文化的加入变得厚重而有韵味。再如央视从 2013 年开始相继推出了《中国汉字听写大会》《中国成语大会》《中国谜语大会》及 2016 年初新推出的《中国诗词大会》等一系列电视文化益智节目，看似枯燥又平常的听写活动、诗词吟诵，却挑动了中国电视观众的文化神经，让一些本以为观众只喜欢低俗、低智节目的电视节目制作者也看清了观众真正的喜好所在。

文化是民族发展的血脉，也是文艺创作者们的创作源泉，中国有悠久的历史，有博大精深的文化底蕴，这些都是中国电视节目制作源源不断的创作素材。未来，充分挖掘中国文化的精髓一定会是撬动中国电视节目原创的一个重要契机，也只有充分地让电视节目与中国文化嫁接，才能够让中国电视走出低俗、低智的泥淖。除此之外，未来的电视节目原创还要善于与历史记忆、人性关怀、人物命运、健身健心、常识教育和职业体验等更为广阔的元素进行嫁接和融合，如此才能打造出丰富多元的原创电视节目。

2. 价值输出：把握主流，凝聚核心价值

欧美一些国家源源不断地向世界输出的电视节目模式，裹挟着文化霸权、彰显着本国文化的吸引力和影响力，增强了国家的软实力，也巩固了本国的国际影响力。电视节目原创力直接影响着我国能否成功地“向世界说明中国”，电视节目原创能力的提升更是提升国家软实力的一个重要环节。“软实力”意味着一个国家文化与意识形态的吸引力与影响力，一个国家硬实力搞不好，可能一打就垮，但如果一个国家文化软实力不行，却可能不打自垮。中国要做到让世界的眼球定格和仰望，离不开电视这个代表“软实力”的文化产业的繁荣和进步，因此也离不开凝聚着核心价值体系和主流文化的电视节目的创新和发展。

广播电视作为中国的主流媒体，理应做践行社会主义核心价值观的推动者和引领者，在为观众提供休闲娱乐功能的同时，更应发挥好舆论引领、思想感召、共识凝聚的作用。因此，对电视节目进行从内容到形式不断创新，才能够永葆电视节目的活力，才能够使观众乐于接受电视节目所承载的主流文化，传播主流价值。

电视节目原创要谨记将社会主义核心价值观作为自己的责任和使命，力求做到春风化雨、润物无声，将社会主义核心价值观宣传自然而然、艺术地融入节目之中，做到观众爱看，使社会主义核心价值观自然而然、潜移默化地成为人们思想的心灵指针和行动标杆。

在海外电视节目模式不断拥入的现实背景之下，电视节目原创更是助力中国电视占据社会主义核心价值观思想高地的必然要求，电视节目创作要始终坚持“讲好中国故事、传播好中国声音、阐释好中国特色”[①]，真正做到“接地气”“聚人气”“增底气”，努力做好社会主义核心价值体系的书写与传播。

3. 多屏联动：放眼未来，培育竞争优势

在并不算久远的几年前，苹果还只是苹果，手机也只是手机；那时，所有的信息、故事和心情都只在它们该在的地方等你。如今，一切信息都可以出现在不同的屏幕之上，交互与融合，移动与互联已成了新的时代主旋律。在如今的很多家庭里，电视机成了一个还算好看的摆设，而手机、电脑却顺带履行起了电视机的职责，大多数电视节目观众已将自己的收视阵地转移到了各种各样的移动设备上。在多屏联动的时代，人们的收视习惯显然已经有了巨大改变，这对于电视节目制作来说既是挑战也是机遇。如今，电视节目制作多了互联网节目这一对手，同时也多了一块互联网传播的阵地。无论是电视节目还是网络制作的节目，区别在于手段和形式，但是取胜的关键却都在于内容。当前互联网自制节目也同样存在着诸多问题，例如在向网络转移时依然保留着浓重的、难以消除的卫视节目痕迹，在尺度把握上，缺乏准确的监管标准；在播出上，面临着多屏联动的困难，而在广告招商层面，也因网络节目起步晚、知名度不及很多卫视频道，使得招商盈利困难；在内容表现上，一味依赖于明星博取眼球，一时难以摆脱被明星“绑架”的局面。因此，网络制作的综艺等类型的节目没有摆脱创意雷同、资源同质、形式单一、触碰底线的短板，只是“披着网络外衣的大尺度卫视节目”。

在多屏时代，人们的“跨屏欲望”已经显现，商品想买、悲情想帮、明星想见、技艺想学、美食想尝、美人想聊、美景想询，伴随着收

① 广电党建：《社会主义核心价值观与广播电视的责任》，http://www.sarft.gov.cn/art/2015/5/8/art_77_26720.html，2015 年 5 月 8 日。

视过程，观众的互动和参与欲望十分强烈，而网络恰恰为观众提供了实现这些愿望的便利。因为，未来电视节目原创是在内容表现上，要充分认清多屏互联时代的观众收视特点，在注重价值观表现和文化内涵承载的基础上，也要根据观众移动收视、碎片收视和渴望参与互动的新特点，改变传统电视节目冗长拖沓、矫揉造作、暮气沉沉的弊病，建立新的时代气质，跟随时代发展潮流，让观众更多地融入和参与到电视节目的进程之中，满足他们的互动欲望和分享欲望。而网络自制的网络节目在内容表现上也要避免碰底线、博眼球、追求超大投入和浮躁奢华，要充分了解受众的需求，做有品位、有分量的正能量节目，满足网络受众的收视需求。只有如此，才能够在新的时代背景和竞争环境之下培育出新的竞争优势，实现自身的长远发展。时代在不断变迁和进步，没有一成不变的万能方法，只有因势而动地灵活创新，电视节目制作者们需要放眼长远，具有敏锐的洞察力和灵活的变通力，不断在新的形势中培育自身的竞争优势，才能够在风云变幻的发展之中立于不败之地。

4. 全球视阈：中国创造，实现海外输出

电视精品的产出，不能寄希望于偶然的运气，而要脚踏实地地依靠原创性策划、精湛制作技艺和强悍的执行意识。

近些年的中国电视节目，都或多或少地依赖美国、英国等西方电视节目模式的创意、制作经验，这种对海外电视节目的模仿和引用，虽然不是长久发展之计，但是在电视节目制作也进入了全球化竞争的现实中，对于舶来品的借鉴本是不无裨益的。晚清名臣张之洞在大搞洋务运动时曾经上书倡导“中学为体，西学为用”，林则徐面对西洋军事和工业中的先进科技也曾坦言“师夷之长技以制夷”。海外电视节目模式的流入使得中国电视观众可以“开眼看世界”，人们对光怪陆离的西方电视节目创意开始“见怪不怪”，这表明心灵的接受量、包容量在逐渐增容，这绝不仅是耳目感官的进步，更是心灵境界的提高，是人的审美能力（趣味、观念、理想）的扩展。

面对稍纵即逝的社会审美环境，生产者应有的态度必须是敏锐的。电视内容的本土化生产应符合国人的身心健康节奏，符合中庸适度的审美规律，既借鉴西方工业化生产流程的效率，又不失中国大国传统品格，既规避掉现存的某些病态的电视审美，又能使电视受众的个性、潜能得到全面发展、充分发挥，不再受压抑、受强迫、异化，使娱乐竞技节目在高品位的审美文化中实现本土化并达到和谐、交融、统一。

在全球化竞争中，海外模式不是不能借鉴，相反还要多看多学。中国的电视节目制作者要及时了解世界电视的发展趋势，努力跟上世界电视节目发展的步伐，洞察海外电视节目创新与发展的内在动力与逻辑，并努力打造自己的原创精品，最终实现电视节目的海外输出，逐渐实现电视节目制作从海外引进、本土化改造走向自主创新、海外输出、国际传播的转型升级。

二、审美：文化类电视节目的美学回归与创新趋势

文化类电视节目是视听传媒与中国传统文化相结合，所孕育出的兼具传统与现代、通俗与高雅、引领与迎合、创新与传承的艺术形式，它的走红并非偶然。本节结合文化类电视节目诞生优势，从美学定位、呈现策略、价值链布局三个方面探析我国文化类综艺节目的创新发展路径，以期为业界创新实践者提供一些参考与思路。

面对千帆竞发应接不暇的国内综艺市场，文化类节目凭借其深厚的人文底蕴与巧妙的综艺嫁接形式，以“润物细无声”之势悄然崛起。从《中国诗词大会》一经开播便迅速刷爆朋友圈到《朗读者》《国家宝藏》等节目频频问鼎综艺收视率榜单，具有中国特色的文化自主创新类节目在关注度居高不下的同时赢得了如潮好评。申言之，文化类综艺节目将博大精深的中华传统文化作为内在创新的驱动力，不但为当下“娱乐至死”的综艺环境注入了绵长厚重的文化属性，

也以直抵人心的方式满足了新时代观众的人文期许与情感诉求，对目前我国的媒介生态失衡现象亦是一次及时的自我调适。

（一）从“泛娱乐化”到“泛文化”：综艺节目路径创新与内容升级的必然

20世纪80年代伊始，中国内地电视娱乐综艺节目先后经历了联欢晚会时期、央视金三角① 统治荧屏时期、演播室内明星游戏时期、平民造星选秀时期、婚恋节目霸屏时期、大型明星真人秀时期。② 纵观中国综艺节目发展历程，我们可以发现各个时期的爆款综艺节目在内容主体与叙事风格上无一例外均围绕着音乐、游戏、美食等娱乐项目展开，“甚至战争与冲突也被以娱乐的方式呈现”③，娱乐似乎已经成为“电视上所有话语的象征”④。诚然，综艺节目与娱乐属性的嫁接可消弭地域之间的文化隔阂与信息鸿沟，丰富人民群众的业余生活，但从电视文化的视阈来看，其实质则是朝着单一化和刻板化发展。换句话说，看似绚烂多彩充满可选性的电视综艺节目实则匮乏至极，多以“+娱乐化”的形式殊途同归。实际上，“娱乐”一词，本身并无贬义，但借助“泛娱乐化”之名所衍生出的浅薄化、媚俗化、感官化等种种电视文化乱象却是不容忽视的行业问题。在“泛娱乐化”时代，一切被资本与技术所裹挟的影视文化产品都可以被戏谑、被消费、被解构，尤其对于收视群体极为广泛的电视综艺节目来说，若低俗作品大行其道，其产生的负面影响对于那些价值观尚未成熟、鉴别力仍有欠缺的青少年来说，心智伤害则是无法预估的。

---

① 央视金三角节目指的是《曲苑杂坛》《正大综艺》《综艺大观》。

② 王憬晶：《中国大陆电视娱乐节目发展研究》，杭州·浙江大学出版社，2015年版，第12页。

③ DAYA T:《新闻娱乐化：全球信息娱乐的兴起》，伦敦SAGE出版社，2008年版。

④ 尼尔·波兹曼：《娱乐至死》（章艳译），北京·中信出版集团，2015年版，第112页。

因此，电视综艺节目不能仅仅囿于“提供娱乐”[①]，其本身的媒介属性要求节目必须传达正确的价值观念，树立积极健康的审美定位。

近年来，“内忧外患”的境遇逐渐倒逼传媒内部重审自身所拥有的功能与使命，重拾媒体行业的社会责任感。各大卫视纷纷开始寻找综艺节目领域的供给侧结构性改革路径，一大批根植于中华优秀传统文化、弘扬社会主旋律与正能量的文艺作品破土而出。“据不完全统计，仅2017年国内各大电视台和视频网站推出的文化类综艺节目数量就超过50档”[②]，囊括书信、诗词、非遗、文博等主题。文化类节目的一路高歌，迅猛发展吸引了越来越多的从业人员聚焦头部内容生产，因此，较之于以往的昙花一现，文化类节目在人文内涵的挖掘上、题材理念的拓展上、制作模式的创新上均实现了较大突破，有效地延伸了节目的感召力与生命力。可以说，“泛文化”节目的出现是综艺节目路径创新和内容升级的必然，以文化类节目为代表的“泛文化”节目将中华优秀文化的多元展现与传播提升到一个全新的高度。

（二）“生逢其时”：多重优势助力文化类节目突出重围

1. 政策导向唤醒媒体人的文化自觉与担当

“中国电视文化多年来在各类节目中透射出价值取向的脉络，可以明显地看出其演变轨迹与社会转型中人们价值观的演变轨迹和由此形成的价值体系是非常一致的。”[③]也就是说，电视节目的类型演变与模式创新最重要的动因是最广泛社会群体的价值需求，价值需求可以被发现，也同样可以被创造、被引领。2017年1月，中共中央办公厅、国务院办公厅印发了《关于实施中华优秀传统文化传

---

① 魏超等：《大众传播通论》，北京·中国轻工业出版社，2007年版，第28页。

② 刘阳：《文化类综艺节目如何创新》，《人民日报》2018年1月25日第17版。

③ 刘忻:《电视重构论——转型期中国电视的文化选择》，北京中国广播电视出版社，1999年版，第88页。

承发展工程的意见》，其中要求各地区各部门认真贯彻落实的重点任务之一，即为文艺创作要“善于从中华文化资源宝库中提炼题材、获取灵感、汲取养分”。同年7月，国家新闻出版广电总局（现国家广播电视总局）又下发《关于把电视上星综合频道办成讲导向、有文化的传播平台的通知》，要求“进一步强化电视上星综合频道公益属性和文化属性，坚持以文化人、以文育人，挖掘利用中华优秀传统文化、革命文化和社会主义先进文化资源，结合新的时代特点和实践要求，制作播出更多有思想深度、精神高度、文化厚度的文化类节目”。

宏观的政策调控在很大程度上规范了综艺市场的运行方向，清除了文化类原创节目的发展壁垒，唤醒了电视制作人的文化自觉与责任意识，激发了受众对于文化类节目的情感诉求与价值需求。自此，运用影像形式展示中华优秀文化蔚成风气，原创文化类节目在中国综艺市场的比重逐渐加大。北京卫视的《传承者》，以“中国意象”为主题，邀请身怀绝技的非遗传承人展示传统文化，开创了大型季播节目的全新题材；央视财经频道的《魅力中国城》则将创作视野转向城市文化，一改往常明星们唱歌跳舞玩游戏的竞技为城市间旅游资源与文化特色的比拼，为观众呈现了一道耳目一新的文旅盛宴。囿于篇幅我们难以一一列举，以上述两个节目为代表的优秀文化类综艺节目是将社会效益和节目效果完美演绎融于一体的良好示范。

2. 观众需求引燃文化类综艺创作热潮

新闻、电视剧、综艺节目一直以来都被视为电视台拉动收视的“三驾马车”，其中，综艺节目更是各大卫视收视率争锋夺魁的重要法宝，因此被赋予了战略性的高度与意义。近些年，在版权引进与自主创新的过程中，形形色色的综艺节目及其模式风生云起，令人眼花缭乱，回忆访谈、相亲求职、答题竞技、歌手比拼、喜剧竞演等形式填充了室内综艺节目的紧张刺激；闯关PK、追逐奔跑、旅行体验、生存挑战等元素构建了户外综艺节目的热闹非凡。但是，存量的激增和类型的多元并不能简单地等同于市场认可度走高，与此相反，观众对于“有意思，无意义”“不走心”的快餐式娱乐节目逐渐产生审美疲劳，浮于浅层的声色之娱和胡说乱侃已经无法挑动观众的神经与心弦，市场急需饱含真情实感与人文温度的综艺节目来走出低迷。尤其在信息爆炸的今天，受众获取信息的渠道与内容都在呈几何倍数增长。所以，对于综艺节目的审美品位也随之水涨船高。同时，综艺节目作为一个形而上的传播媒介，天然拥有价值观输出和精神启迪的重要使命，一个具有生命力与竞争力的节目，则必须能够在精神与审美上同时满足观众的需求。

一方面，中华民族自古以来都是以一种文化共同体的形式凝聚传承，具有统一且强有力的文化认同感，因而带有中国传统文化元素，弘扬社会主义核心价值观的电视综艺节目，对于观众来说具有天然的感召力与亲和力，在媒介生态系统中拥有先天的基因优势；另一方面，过硬的文化内核和反复打磨的艺术表达形式使得文化类节目较之于其他类型节目更容易出精品。所以，综艺节目只要在立足于自身媒介特性的基础上，借助中华优秀文化持续发力，不盲目地追求娱乐化或一味地进行媒体资源的比拼，努力在创作中寻找差异化文化创新路线，就会得到观众内心的共鸣与认可，实现自身的可持续发展。

3. 网络营销放大节目传播力与影响力

在互联网和移动互联网时代，出色的网络营销在文化类综艺节目的走红中同样发挥着不可小觑的作用。一方面，不同于传统媒体的单向、线性与滞后，新媒体病毒式的传播方式与实时性互动可以使节目中的热点在网络社群中迅速扩散、延宕，形成网络刷屏，继而在短时间内打响节目的知名度和影响力，吸引更多的观众坐在电视机前收看节目；另一方面，网络媒体的碎片化传播在注意力稀缺的今天也更容易博得手机用户的眼球，例如在黑龙江卫视播出的《见字如面》，因情长笺短具备天然的传播性与感染力，且每封信都能独立成段无须考虑节目播放的整体逻辑，所以，节目为适应移动端和电视端不同观众的收视习惯，特别推出完整版与纯享版。完整版即为完整的一期节目，纯享版则是根据不同读信人的时长将节目切割成“读信单曲”，在“两微一端”或视频应用上进行投放。这就大大扩展了节目的受众面，获得了十分显著的传播效果。

与此同时，线上线下的整体联动也是提高文化类综艺节目收视率的创新增长点。如《朗读者》在北京、广州、杭州等全国多个城市设立线下朗读亭，让观众和节目之间有更多的互动，在提供朗读平台、激发大众朗读热情的同时，也为节目增加了不少话题与热度。东方卫视的《喝彩中华》携手“天天 P 图”，在其 APP 上推出了“戏曲变脸”，上线四天，转发量就高达 240 万。① 可以说，新媒体的传播不仅为线上线下资源的整合搭建了一座互通有无的桥梁，也在更大范围内帮助节目提升了关注度与影响力。我们不难发现，任何一款“现象级”综艺节目的诞生无不是在做好内容的基础上，利用跨屏互动形成多元传播矩阵，挖掘网民心理，做好互联网营销，继而反哺节目的收视率与点击率的。

（三）文化类综艺节目的创新模式与创新趋势之审视

创新是物种进化、事物发展的必由之路，对于具有双重属性的传媒产业来说亦然。以人文环境的变动进行实时创新与迭代，是文化类综艺节目焕发活力、实现可持续发展的核心所在。

1. 文化类节目创新的根本方法论——回归电视文艺美学

作为最年轻的艺术门类之一，中国电视美学与中国电视生态环境的变化与发展一脉相承。自 1958 年 5 月北京电视台的试验播出起，中国电视美学也逐渐开始探索自身的生存发展之路，运用蒙太奇手

① 黄小河：《从〈诗书中华〉到〈唱响中华〉，让更多观众来学习传统文化》，https://www.thepaper.cn/newsDetail_forward_1787337，2017 年 9 月 7 日。

法寻找镜头化的艺术表达和“时空再造”[①]，成为电视制作人的专业追求。在借鉴吸纳了大量传统文化艺术特性之后，中国电视美学以纪录片、文艺晚会、MV（音乐电视）等电视艺术作品的形式得以实践与释放。20世纪90年代中后期，伴随着席卷而来的《快乐大本营》《开心100》等娱乐节目，“中国电视上的娱乐化浪潮几乎是在一夜之间开始了”[②]。一时间，诉诸感官享乐、欲望满足等世俗需要的娱乐节目使当代电视艺术的深度和美感消失殆尽，传统的经典美学开始逐渐世俗化。[③]但值得庆幸的是，十九大以来，在国家广播电视总局以“公益、文化、原创”为发展方向的政策调控之下，“泛娱乐化”综艺节目愈演愈烈之势得以有效控制，文化类节目开始成为综艺新风口，电视文艺美学逐步回归高雅。无论是《朗读者》中被传情达意的声音语言所唤醒的情感美，还是《经典咏流传》中“和诗以歌”所显现的韵律美；无论是《国家宝藏》为还原国宝“前世今生”打造百变视效的科技美，还是《百心百匠》歌颂“择一事，终一生”“充实而有光辉是谓大”所兼有的社会美与崇高美，无一例外均是美学意蕴的电视化回归。

只有兼具“时代气息、审美品格和文化意蕴”[④]，三者浑然一体不可偏废，才是文化类综艺节目谋求锐意创新的根本方法论。换句话说，“时代气息”给予观众在场的心理体验，“文化意蕴”触动观众的感官和思绪，“审美品格”则能使观众享受到经过感性的升华和提炼转变而来的艺术美，这些不仅是文化类综艺节目赢取受众、站稳市场脚跟的重中之重，也是未来文化类节目秉要执本的重要创新点。

---

① 高鑫：《电视艺术美学》，北京·文化艺术出版社，2005年版，第84页。

② 鞠斐：《写在电视娱乐化浪潮的背后》，载《青年记者》2007年第5期。

③ 郑世明：《论中国电视娱乐综艺节目的美学特质》，载《编辑学刊》2010年第2期。

④ 胡智锋：《创意与责任——中国电视的本土化生存》，北京·中国传媒大学出版社，2010年版，第122页。

2. 文化类综艺节目不落窠臼的关键——极致人物的升维逆袭

相较于其他依靠插科打诨、嬉笑打闹作为看点的娱乐节目，文化类综艺节目选手或嘉宾的入选门槛相对较高，这里的高要求并不是指要拼流量或拼阵容，而是要以嘉宾或选手的文学造诣或手艺水准作为选角中最重要的考量。文化类综艺节目的核心在于文化内容的电视化和大众化呈现，因此，在某一领域内文学素养高且表达能力强的选手是实现节目创新和差异化竞争的关键所在。换句话说，选题、赛制和视效的优化固然重要，但作为节目内核展示的嘉宾或选手才是节目创新升级的重要武器。所以，无论是素人还是明星，只要找到与节目内涵高度匹配的极致人物，积极挖掘个人特色，辅之以专业化呈现，就能实现嘉宾人物升维与节目收视转化的双赢。

《中国诗词大会》之所以口碑与收视双丰收，并不是因为流量明星的加盟和宣传，相反，节目组精心筛选极具特色的素人为主角，他们是来自五湖四海、各行各业的普通人，但共有的诗词修养使他们齐聚一堂，正是这些背景多样化的普通人，却成为节目中最大的看点和亮点。文言文满分的 13 岁“大魔王”叶飞、来自河北的抗癌农妇白茹云、复旦附中高一才女武亦姝、逆袭夺冠的“外卖小哥”雷海为，等等，均是符合节目内涵的极致人物的升维呈现，这大大增加了节目的奇观化与可看性，节目的意旨与传播均得到了有效延伸。

3. 文化类拳头节目的新航向——以打造文娱产业生态链为指引

当前的电视节目竞争，“已经进入到电视公司（电视台、媒介集团）一级的竞争——在这一级的竞争层面上，一个栏目，甚至一个频道的市场占有率已经不那么重要了，关键在于电视公司的组合产品在其目标市场上的综合占有率及其市场结构的优化度”[①]。对于各大卫视，在谋求创新发展初始，就应该将各个拳头节目的创新与生产放

---

① 喻国明：《传媒发展——从“内容为王”到“产品为王”》，载《新闻与写作》2007 年第 11 期。

在自身立台的价值取向与产业链条中。

电视是文化创意产业，而文化创意产业的价值链“其实就是一条以‘创意’产生、传输和消费为核心环节的价值链，创意即内容，内容即创意”[①]。就文化类综艺节目的创新和发展而言，首先，要以产业链的打造和完善为基准，挖掘文化类综艺节目市场的空白点，跑马圈地，抢占优势；其次，扎根文化类拳头产品的差异化模式，厘清传统文化、地域文化、青年文化等不同文化的侧重点，建立自身独有的文化风格和特色，培养节目在市场上不可替代的竞争优势。总而言之，产业链条核心竞争力的整合和完善是进行市场竞争的基石，是做好文化类节目的重要保障，事关频道乃至整个电视台网的发展前途。因此，位于产业链上的文化类综艺节目在寻求创意创新时，同样也要重视台网的整体布局与结构，以产业生态链为创新风向标，协作共赢，最终实现部分之和大于整体的良性发展。

（四）未来展望

中华传统文化之所以具有穿越时空的生命力和感召力，就在于它有渐行不息的传承与扬弃，是数千年来国人的思想和行为演变史。放置当前，它依旧发人深省，依旧可以为当代人认识世界和改造世界提供有益启迪。因此，做好文化类综艺节目，是中国电视媒体所肩负的义不容辞的文化责任和历史使命。

在思考与探求创新路径时，我们不能回避文化类节目已经出现的问题与未来可能产生的发展瓶颈。一方面，目前市场上文化类综艺节目的形态仍雷同、单一，大部分都集中在嘉宾朗读与选手益智答题两种样态，跟风和同质化现象尤为严重。对此，创作者应走出思维窄巷，从品类特色出发，针对具体类型具体分析，拓展节目样态，实现内容表达和形式创新的高度统一。另一方面，要警惕文化

① 邵培仁等著：《文化产业经营通论》，成都·四川大学出版社，2007年版，第44页。

资源枯竭的可能性，因为看似博大精深的中国传统优秀文化，实则并非取之不尽、用之不竭，况且并非所有的都能够进行电视化呈现。所以，媒体要在摸清受众群体视听语言习惯的基础上充分挖掘节目类型，扩大格局，开辟新品类，除了目前文化类综艺市场上已有的诗词、书信、非遗等领域，历史建筑、方言文化、服装服饰、四大名著等都是有待深度挖掘的资源；要紧扣内涵，深耕垂直细分领域，以精益求精的态度从不同层面进行挖掘，把“单一领域”做透、做好，实现“物尽其用”。

文化类综艺节目以独有的文化共鸣和价值支撑触动受众，赢得了市场。作为中华文化发扬光大的重要载体，文化类综艺节目的创作与创新具有十分重要的现实意义。因此，规避创新瓶颈，让“泛文化”节目的热潮得以延续，除了要在文化类型和表现形式上继续深入挖掘外，更为重要的是要有回归电视文艺美学的素质与觉悟。中国优秀文化来源于五千年来中华民族智慧结晶的文明演化之中，它最终也要汇入“东方美学”的意义空间里去。

第二章

赋能与价值：网络短视频的内容生产

在媒体融合时代，当下最为新颖活泼，也几乎是人们（特别是中青年人）日常接触频度最高的视频内容形态莫过于网络短视频了，短视频垂直渗透到日常生活、宣传引导、营销分发的方方面面。以融合互补的视角观察当前媒介格局，短视频不仅有其自身发展的内在逻辑与现实动力，还可以赋能于电视的内容生产与传播交流，展现媒介营销和主流价值形塑的内在价值功能，形成其特有的“微版权”的产业空间与创意延展。

第一节　网络短视频的赋能性

短视频以短见长，逐渐释放出了以小博大的力量，在媒体中占据了重要一席。短视频依托技术驱动、内容驱动、平台驱动和资本驱动形成了蓬勃发展的驱动力，促进当今可视化生态圈丰富多彩。

技术的发展与演进正在重塑传媒的手段、思维与格局，这一点正前所未有地在当今时代凸显。新媒体技术的兴起与普及，将人类推向了移动传播时代，社交媒体无限覆盖、极尽便捷，短视频的崛起使得社交手段不限于文字、语音的交互，也使得视频传播超越了传统媒体时代所承载的功能。新技术、新媒体的快速发展，正促使媒体行业进行着广泛的解构与重构，在此背景下的传统电视媒体正面临着新的挑战与发展环境。

本节将探索短视频时间上的“短”与“长”、空间上的“大”与“小”的辩证关系，探索短视频对电视媒体发展的赋能与启示，思考电视在短视频构筑的环境中的处境，利用媒体融合思维，探寻短视频在内容、技术与思维上对电视内容创新发展的借鉴与启示。

一、可视化生态圈的成型：短视频崛起的驱动与环境因素

世界电影的源头是短视频。早在 1895 年，卢米埃尔兄弟在巴黎的一家地下咖啡馆里播放了《水浇园丁》《工厂大门》《火车进站》等 12 部一分钟左右的短片。这些短视频在距今 120 多年前开启了世界电影的大门，带领人们进入了新奇的影像世界。120 多年后，影视艺术的发展以近乎巧合的环形对接再次回归了短视频生态。卢米埃尔兄弟借助活动电影机这一当时先进的科技发明，创造了如今影响

世界的"第七艺术"，受限于技术条件和创作理念，世界电影终以"短"的样态开端。

如今，大数据、云计算、区块链、人工智能、5G 网络等高新科技在不断刷新着它们的技能，短视频在当前这样一个媒体融合时代的再次崛起有着更为独特的内在驱动力量与外部环境因素。

（一）短视频生态形成的四大驱动力

1. 以人工智能及区块链技术为核心的技术驱动

技术的革新与渐趋发达是短视频发展的重要驱动力量，人工智能 AI 技术是当今互联网发展到"下半场"、智媒体时代来临的重要技术支撑之一。AI 技术如今已经渗透到了短视频的各个环节，例如，在用户录制视频内容的阶段，基于人脸识别和跟踪技术实现美白、大眼、瘦脸等功能已经非常常见；在短视频传播阶段，智能封面的选取、对用户的个性化推荐以及智能推送等手段，都是 AI 技术推动短视频发展的具体表现。

短视频虽短，但在制作和传播领域却会越来越趋向于精细化流程。面对庞大数量的短视频内容，如何辨识视频的唯一性，实现视频的原创性溯源，达到去粗取精、去伪存真的目的，这都需要当今的技术助力。区块链技术的渐趋成熟为视频溯源提供了技术可能，它像一个视频的 DNA 一样，当你上传一个视频的时候，可以生成唯一的指纹。指纹的特性是唯一性，同时具有稳定性，它不会随音视频文件的格式转换、剪辑拼接、压缩、旋转、增加 LOGO 等变换而变化。① 这为原创的优质短视频内容提供了有效的版权保护，也为视频审核提供了高效率低成本的先进手段。当前互联网内容生产多以 UGC（用户原创内容）和 PGC（专业生产内容）为主，而在可以预见的未来，借助智能媒体的发展，AGC（智能化生产内容）将是另

① 肖长杰：《视频 AI 科技助力短视频生态》，载《传媒》2019 年第 4 期。

外一种重要内容生产形态。短视频的发展繁荣离不开高新技术领域的研发和突破，技术的保驾护航是短视频未来发展的不竭动力。

2. 一切皆可“短切分”的内容驱动

短视频在当今的崛起有着深刻的社会基础。伴随经济的高速增长，在社会发展大潮中的个人时间已被严重分割，便捷高效也成为人们获取视频内容的主要诉求，在“一切皆可短短短”的发展生态中，短视频以瞬间收看、短暂停留的特点圆满地填补用户的碎片时间，并能较高效地满足人们休闲娱乐或获取知识的需求。

短视频虽短，却并未影响其内容品质，新闻类、知识类、教育教学类、娱乐类等种类繁多的短视频以“瞬间爆点”“黄金 7 秒”“趣味干货”作为它的内容构建和呈现方法，这种迅速进入正题的方式赋予了短视频以小博大的内容优势。无论是在何种技术主导的媒体时代，内容为王都是不过时的“铁律”，短视频以契合时代欣赏诉求的方式构建并传播优质内容，这是短视频发展必备的内在驱动力量。

3. 产业链延伸直达 C 端的平台驱动

所谓内容变现问题，就是其内容产品的价值能否在市场上获得充分实现的问题。随着互联网的迅速发展和普及，传统媒体的内容分发渠道受到新媒体的巨大冲击，导致受众流失、广告额下降，传统盈利模式优势不再。[①] 在新媒体主导的发展环境中，内容产品变现需要进行产业链延展，让产业链直达 C 端（消费者），而短视频平台显然是更具有 C 端触达效率的新媒体平台。短视频以社交方式建构平台，分发短内容聚拢流量，相比于传统媒体，无论是娱乐类短视频还是新闻短视频，都具有更强大的用户吸引力和黏性。当然，目前短视频平台变现的方式依然没有脱离传统媒体的变现逻辑，主要以广告变现、电商导流和用户付费这三种手段变现，所以未来短

---

① 韩晓宁、高涵：《传统媒体内容变现的创新路径及对策建议》，载《新闻战线》2018 年第 5 期。

视频的变现方式期待着新的突破。

4. 更具投资前景的资本驱动

短视频突飞猛进的背后是强大的资本拥入。短时间内，腾讯、百度、阿里、新浪、网易、360 等互联网巨头纷纷拥入，腾讯视频全力扶持微视，还上线 DOV、下饭视频等 APP 加入短视频大战之中。随着互联网技术的发展、创作理念的提升，未来短视频在内容创新上依然有很大上升空间，而品质上升带来的影响力也将更加不可估量，资本的不断拥入也是必然。投资驱动是当前短视频发展的资本动力，也将是未来短视频前进的重要支撑。

（二）短视频生态形成的三大环境

技术驱动、内容驱动、平台驱动和资本驱动形成了短视频蓬勃发展的内在驱动力，而政策环境、经济环境和社会环境则为短视频发展提供了外部环境保障。

短视频在崛起之初曾经历了激烈的“百团大战”，在内容传播中存在着缺乏底线意识、缺失版权保护等一系列问题。自 2018 年以来，我国政府监管部门不断出台相关政策，为短视频的良性发展保驾护航。例如，2018 年 11 月 7 日，国家版权局公布了短视频平台版权整改的结果，5 家短视频平台共下架删除各类涉嫌侵权盗版短视频作品 57 万部；2019 年，中国网络视听节目服务协会的官网上发布了《网络短视频平台管理规范》和《网络短视频内容审核标准细则》，[①] 国家广电总局发布《关于进一步规范网络视听节目传播秩序的通知》等。这些规制性政策的发布让短视频发展有了一个规范、健康的发展环境。而经济发展水平的提高，也让人民在拥有更为丰富的生活和娱乐手段的同时，也有了更进一步提高生活和娱乐水平的需求。

① 李静：《监管风暴频袭短视频——行业马太效应加剧》，2019 年 1 月 21 日《中国经营报》。

视频图文社交的兴起和繁荣也为短视频深入人们生活营造了良好的社会氛围。

二、受众接受美学的重构：短视频的传播机制与接受特点

继文字、图片、传统长视频之后，短视频成为当今互联网内容传播的重要形式。从类型看，短视频平台可分为三类：第一类，满足个人制作短视频需求的工具类，如小咖秀、小影等，通过提供手机录制、逐帧剪辑、电影滤镜、字幕配音等功能，让非专业用户也能在手机上剪辑出类似专业的短视频作品；第二类，满足发现新鲜事物需求的资讯类，如与微博绑定的秒拍、今日头条旗下的西瓜视频等，依托社交或资讯平台并为其提供短视频播放功能；第三类，满足用户社交需求的社区类产品，以快手、抖音等为代表，通过互动式创作分享，营造浓郁的社交氛围，吸引高黏性用户，[①] 这类产品市场占有量最高，引流能力最为明显。

短视频在传播机制和内容上有鲜明的特点。

第一，短视频传受一体，用户主导性逐渐增强，改变了以往媒体和受众的关系。短视频以用户生产内容为主，并由用户接收内容，无论是传播方式还是技术形态都具有“低门槛”的特性。正因如此，短视频能够迅速走红，获得广泛的群众基础，使得传播主体具有广泛性和多元性。

在大众传播进入新媒体时代后，传者和受者的界限越来越模糊，甚至有些研究者已经提出了“传受者”这一新概念，在心理接受上，传者和受者越来越具有相似的认知结构，这和传统媒体时代专业的传播者和受众之间的关系有很大不同。因此，用户生产内容能产生更多的心理互动和经验共鸣。

第二，短视频以社交平台为主导，使内容趋于精细化、社交化发

① 董潇潇：《短视频行业发展的新情况与新特点》，载《传媒》2019 年第 9 期。

展。短视频大多是以个体为中心，来建立社会网络或者社会关系的平台。个体发布的内容通过大量其他用户的点击、转发、评论等互动形式助力其内容传播。短视频可以满足真实社交关系之间的互动，也可以通过平台建立新的虚拟社交关系。“算法推荐”“大数据分析”“热搜排行”等技术手段和模块设置助推短视频内容传播中的社交特性，使得优质内容既具互动性，同时又在社交关系中被赋予了强大影响力。

第三，信息的分发和获取更为便捷高效。短视频在内容建构上可集文字和声画的所有符号表达优势，虽然时长较短，但有生动活泼、自由多元的特点，相比于长视频也更具瞬间吸引力。篇幅短为短视频的上传、分发提供了便利，也能够无孔不入地深入到人们被严重切割的日常生活之中去。

第四，个体的自我表达与自我认同。短视频对个体自我表达和自我认同的诉求，给予了极其充分的满足。美国社会学家查尔斯霍顿库利在他1902年出版的《人类本性与社会秩序》一书中提出了“镜中我”概念，他认为，人的行为很大程度上取决于对自我的认识，而这种认识主要是通过与他人的社会互动形成的，包括他人对自己的评价、态度等等。[①] 互联网造就了“人人都有传声筒”的时代，短视频让每一个个体都可以建立一个中心去展示和表达自我，从而充分满足现代人自我实现的内在需求。

三、瞬间爆点的内容源流：短视频崛起影响下的电视处境

短视频依托互联网技术和平台不断壮大，几乎经历了瞬时的“聚变与裂变”，然而，急剧发展的短视频以UGC（用户原创内容）作为主要支撑，也面临不少突出问题。

---

① 蒋丹：《探析微信朋友圈阅读打卡分享的动机及意义》，载《传媒论坛》2019年第11期。

（一）短视频的短板与电视之所长

1. 浅表性阅读与深刻性思考之间的矛盾

在当下由短视频为主构建的视频生态中，以用户创造的散点式、碎片化内容为主，在视频内容中充斥着生命个体的生活经验、表达视角与个性体验，具有可供“围观”的性质，能够满足人们的“陌生化”需求与“贴近性”需求的完美融合。但这类内容大多是浅表性接受，缺乏深刻性思考。然而，当今大众的审美层次和诉求是多元的，绝非仅仅停留在浅表性的内容需求上。因此，愈是浅表内容泛滥的时代，电视等主流媒体传播的专业化、系统化内容就愈有需求空间与社会价值。在由短视频构筑的传播时代，坚守深刻性内容供给的电视媒体反而更具有强大的生命力。

2. 思维与审美在猎奇一笑中退化

短视频占据着用户的大量时间，但在猎奇与浅表内容的传递中，难免有生命在无限次的上划中消失殆尽之感。随着短视频审核成本无限度提升，价值安全也在经受着市场的考验。没有高品质内容保驾护航，短视频的规模效应也将无法持久和健康发展，在优胜劣汰的市场选择中，抗风险能力显然远低于靠专业优质内容立足的电视媒体。

（二）电视发展面临的传播问题

当下，导向正确、有品质、符合时代需求的优质内容（包括长视频和短视频）更多出自电视创作人之手，因而在当今短视频迎风而上的时代，电视面临的问题并不在内容品质层面，更多的是传播层面的挑战。

移动传播媒体的高度便捷，使得电视的开机率急速下降，致使很多优质电视内容无法有效地直达C端，限制了优质内容的分发传播。在此背景下，电视创作团队所面临的问题，已不仅是形态创新问题，还有产品的规格问题，传统长综艺创作难以满足即时性收看。在电视产品分发中，所要解决的问题也不单是投放问题，而是匹配问题。短视频依托大数据实现精准触达，而电视产品依然靠大众分发，难以在专业化受众细分、垂直向内容表达的审美需求中实现高效匹配。因此，在深受短视频影响的移动传播时代，传统电视媒体现存的核心问题在于如何高速生产、高效传播和高质匹配。

（三）“大屏拆条”与“小屏原创”的发展关系

短视频迅速崛起，内容繁多，它的内容创作和传播经历了从“大屏拆条”到“小屏原创”的过程。虽然短视频被当作一个新的互联网传播形态，但它与以电视为主的长视频却有着源与流、解构与重构、助力与加持的密切关系。当今，“电视将死”之论自然已经不攻自破，尽管电视作为传统媒体，它的受众受到自媒体和短视频平台的大量分流，但电视艺术从诞生之初便拥有的直播态、广场化的原始基因，却使其能够发挥出巨大的“超级宣推”优势。

电视作为一个有巨大公信力的平台，在自觉与不自觉之间成为自媒体话题和短视频内容的“上游”，成为“瞬间爆点”“热议分发”的源头。比如，从“一个亿的小目标”到傅园慧的“洪荒之力”，再到《人民的名义》中的达康书记，再到热播电视剧《都挺好》中的苏大强，等等。在自媒体发达的今天，电视好似一个被忽略了的主体，但从大量短视频的“热点”和“爆款”中，我们可见“电视遇冷”的说法并没有概括这个世界的真相。

影视艺术的未来发展需要将每一种媒体的优势最大化。就互联网媒体而言，视频网站在起步之初便是依靠对传统电视内容的“展览”，如今，视频网站凭借其强大的选择性和交互性，日益发展成了更加多元、完备的优质“内容书架”。视频网站提供优质影视内容的存储和选择、回看功能，而移动端的发展又为互联网视频内容的移动收视赋能，扩大了网络视频内容收视的时间和空间范围，让网络视频的影响力倍增，成为用户喜爱的媒体形式。未来，视频网站发挥其“内容书架”优势，能够完成线上线下、传统媒体与新媒体影视资源的优质内容展览，让影视资源的传播力和影响力实现最优化。

由电视和视频网站制作的影视内容经过拆条传播，其在内容质量上将有难以比拟的优势。而在当前 UGC 模式逐渐式微的背景下，由电视和视频网站带领的 PGC 模式未来必将大规模覆盖短视频、自媒体等各种视频传播领域。未来，电视屏是视频的“超级宣推”+“创作工厂”，视频网站是视频的“内容书架”+“前沿探索”，微信微博是电视 + 网站的“舆论战场”，短视频拆条是内容的“精准到达”。电视只要还存在，短视频就可能有更多的机会。电视艺术从诞生至今积累的吸引力、影响力和聚纳人才的能力也使电视媒体充分享有“创作工厂”的强大优势。大屏的内容短视频化一定是未来的重要趋势，而未来长视频的评估也将以短视频作为考卷。

（四）传播性与新闻性对短视频发展的意义

未来影视艺术创作需要打通四端传播链条：电视、视频网站、自媒体和智能触达。新媒体时代，市场细分逐渐走向深入，受众对影视内容的需求也将愈加明确，影视艺术创作精准触达终将是未来必须选择的道路。未来的影视内容创作不求一技看全，但求一技速达。短视频需充分发挥智能推送的精准传播功能，大视频拆条传播当前已经被广泛实践并收到良好效果。

优质的短视频创作需要继承传统媒体传播积累下来的优势经验，应该是传统性和新闻性的结合。在短视频发展中，关注制作层面的很多，关注传播层面的太少，实际上这两者有很大差别。在传统内容的制作和传播中，传播重反复，新闻讲角度；传播重观点，新闻重事实；传播重时机，新闻重时效；传播重语态，新闻重反思。而新闻的“五解”功能适用任何时代，信息量给出后的解惑功能，娱乐穿插的解闷功能，批判色彩的解气功能，政策微观解读的解释功能，以及帮忙服务的解决功能，这些传统的新闻功能在当今的短视频创作中依然有强大的用武之地。短视频虽然依托互联网平台，是新技术、新媒体的产物，但短视频将传播、新闻这两个重点进行结合，才是一个完整的创作路径，才能做得好产品。

四、融合互补的发展探索：短视频对电视媒体发展的赋能

（一）短视频打造爆款的共性方法

短视频热衷追求打造爆款，这是一种积极的创作态度，但如何靠优质内容打造爆款，则需要正确的价值坚守和科学规律地分析。复盘大量传播度较高的短视频，不难发现其中也有共性的方法论。

当前，短视频消费市场保持快速增长，网络原生的移动短视频头部机构开始兴起；以互动、竖屏、10 至 30 秒长度为特征的小视频发展势头猛烈，算法和社交关系在短视频分发中占据重要地位。可见，短视频正以主体多元化、内容碎片化、受众年轻化、平台社交化为特点进行着高效传播。瞬间窥探他人生活、短时获得突发爆点，让众多短视频平台成为吸睛高手和人们茶余饭后的消遣神器。短视频之所以能够做到这一点，不仅在于技术，更在于内容与当今时代需求的契合与对接，这种对接，正是电视媒体需要探索的。短视频的内容特点能够对电视媒体在创作层面予以正向启示和有效赋能。

素材增值和角度逆向，这永远是爆款的基础。热点人物的幕后追踪，例如《啥是佩奇》《药侠是谁》等，持续追寻这些人的幕后和后续发展，往往会产生不一样的效果。再如，反差行为和标题悬念。

平凡中见非凡、熟悉中见陌生、逆境中见逆袭，这些往往是短视频成就爆款的基本特征。除此之外，热点事件的科学化延伸、道德责任的场景测试、对抗性的互动，以及熟悉记忆进行陌生处理等方式，都能够让短视频在较短时间内获得内容吸引力。

（二）短视频可视化内容的构建技巧

当下，短视频在传播中更注重细节放大、插叙倒叙、高潮前置，而电视内容创作也应以优化用户体验为中心，展开对编排方式、内容选题和互动模式的专业化、精细化设计，只有这样，才能真正制作出符合传播规律和用户接受习惯的优质作品。技术支撑和商业经营成功构建了媒体融合时代可视化生态圈的样貌，未来无论是短视频还是长视频创作，只有完成从产品思维到作品思维的跨越，才能真正实现艺术化审美，重塑当今的传媒发展格局。

短视频注重重构可视化生态，让这种沉浸式的体验传播创造大众接受的新美学，让细分化的垂直发展释放出内容传播的正能量。用短视频创新在小众与大众之间寻找“专众”领域，在理性与感性之间找寻“知性”的表达。

首先，呼唤具有文艺性、文学性、深刻性和思辨性的短视频，虽是短时间、浅表性入手，但要重于深刻性产出。

在商业变现的探索中，呼唤垂直化、生活化、圈层化、场景化和活动化的短视频，调动人类大脑思维的“生动性偏见”，用微综艺的内容特质吸引用户，从而顺利变现。

在团队养成上，短视频发展更应注重培养专家级、专业级的摄制团队，以专业眼光进行垂直类精品内容的创作，并最终引领“消费分级”和“专业分级”的用户潮流。

在模式养成及创意开发层面，未来呼唤短视频的创意开发走向成熟化、标准化、流程化和规模化，需要改变当前粗放式的内容生产和监管流程，让短视频成为精品内容的高效渗透平台。

在创新人才方面，要吸纳更多学者在横屏与竖屏之间发挥理性和专业性的分析作用。横屏重场面、重环节、重逻辑、重专业、重调度、重叙事，竖屏重人物、重细节、重互动、重分析、重模仿、去中心，短视频应充分发挥横屏与竖屏优势，将更多有价值的权威化、公信化、帮扶化和公益化的内容传播出去。

（三）短视频传播特点对电视媒体的启示

1. 新创节目务必从传播出发倒推创作

电视节目创作不单面临投放的选择，还面临匹配的效率，在短视频塑造的视频生态圈和审美接受习惯中，新创节目从传播出发倒推创作，不失为一个能够提高匹配效率的可行方法。

在内容传播中，电视内容创作需在长视频创作中减少不必要的逻辑性和刻意的复杂性，需要强化选题的颗粒性与独立性，增加内容的深刻性和提炼性，进而契合网感时代的欣赏和接受习惯。

2. 从存量内容中持续寻找开发及版权销售机遇

对于短视频发展来说，版权归属问题一直是亟须规制的重要问题。“剑网 2018”专项行动短视频平台整治取得阶段性成效，15 家短视频平台共下架删除涉嫌侵权盗版短视频作品 57 万部。[①] 短视频多以 UGC 为主，主体多元复杂，制作流程简单，内容良莠不齐，版权问题更加复杂，涉及确权、维权，保护创作者和保护他人等诸多方面的问题。短视频创作如果不在法律规制的轨道内有序发展，则不可能走向长远，版权的归属及保护问题是破解短视频再迈开一大步的关键所在。

短视频不能因“短”而忽略其正当的法律权益，而对原创作品的版权保护也不应以短长而论。短视频在法律适用上，存在很多界定

---

① 《五十七万部涉嫌侵权盗版短视频被删除》，《法制日报》2018 年 11 月 8 日。

上的难度，例如《著作权法》保护的一定是作品，而短视频的最终呈现，一部分是具有原创属性的完整作品，还有一部分是不构成作品的短视频。在作品形式上有以类似摄制电影的方式制作的短视频，也有以汇编或改编方式制作的短视频，其版权保护范畴的情况复杂。对此，不仅需要国家相关管理部门的清查整治行动，还需要在互联网平台建立健全的投诉维权机制，更需要提高互联网用户的法律意识和媒介素养，增强全民的版权保护意识。

相比之下，电视媒体的内容制作版权归属清晰，版权保护充分、合理，利用版权变现更为顺畅、高效。因此，电视媒体从大量的存量内容中持续寻找开发及版权销售的机遇，将是电视媒体利用短视频内容分发变现的重要途径。

此外，当下短视频内容变现的路径不清晰不完善，短视频的变现方法复制传统媒体模式，靠传统流量广告或电商植入。这样，便急需探索出一种大营销、长预算、规模化的变现模式，以激发出短视频所蕴含的巨大能量。而电视媒体在内容变现中具有规模化、大营销的经验与根基，在变现竞争中也具有明显优势。

五、以短见长与以小见大：短视频时间与空间的辩证思考

（一）短视频时间之短长的思考

短视频在物理形态上，以时长较短为显著特征，在智能手机、移动网络的助推下，短视频从“20分”到“15秒”仅用了几年时间。短视频虽时长较短，却占据了用户大部分的休闲时间，网传的流行语“抖音五分钟，人间一小时”似乎更加传神地描述出短视频“短”与“长”的辩证关系。短视频能以极短的内容时长对用户达成持续性吸引，并在数量的悄悄积累中实现了超长的观看行为。当然，在

指尖不断上滑的众多个 15 秒之间，吸引受众的却是短短时间内的内容承载、思维冲击和价值传达，短视频以短小的时长浓缩了引人注目的内容，成功地由“极短”实现了“超长”的现实效果。

（二）短视频空间之大小的思考

短视频在内容空间上也因时长较短而被极致压缩，也正因这种压缩才使得短视频能够获得另一种内涵空间上的舒展。短视频以“一厘米”的空间之小去博“一公里”的空间之大。在不用拼技术的 5G 时代，以艺术思维和创意开道的短视频创作者将打败拼流量的所有人。短视频作品《啥是佩奇》刷屏，引起了众多分发和关注，短片由一段“寻找佩奇”的故事引发了关于亲情与陪伴的全民思考。优质短视频作品的出现让所有以流量为上的内容集体“翻车”，以消遣娱乐为目的的瞬时快感终究不敌有内涵、有深度的艺术欣赏。让短视频及时转向，迈向欣赏高度，需要在内涵和选题上梳理四个维度：专业中的高“颜值 + 言值 + 研值”、言论中的反常态、行为中的不可思议，以及情感中的强共鸣。《啥是佩奇》用优质内容戳中了人们内心的软肋，它的成功充分证明了在这个浅表性阅读的时代，具有艺术美感、内容穿透力和人文内涵的走心作品是多少受众发自心底的呼唤。

以短见长、以小博大是短视频可以期许的未来，然而流量不是恒久的能量，让短视频以一厘米的宽度挖掘一公里的深度，除了赋能艺术魅力、人文内涵之外，还要激发短视频作品释放出强大的社会价值。在流量竞争中，短视频内容生产已悄然从头部向多元化延伸，新闻类、探索综艺类及剧情类都找到了各自的切入角度。在选题和内容创新上隐藏着短视频从浅表到深度的发展机会。传统短视频更多是浅表性阅读，带来的问题是看过之后缺乏思考，但可以将很复杂的内容浅显化表达出来，省时高效地传递给观众。

事实上，中国传统文化价值观及社会主义核心价值观的内容，都可以通过短视频来呈现。短视频的健康发展，需要讲好治国理政、奋斗圆梦、合作共赢的中国故事；需要创造性转化中国文化，提炼文化精髓的当代价值和世界共生；需要帮助青少年系好人生的第一粒扣子，从教育角度切入，引领青少年的健康发展；还需要升级乡村户外综艺，传扬乡村文明新气象……把生动鲜活的短视频作为外包装，内核是讲好中国故事，这样才能让观众看过之后，感到有趣、有料、有情、有思考。而电视作为优质长视频内容创作的主要平台，应注重长视频的可拆分和可分发性，对接短视频的分发诉求，让电视媒体更好地成为优质短视频内容的重要源头。无论是长视频还是短视频，若无创新和内涵续航，一切终将成为空中楼阁。

当今，我们站在了一个时间被无限碎片化、空间被无限分割的时代，短视频的存在既是这种时代的表征，又加剧了对这个时代的塑形。在这个时代里，小说变成了段子、专辑变成了单曲，长视频也变成了短视频。在碎片化接收时代，人们不求全而求精的倾向日益明朗，短视频的传播及其发展也印证了这种倾向。在这样的媒体环境中，电视媒体再一次迎来了技术与内容转型的考验。技术发展并没有对错，但内容创作却有选择，在优胜劣汰的法则中，只有在创新中前进，才能迎接光明的未来，无论是长视频还是短视频都是如此。

第二节　网络短视频的价值性

媒体融合时代，各类媒体在内容、渠道、营销等各个方面相互融合，共同发展，其中短视频也与其他媒体深度嵌合，建构价值：网络短视频成为网络综艺节目重要的营销手段，不仅带来了网络综艺的广泛传播，也充实了网络短视频的内容，其融媒体营销价值得以最大化凸显。此外，网络短视频也形塑着社会主流价值观，成为建构和传播社会主义核心价值的重要阵地。

一、营销价值：网络视听节目的短视频化传播

在网络视听节目迅猛发展的当下，由于网络视听节目形态变化快、制作周期短、风格多元化等特点，各大视频网站纷纷投身于网综制作，但也面临着题材单一、内容同质化等发展困境。如何摆脱类型同质化倾向，成为亟待解决的问题。而短视频利用碎片化、精简化等优势，成功占据新媒体用户的主要关注力，日益成为网综节目重要的推广营销手段。

（一）网络综艺与短视频的发展背景

1. 网络综艺：发展危机逐步显现，传播方式亟待升级

2007 年，搜狐视频的《大鹏嘚吧嘚》率先打开“网络综艺”这一新兴领域，经过逐年发展完善，2016 年，网综制作进入“大投入、大制作”时代。由于题材多样、形式新颖、互动性强、制作周期短

等特点，各大视频平台纷纷进占网综创作领域，访谈类、脱口秀、真人秀等节目层出不穷，视频平台在综艺创作中的实力和影响力逐渐凸显，网综创作迎来发展转型的重要时机，显现出较强的竞争力。随后，视频平台以高水准、精制作、严要求，深耕垂直领域题材的挖掘，打造了一批质量与口碑齐飞、传承性和创新性兼具的优质网综节目，并与一线卫视相媲美，为中国综艺节目的发展注入了活力。

当下，网综节目正在朝着多元化、垂直化、圈层化方向发展，诗词、汉字、非遗等传统文化内容被挖掘，说唱、街舞、机器人等小众题材受到重视，其繁荣态势令人欣喜。但是，繁华背后仍不可忽视其发展危机。一方面，纵观当下的网综节目，题材同质化现象十分突出，亲子类、音乐类、喜剧类、文化类等节目扎堆，“撞车”现象屡屡发生。以亲子类节目为例，同一题材就出现了腾讯视频的《放开我北鼻》、优酷视频的《小手牵小狗》、爱奇艺的《萌宠小达人》等，虽然节目形式有所改变，但本质上大同小异。同质化节目层出不穷，创新能力难以提高，是当下网综发展面临的重要难题。

另一方面，网综与电视综艺的竞争也日益呈现“白热化”之势。虽然“唱衰”电视的声音不绝于耳，但是，电视综艺一直在利用自身的资源和公信力优势，不断生产出质量与口碑兼具的优质综艺节目，如央视的《朗读者》《国家宝藏》，湖南卫视的《声临其境》《幻乐之城》，浙江卫视的《同一堂课》等，这些具有原创性、高口碑的电视综艺节目将用户的注意力进一步分流，与网综呈现“分庭抗礼”的竞争格局。

此外，网台同标政策的实施，也使得国家对网综的监管日趋严格。2017 年，国家新闻出版广电总局（现广播电视总局）发布《关于进一步加强网络视听节目创作播出管理的通知》，明确提出了“同一标准，同一尺度”的原则，并在题材、内容、制作上，对网综创作提出了更加严格的要求。

当下，网综节目制作已呈现专业化、规模化的特点，政策引导和金牌制片人的加持，都在引导和推动着网综节目的发展。不同网综之间、网综和电视综艺之间的竞争也将更加激烈，各网络平台如何在这场“用户争夺战”中脱颖而出成为竞争的核心。未来，网综急需在观看方式、传播方式等方面实现迭代升级，以期在综艺节目市场上站稳脚跟。

2. 短视频：发展势头猛进，成为全民化媒介

近年来，短视频行业发展迅猛，为网综发展带来利好之势。首先，手机移动端网民数量不断增长，为短视频行业奠定了坚实的用户基础。截至 2018 年 6 月，我国手机网民用户达到 7.88 亿，由 2017 年的 97.5% 提升至 98.3%。[①] 互联网的快速发展，导致传统受众向新媒体分流，从被动的信息接收者，逐渐转变为具有主观能动性的手机用户，为短视频行业提供了巨大的用户市场。

其次，短视频以其独特优势满足了用户需求，逐步走向大众化。随着用户生活方式和消费方式的转型，耗费过长时间观看一个或几个视频的行为愈发被用户所抛弃，“碎片化阅读”成为主流。截至 2018 年 6 月，综合各热门短视频应用用户的规模已达到 5.94 亿，占整体网民规模的 74.1%。[②] 短视频充分利用用户的碎片化时间，以高度精练的多种方式（包含文字、声音、图像、音乐等），全面而生动地传达出各种信息，既满足了用户日益增长的多样化视频需求，又突破了传统视频在时间上和地点上的限制，重新定义了新媒体用户观看视频的方式，使得短视频用户规模不断扩大，逐步成为全民化媒介。

最后，短视频行业发展潜力大、势头猛，受到各行各业的青睐，成为互联网发展的下一个风口。一方面，各大互联网公司纷纷布局短视频行业，字节跳动的“抖音、火山、西瓜”，腾讯重启尘封的“微视”，百度的“Nani”，微博的“酷燃”等，使得当下呈现“两超（抖音、快手）多强”的竞争局面；另一方面，短视频的迅猛发展深入

① 中国互联网络信息中心（CNNIC）：第 42 次《中国互联网络发展状况统计报告》。
② 同上。

社会生活的各个领域，与各行各业的创新性相结合，“短视频+”——“短视频+综艺”“短视频+购物”“短视频+新闻”等——进行得如火如荼，颠覆了各领域的传统发展模式，成为新媒体领域重要的传播方式。

目前，短视频的传播优势已逐步显现，短视频已成为网综节目创新发展的重要手段。在“内容为王，渠道制胜”的时代，网综与短视频的结合，是内容与渠道的“强强联合”，网络综艺短视频化传播或许是网综节目突出重围、争取用户的重要秘诀。两者的结合会爆发怎样的活力也是未来被业界关注的话题。

（二）短视频成为网络综艺节目重要的营销手段

1. 深层渗入吸引用户关注，长短联动实现渠道制胜

当下，网综竞争呈现白热化态势，同款综艺节目层出不穷，观众面临选择难题。如何在短时间内俘获观众的关注度，是网综节目亟待突破的重要门槛。

短视频的发展，颠覆了传统网综的营销思维。一方面，网综节目的观众构成以“80后”“90后”“00后”为主力军，[①] 短视频平台用户也主要集中于24~30岁。[②] 因此，如何通过营销争取更多年轻观众尤为重要。

另一方面，短视频APP大多具有“个性化推荐”的功能，能够通过大数据实现个性化内容的推送，给用户带来极致的“沉浸式体验”[③]，提高用户黏性。刷短视频极易产生依赖性，在深层次上渗入人们的日常生活中。

其实，一个完整的网综节目本身，就是由多个短视频组合而成的，它同时也应该可以被拆分成无数个短视频。长视频和短视频不

---

① 鲸准研究院：《2018中国网络综艺报告》。
② 第一财经商业数据中心（CBNData）：《2017短视频行业大数据洞察》。
③ 解登春：《警惕短视频的负面效应》，《人民日报》2018年4月10日。

是简单的竞争关系，而是一种联动模式。新浪微博统计发现，短视频直接带动综艺节目的微博热度、收视、网络播放量。[①] 未来，短视频将是新媒体时代重要的营销手段之一。伴随着短视频的迅猛发展，未来或将把短视频播放量纳入综艺节目成功与否的考量标准。因此，长视频网综节目不妨将传播方式前置，在策划、研发阶段，就考虑如何通过短视频进行渠道的有效传播，然后再去考虑制作上的相关问题。

综上所述，短视频有望成为网综节目重要的传播渠道、用户聚集地以及最有影响力的流量吸纳平台。短视频不再仅仅是内容平台、娱乐平台和社交平台，更有望成为综艺节目创新营销方式的重要阵地。在这个过程中，网综与短视频如何实现双向联动，发挥好在各自领域的最大优势，是发展的关键。

2. 视频网站和短视频平台的主要营销方式

（1）视频网站：内容书架

由于网综节目流量大、制作周期较短、拍摄难度较低，所以对视频平台具有较大的吸引力。以爱奇艺、优酷、腾讯为首的视频平台纷纷通过原创或引进方式打造自制综艺，进行综艺节目的 IP 布局。与此同时，米未传媒、笑果文化等新兴网综制作公司也投身于网综节目的制作，不断活跃网综市场。各平台可根据题材进行分类、贴标签，将节目罗列在网站上，促进平台成为网综节目重要的“内容书架”，最大限度给予用户自主选择的权利，用户可根据兴趣在网站上任意“挑选”节目。

与此同时，网综也成为短视频创作的重要“源泉”。在视频平台上，短视频的数量和播放量不断上升。每一期综艺节目都有当期看点选项，内容则是与节目相关的各种短视频，如抢先看、幕后花絮、预告等，用户可选择感兴趣的内容提前了解节目精华，既节省了时间，在短

① 微博电视、微博数据中心、云合数据：《2017 微博电视综艺报告》，https://m.weibo.cn/2110705772/4225475394459771。

时间内快速抓住重点，又进一步扩充了节目内容，丰富了节目内涵。以前不久热播的《中国新说唱》为例，作为爱奇艺自制的顶级网综IP，其通过在爱奇艺平台上开设的公众号，不断提高自身的影响力。截至2018年8月29日，其已发布各类短视频1659个，播放量达到10.5亿次，与其前7期正片总播放量相近。短视频内容包括选手说唱片段、剧透、幕后花絮、个人采访等多个角度，这些短视频大多是以节目为基础进行剪辑和二次创作制成，节目成为短视频创作的重要来源。

（2）短视频平台：反向互动

相较于影视剧，综艺节目具有一些天然的优势，如风险小、创意多、资金运转周期短、易于塑造平台气质等。综艺节目与生俱来具有巨大的“资源价值”，而这个资源价值在某种意义上，与行业地位、渠道、人脉、投资机会等综合因素密切相关。因此，视频综艺逐渐成为资本和行业“讲故事”的最佳手段，受到短视频平台的偏爱。为了吸引和抢夺新用户，提高自身品牌的影响力，短视频纷纷在头部综艺上进行广告投放。例如，抖音就赞助了《明星大侦探3》，独家赞助了《中国新说唱》等，通过赞助这些面向年轻用户的网综节目，宣扬了自身的品牌理念，提高了品牌形象和影响力。在《明星大侦探3》中，以“抖音APP越玩越high，办案脑洞大开”等定制口号，实现了产品定位和节目特征的完美契合，深化了自身“年轻、趣味、潮流”的平台属性，达到了极好的传播效果。短视频入驻网综在为自己拉流量的同时，还进一步加深了网综短视频化的传播。

此外，网综节目还通过多种合作方式，加深与短视频平台的联系，如节目组开设官方账号发布内容；设置话题，邀请全民进行互动挑战；节目嘉宾开设账号进行宣传等。腾讯视频打造的《创造101》节目就与“微视”进行了多方合作，为节目赢得了更多的关注度和新观众。首先，节目组在“微视”开设官方公众号——“腾讯视频创造101”，共发布了493个短视频作品；其次，开设“腾讯视频创造101”话题，包含12.2万个视频，播放量达到14.7亿，还开设了“创造 101 选手亮相”“创造 101 首次公演直拍”等多个话题，以满足不同用户的多种需求，与此同时，平台上还加设“我要 VS”功能，用户可挑战选手，以提高平台的互动性和用户的参与性；最后，选手也可以在平台上开设账号、发布视频，吸引更多用户为自己“打 call”。这一系列措施在最大限度上实现了全民参与、互动，增强了用户黏性，取得了良好的传播效果。短视频平台直接反哺综艺节目，为节目进行引流。

此外，网综节目还纷纷在微博上开设官方公众号和话题进行宣传，一方面可以在节目播出前发布最新信息，播出后对节目内容进行二次传播，从而持续吸引观众的注意力，保持节目热度。另一方面，微博也可以与用户进行实时互动，了解用户的最新需求，从而有针对性地进行内容发布，提高自身的传播力和影响力。例如，《火星情报局》（第 4 季）开通了“火星 shake 舞”“薛之谦致命 shake”等话题，邀请观众进行挑战，拍摄自己的 shake 舞视频，节目组通过这样的方式，与观众有效地进行了线上互动。截至 2018 年 10 月 16 日，两个话题的阅读量均突破 6800 万，实现了从微博到节目的引流，而节目组通过阅读量、评论量、短视频参与量等，了解了用户的兴趣点，为此后的宣推积累了经验。

（三）未来综艺节目短视频化发展趋势

短视频平台纷纷冠名综艺节目，是因为网综大 IP 的影响力巨大，传播范围广，能够帮助平台拉动流量。但是，当用户流量逐渐饱和后，这种冠名就未必能够持续了。因此，综艺节目必须从内容、形式、制作等方面创新运营理念，将“内容”与“渠道”更好地结合，打造出更多优质综艺节目的短视频，最大限度地为节目“引流”。

1. 内容：多样化、趣味性、极致化

综艺节目短视频化传播由来已久。在以电视综艺为主的时代，短视频往往就是节目的简单删减版，内容较为单一，新意和创意略显不足。随着新媒体的快速发展，网综的短视频宣传与以往的宣传方式有了很大区别，短视频不只是对节目内容千篇一律地删减、重复，而是要挖掘出具有创新性、趣味性、新奇性的内容，以吸引观众兴趣，带动节目的关注度。

一方面，短视频内容种类需要丰富多样，满足用户日益多元化、多量化的需求。内容的多元化、多量化，需要节目组提高自身的细节意识，了解观众的“兴趣点”所在，善于捕捉各个视频的精彩细节，充分利用各类素材，延长节目产业链，打造更多节目衍生内容，由此实现素材价值的最大化。如腾讯视频就在《明日之子》（第2季）的基础上，衍生出了《〈明日之子2〉选手翻唱 / 原创 live 合集》《明日之子训练营》《明日之子“初见”视角》《〈明日之子2〉短视频大赛》等短视频节目，将选手台前幕后的表演片段、日常花絮，因节目时长无法播放的内容等进行重新整合剪辑，制作成不同类型的短视频节目进行播放，最大限度地实现了物尽其用。其实，每一档节目的背后，都有无数的剩余素材，节目组需要学会利用素材进行重新加工打造新节目，既实现对素材的最大化利用，又满足用户多样的信息需求，同时还将人物形象展现得丰满、立体。

另一方面，也要注重内容的极致化表达。对于那些“出人意料、与众不同”，能够在大范围内引起反响的片段更需要重点制作。极致化、“反套路”的内容往往能够引发广泛关注。《幸福三重奏》中艺人大S“剥虾论”的短视频，截至2018年10月16日，在“@新浪娱乐”“@星娱乐”等微博公号上的观看量都突破了1600万次，引起互联网上的刷屏传播。每个综艺节目都不乏极致化的内容，如何将这些热点内容进行有效输出，是未来综艺节目创作及营销需要认真考虑的问题。

2. 形式：网感化、年轻化、快节奏

如前文所述，网综和短视频的观看用户以年轻观众为主，整体呈现出低龄化走向。如何满足这些年轻用户的个性需求，是未来短视频创新传播形式的重点。

从文字描述、具体包装到节奏控制等，都需要融入网络元素，加强短视频的网感化，从而进一步契合年轻用户的兴趣。在文字描述上，可以在标题上加入“skr”（表达佩服、认可、赞扬的意思）、“freestyle”（即兴、随性的发挥）等时下流行的网络用语。目前，很多流行词汇直接是在网综节目中产生并逐渐流行，而这种文字上的网感化可以达到吸引人眼球的传播效果。在具体包装上，哔哩哔哩已是当下年轻人的文化社区，网综节目制作可适当吸取其视频风格，适时加入一些鬼畜编辑、弹幕花字、表情包、变音、魔性音乐等广受年轻人欢迎的视听元素，增强短视频的趣味性和网感；在节奏控制上，由于短视频的传播是利用用户的碎片化时间，因而节奏相对较快，但同时还要做到内容重点突出、短小精悍。以《这！就是灌篮》为例，在《周董把小猪佩奇爸爸演活了，爆笑来袭》这个短视频中，就将节目中的一些片段与《大灌篮》进行混剪，并模拟动画片《小猪佩奇》为人物进行配音。融入了网络元素后的短视频更加吸引年轻观众的目光。而其他短视频如《张天意单挑 slay 夏浩然，背后的“隐形教练”张宁杨政拼了一股老劲儿》《李易峰 VS 林书豪，最后一个进球燃爆裁判少女心》等，这些短视频时长多在 2~3 分钟，其标题就融入了流行词汇、幽默短语，并在视频中加入表情包、花字、魔性配乐等趣味元素，从多角度贴合年轻受众，提高了用户对综艺节目的兴趣。

3. 制作：精细化、精准化、科技性

未来，网综短视频将从最初的传播需求，逐渐过渡到对制作上的精益求精的需求，短视频制作也需要实现自身的迭代升级。首先，在画面质量和清晰度上，随着视频技术的发展和市场竞争的日益激烈，观众对于节目清晰度的要求越来越高。目前，各视频网站都在

大力提高节目的清晰度和质感，爱、优、腾等平台在节目清晰度的选择上都包括了“超清”“蓝光 1080P”等选项，让用户可以选择更高的清晰度。短视频未来将是网综 IP 衍生出来的重要组成部分，节目组需要深化短视频的质量意识，将短视频与节目同等对待，不断促进短视频的精细化、精准化制作。

其次，综艺节目短视频的科技属性也将不断提高。当下，科学技术发展迅猛，全社会对科技的关注度也呈递增态势，国外已经出现了《倾斜》、*lost in time* 等利用高科技完成的综艺节目。在国内，《火星研究院》《这！就是铁甲》《机器人争霸》等泛科技类网综节目也不断出现，这些节目聚焦最新鲜的科技发展领域，融入前沿的高科技元素，均获得了不俗的收视效果，也显示出观众对于科技关注度的逐步提高。因此，未来在短视频制作上也需要提高科技属性，加入 AR、VR、MR、AI、无人机、全景技术等最新科技元素，不断增强用户体验。

未来网综短视频制作或将面临更加严格的技术考验和行业标准，需要配备专业的制作团队，不断创新编辑意识，学习互联网剪辑思维，进而提高网络综艺节目短视频的制作标准、质量和水平。

短视频的内容、形式与营销在内在逻辑上和审美感受上是统一的，构成了当下光彩夺目的“文化景观”。而短视频的发展方向是创意化和高雅化，让其真正变得有创意、有意义，或许这将是下一个风口。未来，网络综艺短视频化传播的趋势将进一步加大，短视频与节目正片将共同构成一档网络综艺节目的 IP。强化自身的短视频意识，利用好短视频传播渠道，促进网络综艺节目短视频朝内容多样化、形式网感化、制作精细化方向发展，营造良好的短视频传播环境，将成为一个发展趋势。

二、建构价值：短视频形塑的社会主流价值观

根据中国互联网络信息中心的统计，截至2020年12月，我国网民规模达9.89亿，① 网民数量的不断激增促使弘扬社会主义核心价值观必须适应互联网传播趋势，建设好网络传播的阵地。近年来，短视频借助移动互联网的快速发展与智能设备的快速普及进步迅猛，逐步嵌入大众生活的方方面面。因此，作为当下最具关注度和影响力的传播媒介，短视频无疑也要自觉承担起传播核心价值观的重任。在短视频的影响下，核心价值观的传播内容、传播形态等都发生了颠覆性变化，价值引领作用不断凸显，主流思想舆论阵地日益巩固，短视频在传播核心价值观过程中发挥着不可或缺的重要作用。

（一）传播的背景状态

1. 短视频走向全民化、大众化

短视频行业于2011年开始崭露头角，由于当时互联网发展声势刚起，网速相对较慢、流量费用高、移动智能客户端也未完全普及，用户对于短视频的喜爱和使用并不如现在一般，但为短视频的发展奠定了基础。2013年，秒拍、微视等短视频平台开始出现，2014年一系列具有自身特色的短视频平台扎堆出现，如美拍、小咖秀等，打造差异化的短视频平台成为市场主流。得益于移动智能终端和无线网络的迅速普及，2017年短视频真正进入爆发元年。短视频打破了传统长视频的线性传播模式，突破时间和空间的限制实现了随时随地观看，契合了现代用户碎片化的阅读习惯，因此能够很快占据市场。

---

① 中国互联网络信息中心（CNNIC）：第47次《中国互联网络发展状况统计报告》。

由于短视频快速发展带来的巨大潜力，不同企业也纷纷部署短视频产业，短视频已成为市场的重要“风口”，目前形成了以抖音、快手为首的“两超多强”的竞争局面。短视频准入门槛低，为普通用户提供了更容易的进入机会，根据《2019年中国网络视听发展研究报告》显示，短视频成为网络视听第一大应用，截至2018年12月，中国网络视频（含短视频）用户规模达7.25亿，短视频用户规模达6.48亿，网民使用率达78.2%，且使用时长占总上网时长的11.4%，成为仅次于即时通信的第二大应用类型。[①] 从使用人数和使用时间来看，短视频已走向全民化和大众化，用户基础十分广泛，传播力和影响力巨大。因此传播核心价值观必须顺应媒介发展趋势，发挥好短视频的作用和价值，才能够取得更好的传播效果。

2. 对优质内容需求迫切

在信息爆炸时代，信息质量良莠不齐，暴力、色情、炫富、恶搞等不健康内容充斥互联网平台、侵蚀着人们的精神世界，短视频领域也毫不例外。目前我国短视频用户正趋于低龄化和老龄化的两个走向，根据酷鹅用户研究院的统计，短视频用户中大专及以下学历占77%，三四线城市用户占60%，[②] 用户文化水平总体不高，且呈现出明显的用户下沉现象。而这类人群由于年龄、学历等因素，信息辨别能力差，媒介素养较低，更加容易受到不良内容的影响并进行模仿、传播，因此为这部分用户提供优质内容就显得更加迫切。

十九大报告中提出“发挥社会主义核心价值观对国民教育、精神文明创建、精神文化产品创作生产传播的引领作用，把社会主义核心价值观融入社会发展各方面，转化为人们的情感认同和行为习惯”。核心价值观凝结着全国人民共同的价值追求，具有丰富的文化内涵、道德内涵，能够满足人们的精神追求，但是有效输出核心价值观也成为亟待解决的难题。传统的价值观传播由于内容和形式固化，用

① 中国网络视听节目服务协会：《2019年中国网络视听发展研究报告》。
② 酷鹅用户研究院：《6.4亿用户的狂欢：短视频用户洞察报告》（2019）。

户呈现明显的抗拒情绪，以致价值观的传播范围小、影响力弱。相对而言，短视频以碎片化形式传播，利用时间上的简短和形式上的创新，消解了内容上可能产生的枯燥乏味感，自然摆脱了强硬的宣教语态，以一种更易于接受的方式潜移默化地影响着受众。

3. 自上而下高度关注

核心价值观作为国家的重要稳定器，人民思想的精神支柱和行动向导，是全国人民共同奋斗的重要思想基础，是实现“中国梦”伟大目标的重要力量。因此从党的十八大以来，中央就高度重视培育和践行社会主义核心价值观。习近平总书记多次作出重要论述，提出明确要求。中央政治局围绕培育和弘扬社会主义核心价值观进行集体学习，中办下发《关于培育和践行社会主义核心价值观的意见》，习近平总书记在十九大报告中也指出，要培育和践行社会主义核心价值观，等等。弘扬核心价值观在稳固社会发展、促进国家治理等方面都发挥着不可替代的重要作用，因此党中央将弘扬核心价值观作为自己的重要职责。

传播核心价值观要把握好短视频这一渠道，就要解决其快速爆发的背后带来的一系列道德问题和伦理问题。2018 年 3 月底，国家广电总局下发了《关于进一步规范网络视听节目传播秩序的通知》，从不同方面对短视频内容的制作及传播提出了严格的要求；同年4月，国家广电总局约谈了“今日头条”“快手”网站主要负责人，要求立即下线网站上的低俗、暴力、血腥、色情、有害问题节目；2019 年 1 月，中国网络视听节目服务协会发布《网络短视频平台管理规范》及《网络短视频内容审核标准细则》100 条，进一步规范短视频传播秩序。党中央和各级部门的高度重视、政策的日趋严格与完善，都有效引导了短视频如何传播核心价值观，并为其发展指明了方向。

同时，短视频平台作为多元开放的平台，其内部也要以加强正能量价值观传输和引导作为努力目标，抖音开通“正能量”热搜榜，微视在“频道”中开设“正能量”栏目，快手与新华社新媒体中心联合发起“红色记忆”视频征集活动，邀请普通用户共同参与，传递红色精神，等等。通过自建、合作等形式，短视频平台不断践行政策，将履行社会责任落到实处，从而以更有效的方式进行着核心价值观的输出。

（二）国内传播现状

1. 传播主体：主流媒体为首的多元传播主体

主流媒体作为党、国家和人民的“喉舌”，在核心价值观的传播中处于主体地位，但面对来势汹汹的短视频和用户需求的改变，主流媒体的传播效果大打折扣，其传统的传播方式需要转型，它们纷纷开始进驻短视频领域，加快自身的融合升级。2014 年新华社推出“新华 15 秒”客户端，成为国内首款以秒计的超短新闻视频客户端；2016 年《新京报》“我们视频”上线，同时《人民日报》、新华社、《中国青年报》等媒体纷纷在抖音、快手等短视频平台上开通官方账号。此外，澎湃新闻、梨视频等新媒体也确定了短视频化传播战略，澎湃新闻 APP 的定位为“新闻及短视频的原创新媒体 APP”，“梨视频”则定位为中国领先的资讯类短视频生产者等。短视频巨大的潜力使得不少媒体借“这股东风”加快自身媒体融合的步伐，在短视频的影响下，这些媒体的传播理念、传播内容、传播形式都在不断改变，进一步提高了自身的传播力和影响力。

同时，互联网平台的低门槛也使得普通用户从核心价值观的接收者转变为传播者。只需一部智能手机和简单注册，用户即可进行观看、拍摄、分享、互动等一系列行为，打破了普通用户接触媒介的壁垒，使得他们纷纷拥入。普通用户的进入丰富了核心价值观的传播内容，扩展了内容制作的渠道和形式。同时，相对于专业媒体，普通用户由于基数大，能够更加及时接触到正能量事件，第一时间拍摄视频资料。

除此之外，政府部门和机构也纷纷进驻短视频平台进行自身形象宣传。政府机构以往大多以传统、守旧、沉闷的形象出现，这对于政府部门形象展示十分不利，新媒体时代政府部门需要不断转变发展理念，构建好网络传播阵地。在短视频发展得如火如荼之时，不少政府部门顺应了形势。截至 2018 年底，逾千家快手政务号已发布超过 3 万条政务短视频作品，端内累计获得超过 270 亿次播放、8 亿次互动点赞，[①] 成为快手平台正能量传播中的重要力量。据《2018 抖音大数据报告》显示，截至 2018 年 12 月，共 5724 个政务号入驻抖音，他们发布了 25.8 万个短视频，累计获赞 43 亿，[②] 影响力较大的有四平警事、中国军事网、中国军网、北京 SWAT、共青团中央等。当下，短视频已成为政务信息传播的新平台，法院、公安及其他政府部门纷纷进驻短视频领域，在重塑自身形象、拉近与民众的距离等方面都起到了积极的促进作用。

2. 传播内容："短视频 +"影响下的内容生产

短视频行业的持续升温使得"短视频 +"成为内容生产的重要方式，由于短视频的趣味性和易传播性，各领域都在原有内容基础上融入短视频制作。如"短视频 + 新闻""短视频 + 公益""短视频 + 政务""短视频 + 文化"等，都获得了相当程度的曝光和关注。以下介绍一些较为典型的合作内容：

"短视频 + 新闻"：相较于传统新闻的文字、图片、长视频等形式，短视频更为直观和简短，观看时间短但涵盖要素却十分丰富，能够在短时间内进行大量的内容输出，迅速调动用户的观看兴趣，更符合现代用户碎片化的阅读习惯。前文也已经提到，新华社、《新京报》、梨视频、澎湃等新闻媒体纷纷推进短视频新闻制作，以梨视频为例，梨视频专注于热点新闻资讯和社会故事的短视频制作，并在全国各地组建"拍客"团队，发挥了"公民记者"的巨大力量，新闻一发生，

① 《逾千家快手政务号已发布超过三万条政务短视频作品》，http://www.tj.xinhuanet.com/jz/2019-01/14/c_1123985816.htm。

② 抖音，字节跳动算术中心：《2018 抖音大数据报告》。

就近的“拍客”便前往调查拍摄，以最快的速度进行报道，在“时间就是流量”的当下，这样的新闻制作模式能够第一时间捕获观众的注意力。

“短视频 + 公益”：短视频的出现扩展了公益传播的渠道，成为当下公益传播的新力量。根据清华大学公益慈善研究院联合字节跳动发布的《互联网生态公益方法论——2018 年字节跳动年度数据》显示，在抖音短视频平台上，单个公益短视频内容最高播放量超过 960 万，在西瓜视频平台，2018 年一共产生 12 万个公益短视频，平均单个视频播放量超过 2 万；[①] 2019 年 4 月 2 日，快手联合壹基金邀请了 50 家自闭症康复机构入驻快手，同时对这些散落在全国各地的康复机构进行公益传播力的扶持。[②] 在 2019 中国互联网公益峰会上，快手企业社会责任项目负责人张帆提出了快手强关系短视频社区能帮助解决公益行业的两大痛点，并倡导更多公益伙伴加入“快手幸福伙伴计划”。当下，不少平台已将加入公益事业作为自身发展的方向，二者的结合能够实现平台的价值最大化，是提高平台社会效益的有力体现。短视频与公益的结合也让自身更有温度，吸引更多年轻人关注公益事业，提高自身的社会影响力。

“短视频 + 政务”：如前文所言，这种模式为普通用户了解政务部门提供了新窗口，对于改善政府的形象也大有益处。抖音上目前影响力排名靠前的“四平警事”，以故事的形式制作反电诈系列短剧，通过一系列有趣的小情景剧进行普法，迅速俘获不少粉丝，成为现象级政务新媒体；抖音号“中国消防”，则以短视频形式讲述消防员抢险救灾的英勇故事等。

“短视频 + 文化”：短视频的出现为传统文化的传播赋予新的表达方式，让“沉闷”的传统文化“活”了起来，吸引了更多年轻人群体关注传统文化。2018 年，国家博物馆携手六大博物馆联合抖

① 清华大学公益慈善研究院，字节跳动：《互联网生态公益方法论——2018 年字节跳动年度数据》。

② 张帆（快手 CSR 负责人）：《短视频构建公益新场景》，http://www.chinanews.com/business/2019/05-17/8839485.shtml。

音推出“第一届文物戏精大会”，利用 H5 短视频的形式，让尘封静止的文物动起来，一经推出迅速引起互联网用户的刷屏传播，短时间内播放量达到上亿次。根据《2018 抖音大数据报告》的调查，在抖音的促进下许多优秀传统文化正在逐步成为新的流行。如话题“笑出国粹范”中 18 万人参与挑战，93% 的用户是 90 后。① 当碰上短视频，一些稍显“枯燥”的传统文化便立刻吸引大量年轻人围观。

社会主义核心价值观涵盖我们社会生活的各个领域，短视频的出现，让社会主义核心价值观的文化传播有了新形式。原本严肃的内容以年轻化、接地气的崭新形式出现，更加符合现代年轻用户的需求。

3. 传播形式：科技属性强，互动程度高

技术的发展为短视频的传播形式带来新的变化，竖屏、AR、VR、H5 等新科技元素都开始融入短视频制作中，维持了用户对短视频的新鲜度和好奇度，也为用户带来更具沉浸式的体验。全国“两会”期间，人民网联合腾讯微视制作《两会 AB 剧》栏目，围绕两会热点推出互动视频。例如，围绕“面对校园霸凌老师该怎么办”问题推出短剧，播放中出现“防卫性还击”“用身体保护学生”互动选项，选项不同后续剧情则不相同，为受众提供了更加直观的参与视角，互动人数达 45 万。2019 年 3 月 12 日，《人民日报》联手 10 余家党报联动推出 AR 图片报道，使用人民视频客户端，打开“AR”功能扫描植树节相关图片，即可看到关于我国国土绿化事业成绩的 10 余秒动态可视化图表。这些新技术强化了短视频的互动功能，可以快速吸引用户的注意力，让他们更加直观、更加快速地理解视频内容。

不过，新媒体时代用户身份的转型，带来了主体意识、互动意识的增强，由于内容和形式的固化，部分缺乏互动的正能量短视频，容易让用户产生无聊之感，也弱化了传播效果。

---

① 抖音，字节跳动算数中心：《2018 抖音大数据报告》。

（三）存在的问题

1. 渠道分发缺乏针对性

短视频的火热占据了流量高地，以抖音和快手为首的各类短视频平台相继涌现，用户观看短视频的渠道也日益多样，但是很多传播主体在各平台推送的短视频却缺乏针对性和差异性，推荐重复性现象较为严重。以抖音和快手的用户为例，短视频用户对快手的认知侧重有趣和接地气，而对于抖音则是有趣、很酷很潮和年轻，64.1% 的用户保持两个应用都用，[①] 目前进驻这两个平台的传播者数量日益增多，如果他们忽略两个平台的定位和特性，采用“一视频多发”的方式，不仅会造成信息的冗余和资源的浪费，长久以往势必会降低用户体验和品牌价值，让观众产生审美疲倦，造成用户的大量流失。[②]

2. 短视频内容质量仍待提高

正如前文所说，目前短视频的传播主体呈现多样化，自媒体用户大量进入，他们制作的短视频虽然拓宽了内容来源，但是由于技术、资金、设备、制作理念等多方面的原因，他们制作的视频大多较为粗糙，画面清晰度不够，叙事逻辑混乱，水准良莠不齐，同时这些 UGC 制作者大多以模仿为主，创意同质化现象突出，对于短视频制作氛围的构建也十分不利。根据央视索福瑞媒介研究的调查，虽然部分短视频平台开始注重搭建泛知识、泛资讯等更具深度的内容生态体系，但短时间内并未改变短视频内容泛娱乐化的整体特点，用户对短视频的内容评价刚过及格线，其中对内容深度、内容真实性的认同比例均未超过 30%。[③] 由此可见，娱乐性的浅表性内容难以契合用户，用户更加需要高质量有水准的精品内容。

---

① 腾讯新闻，企鹅智酷：《热潮下的社交短视频：快手 & 抖音用户研究报告》（2018）。

② 陈然：《传统媒体时政短视频的发展现状与优化路径》，载《传媒》2019 年第 3 期。

③ 中国广视索福瑞媒介研究（CSM）：《短视频用户价值研究报告 2018—2019》。

（四）未来发展趋势

1. 媒体平台双向合作，发挥自身优势

主流媒体平台作为党和国家的“喉舌”，在传播社会主义核心价值观中一直处于主力地位，但传统的主流媒体由于缺少互联网思维，在制作短视频时往往采用以往的固化方式，短视频内容大多是电视节目的缩减版，缺少网感，这也让观众产生一定的抵触，对媒体平台的形象塑造十分不利。因此，在内容制作上，主流媒体必须与短视频等新媒体加强配合，既发挥主流媒体在内容制作上的专业性，也利用好短视频的多元传播渠道和广泛的用户群体。

相对来说，主流媒体拥有专业的制作团队，对于价值观的坚守和把控能力更强，拥有“内容优势”，而短视频由于自身的平台发展属性，更加适合渠道分发和宣传营销，拥有传统媒体无法比拟的“渠道优势”和“用户优势”，因此传统媒体与短视频的合作可以真正实现“内容 + 渠道”的双赢。腾讯新闻与《新京报》“我们视频”推出“紧急呼叫”王牌栏目，聚焦在新闻现场，第一时间对话当事人，平台播放量达 15 亿，全网播放量逾 130 亿；在文化历史领域，与《看鉴》联合出品《顽皮历史》栏目，结合社会热点与大事件，以幽默诙谐的方式讲述“历史冷知识”，单期播放量近 200 万；与重庆报业集团深度融合，在区域资讯内容领域用短视频表达本地化资讯内容，都取得了不俗的成绩。

短视频的出现为传统媒体带来颠覆性影响，传统媒体只有抓住短视频这根“救命稻草”才能实现自身的融合升级。在价值观重要性不断凸显的新时代，短视频也需要坚守自身的责任感和使命感，积极为大众传播正确的价值观，二者之间的合作则是打破自身发展桎梏的有效手段。

2. 贴近用户生活，增加情感叙事

现代社会中，都市人普遍处于情感匮乏的状态，因而对于情感的需求也日益旺盛。短视频在制作上也需要加重情感叙事，通过真情故事和暖心细节打动人，以调动用户的情绪，引发大众的共鸣。在党的十九大报告中，习近平总书记指出："社会主义文艺是人民的文艺，必须坚持以人民为中心的创作导向，在深入生活、扎根人民中进行无愧于时代的文艺创造。"人民的生活是现代文艺创作的重要源泉，对于短视频领域同样适用。短视频在传播社会主义核心价值观的过程中需要与普通用户的生活相联系，促进叙事语言的平民化、叙事内容的贴近化，才能够维持对用户的吸引力。以"临沂公共频道"抖音号为例，其选择我们生活中的真实案例，如"恶犬扑咬女孩，母亲发现及时抱摔恶犬，并将其紧紧压在身下"等，点赞量突破200万。这些故事都来自我们真实的日常生活，涉及"亲情""敬业""友善"等多个主题，编辑人员积极挖掘生活中的道德模范代表，塑造了一批具有引导作用的标杆人物，对于价值观引导具有很好的带头作用。

选择与用户相关的生活为叙事对象以及平民化视角的运用，更容易增强内容的真实感和可信度，提高用户的认同感，让短视频在传播时更具穿透力和感染力。并且，运用情感叙事，让核心价值观的表达 摆脱传统视频强硬的宣传语态，对应用户目前的情感缺位，用真实的故事和细腻的情感俘获人，往往能够产生更好的传播效果。

3. 把握推出时机，做好舆论引导

在重大事件和热点事件发生时，短视频要把握好推出时机，及时做好正面宣传和舆论引导。在一些重大活动如全国两会和十九大期间，不少媒体都将习近平总书记和代表们的发言"精华"剪辑成短视频进行传播，让人民群众可以迅速了解与自身利益相关的内容；围绕重大节日，如人民海军建军 70 周年，海军政治工作部宣传局、海军政治工作部宣传文化中心、新华社全媒体报道平台联合抖音共

同发起“人民海军 70 年”话题，从舰载战斗机、航母、海军军人、气垫艇等多方面反映了 70 年来我国海军发展取得的重大成绩，播放量达到 27.2 亿；针对社会热点事件，如中美问题，媒体也将外交部发言人的金句进行传播，贴合用户关注的热点，增强了民族自豪感与荣誉感。

在重大的事件或时间节点，民众的注意力会更加集中，在这个时候媒体和平台等需要强化时间意识，充分利用好自身的资源、平台等优势，做到“因时而谋、顺势而为”，提高自身的传播效率，否则一旦错过时效性，再好的内容其价值也会大打折扣。

4. 利用科技元素，打造新颖形式

根据中国广视索福瑞媒介研究的报告统计，短视频用户主力聚集在“80 后”“90 后”，[①] 这类人群相对来说更乐于尝试新鲜事物，对于短视频的形式要求更高。因此，短视频在传播核心价值观时既要做好内容的坚守，也要多关注短视频的形式和制作，从而符合年轻用户的喜好。首先，要进一步强化竖屏制作。研究发现，越来越多的应用程序使用垂直内容，用户更是有 94% 的垂直握手机的时间。谷歌的研究发现，竖屏视频（9 ∶ 16）的性能比横向视频（4 ∶ 3 或 16 ∶ 9）好 2%，相对来说竖屏更加符合用户使用习惯，能够带来更加沉浸式的体验，能够产生更好的传播效果。

其次，在短视频配乐上，一个合适的配乐在调动用户情绪、推动叙事、提高感染力等方面都能够起到好的作用。对于不同的短视频需要根据视频主题和视频内容选择合适的音乐，如对于感人内容需要舒缓音乐，对于震撼性画面则需要激情澎湃的音乐，等等，画面与音乐相得益彰才能达到更好的效果。

最后，要善于将高科技元素融入短视频制作，每一次技术的革新都会为传媒行业带来新的突破。如前文所说，不少短视频已经将 VR、AR 等技术加入短视频制作中，在技术带动下未来用户对于视

---

① 中国广视索福瑞媒介研究（CSM）：《短视频用户价值研究报告 2018—2019》。

听体验的要求将越来越高，5G、人工智能等新技术未来会给短视频的形态带来什么样的发展契机也值得期待。

5. 加强平台监管，推动行业自律

短视频平台为了快速获取关注，积淀用户流量，在早期发展时往往踩着政策“红线”发展，出现了媚俗化、娱乐化等现象，十分不利于核心价值观的传播。同时，由于短视频的用户门槛低，许多普通用户为了获取关注度，更通过炒作、博噱头等错误方式传输了不正确的价值观，引发了恶劣影响。

因此，一方面政府部门需要继续加强对平台的监管，完善针对平台的相关政策，推动政策真正落地实现，对于一些错误行为要积极引导并严厉处罚；另一方面，短视频平台也要明确自身的社会责任，加强行业自律，从而为短视频行业健康稳定发展营造良好的环境，成为核心价值观的传播者和引领者。如抖音、快手、西瓜视频等平台都推出青少年模式，在青少年模式中，精选教育类、知识类内容作为首页，为促进青少年健康成长做出尝试。未来，短视频平台也需要完善鼓励机制，激励更多普通用户发布正能量短视频，从核心价值观的接收者转变为传播者。

第三节　网络短视频的微版权

在技术的加持下，网络短视频利用自身进入门槛低、契合用户碎片化的阅读习惯等优势，成为用户内容生产与接收信息的主流方式。然而，短视频的“短”不只契合了用户的“碎片化”阅读习惯，更凸显了微版权的“微”的价值。“体量”变小的短视频，拓展了微版权的产业空间与发展格局，为微版权的运营创造了更加精细化、多元化的发展途径与模式。

一、应运而生：短视频微版权的概念生成

在新媒体环境下，“碎片化”成为用户阅读常态，凸显了微版权的必要性。技术的发展让微版权的实际操作和成熟运营成为可能，相关法律的制定则为微版权提供了良好的环境。从不同侧面审视微版权的核心内涵，有助于深层次挖掘内容价值，实现对微版权进行精细化开发、全方位运营。

（一）新媒体环境下微版权应运而生

随着互联网智能化、移动化的发展趋势，利用碎片化时间“读视频”的信息接收逻辑成为用户的主流阅读习惯。

第 47 次《中国互联网络发展状况统计报告》（以下简称《报告》）显示，截至 2020 年 12 月，我国网民规模达 9.89 亿，互联网普及率达 70.4%。我国手机网民规模为 9.86 亿，网民中使用手机上网的比

例为 99.7%。[①] 碎片化也显然成为移动传播时代的代名词。碎片化内容产生的微版权问题，也成为学界、业界的焦点话题。

微版权产生的背景离不开以下几个方面。首先，技术的革新奠定了基础。自然语言处理技术和语义分析技术合理串联海量内容，以独立的产品形态供给平台、输出用户。大数据与云计算技术的成熟发展，增强了微版权的实际效用，版权运营者可以针对用户需求提供定制服务，将内容精准传达给目标用户。其次，著作权法的落实与完善，为微版权提供了良好的法律保护环境。[②]

（二）微版权的概念及核心内涵

微版权的概念是较于全版权而生的。全版权的概念最初来自陈凯歌导演对电影的立体化宣传营销，是指一个产品的所有版权，包括网上的电子版权、线下的出版权、手机上的电子版权、影视和游戏改编权以及一系列衍生产品的版权等。[③] 数字出版时代，微版权打破了传统出版物的概念，指的是根植于互联网环境，以知识元为最小单位进行信息组织的数字化版权。其核心内涵包括以下三个方面：（1）相较于“大而全”的内容，微版权指的是“碎片化”的内容，“微”形态满足“碎片化”需求；（2）微版权强调的是对个体的授权，这也意味着授权对象从网络核心转向传播边缘；（3）微版权的授权交易价值指的是，单次版权授权交易价值微小的版权交易。[④]

数字版权时代，内容企业应当发挥微版权优势，开辟适应短视频生态的内容资源，研究新的授权对象，开发与之匹配的商业模式，

---

① 参见第 47 次《中国互联网络发展状况统计报告》，由中国互联网络信息中心（CNNIC）于 2021 年 2 月 3 日发布。

② 张新雯、陈丹：《微版权概念生成的语境分析及其商业模式探究》，载《出版发行研究》2016 年第 3 期，第 30—32 页。

③ 张妮：《“全版权运营”：在探索中前行》，2014 年 3 月 19 日《中国文化报》，第 3 版。

④ 陈小玲、代江龙：《新媒体环境下的微版权模式》，载《学术探索》2018 年第 4 期，第 82—85 页。

制定契合自身发展的“微版权”战略。①

二、价值塑造：短视频微版权的现实意义

《报告》显示，截至2020年12月，我国网络视频（含短视频）用户规模达9.27亿，占网民整体的93.7%，其中短视频已成为新闻报道新选择、电商平台新标配。现在，短视频已成为社会的“口语”，成为用户的主要社交语言，成为全新文化形态。在短视频时代下，微版权拥有了更加广阔的空间，版权运营者应当以主动者姿态积极开展内容供给侧结构性改革，塑造微版权价值。

（一）重视短视频时代下的版权问题

不重视版权问题，极易形成抄袭成风、不尊重文化创造成果的现象，从而降低文化创新的积极性，造成已有文化资源的浪费和闲置。而过度保护版权，版权费用过高，使用门槛较高，则容易形成文化流通不畅，不利于文化知识的传播普及。

因用户数量激增，短视频引来了资本的密切关注。资本的入局，带动行业间的强力竞争。另外，极低的抄袭成本、淡薄的版权意识、短视频平台“视而不见”的态度，让短视频成了侵权的重灾区。

近两年，涉及短视频侵权的案件屡次出现。百度、今日头条、爱奇艺、优酷、快手、B站等公司分别围绕《世界杯》《延禧攻略》《老九门》《爱情公寓》《花千骨》等影视资源的版权问题争相厮杀。②

2018年3月，国家广电总局下发《关于进一步规范网络视听节

---

① 孙赫男：《大数据时代的微版权战略》，载《出版广角》2014年第4期，第36—38页。

② 秦楚乔：《华数公司被诉擅播《花千骨》56个片段！爱奇艺获赔10.5万元》，https://www.sohu.com/a/299976348_161795，2019年3月8日。

目传播秩序的通知》的文件，规范网络视听节目传播秩序。该通知指出："坚决禁止非法抓取、剪拼改编视听节目的行为。"直指视听节目中存在的非法抓取、剪拼改编的版权问题。国家相关部门一方面重点打击短视频领域的各类侵权行为；另一方面引导短视频平台企业规范版权授权和传播规则，构建良性发展的商业模式。

在政策管控下，内容生产者应合法、合理、合情使用版权内容资源，短视频平台企业应正视"避风港"原则，强化"红旗"原则。这也是微版权在短视频时代存在、开发的基础与底线。内容企业应更具有开放的理念、共享的精神，对版权产品采取适度放开的政策，积极拥抱互联网，主动转换赛道，引流原生长视频，实现合作共赢。

（二）塑造不同类型作品的内容价值

内容作品类型多样，其中最大众化的是文字作品与视听作品。就文字作品而言，可以通过短视频化授权，以更加流行的形式演绎，使文字作品成为生动活泼、鲜明具象的短视频作品，跳脱传统的传播框架和用户群体。2016 年 4 月，百度推出了秒懂百科知识短视频平台，打破了原有文字、图片为主的内容形态，并用短视频呈现词条内容，迎合了用户的阅读习惯，缩短了知识获取的时间。2017 年底，百度启动知识视频化战略，推出知识短视频品牌"秒懂视频"。2018 年 4 月，百度宣布对"秒懂视频"在内容、渠道、合作三方面进行升级，推出业界首个知识类短视频生产组织——爱芝士生产者联盟。同时，在内容方面进行垂直深耕，从定义型知识到满足用户 how-to 类知识获取和消费决策等多类型需求。[①] 就视听作品而言，要根据主题设定、逻辑主线进行拆分重构，形成垂直精分、科学合理的短视频内容书架。同时，在授权过程中，要对版权内容进行全面

① 温婧：《百度秒懂视频升级打造短视频联盟》，https://www.360kuai.com/pc/982e2050012b69c99?cota=4&tj_url=so_rec&sign=360_57c3bbd1&refer_scene=so_1%EF%BC%8E，2018 年 4 月 11 日。

挖掘，增大重复使用频率。

（三）凸显“微版权”的权威性

上文提到了微版权强调的是对用户个体的授权，这种脱离网络核心的授权模式，提升了用户的存在感与能动性。因知识水平、生活经验的有限性，用户产出内容虽不乏精品，但大多仍为文化工业模式下的“工业废水”。海量的用户生产内容，直接填充内容框架的腰部内容，也间接构成头部内容的严重缺失，稀释着内容生态的“专业度”与“含金量”。在此种情况下，权威的头部内容成为稀缺资源，实现“身价”翻番。

在短视频时代，打造学者 MCN① 计划成为可取之策。将 PGC② 内容联合，在资本的有力支持下，保障内容的持续输出，从而最终实现商业的稳定变现。

学者 MCN 致力于将专家学者的头部内容全面整合、分类搭建，在平台上进行垂直化频道操作。根据用户的多样化需求，将涉及不同体系、学科、专业的内容进行拆分重构，确保内容资源的高质量、高效率输出，切实解决实际问题。学者 MCN 计划，强调专业内容，注重用户黏性，强调品牌运营，实现专业内容的大众化演绎。内容资源的剪辑与重组符合短视频的内容生产逻辑和用户的信息接收逻辑，例如简短明快的视频节奏、通俗易懂的网络词汇、大众熟知的背景音乐、新奇潮流的画面特效等手段的运用。

---

① MCN（Multi-Channel Network）：是一种多频道网络的产品形态，是一种新的网红经济运作模式。这种模式将不同类型和内容的 PGC（专业生产内容）联合起来，在资本的有力支持下，保障内容的持续输出，从而最终实现商业的稳定变现。

② PGC（Professional Generated Content）：指专业生产内容。经由传统广电业者按照几乎与电视节目无异的方式进行制作，但在内容的传播层面，却必须按照互联网的传播特性进行调整。

（四）加深对碎片化内容的开发利用

短视频营造的“快餐文化”，塑成了用户无法接受“大体量”内容的行为惯性。短视频市场存在一对供需矛盾，即便是“海量化”的碎片化内容，也无法满足用户个体的“即时性”需求。对内容资源进行深度开发利用，是摆在版权运营者面前的难题，同样也是破局的必经之路。满足用户场景化需求的微版权开发可能是一条捷径。深入用户场景进行微版权的开发利用，具备无限增量。

随着5G、人工智能、大数据技术的深入发展，短视频可以对人们所进行的所有活动场景进行映射、演绎。凭借短视频，用户可以消费更加多样化的场景、丰富化的内容与个性化的体验。原本单纯提供服务的短视频也不断凸显出其工具属性，成为连接各种场景的入口，构造“短视频+”的产业空间，短视频和用户生活场景相勾连成为共同体，实现随时触达，满足即时需求。

三、产业空间：“微”版权的“广”空间

随着技术的发展，短视频正成为移动互联网时代的“现象级”风口。《2019中国网络视听发展研究报告》显示，截至2018年12月，中国网络视频（含短视频）用户规模达7.25亿，占网民总数的87.5%。作为视频产业的“主力军”，2018年整个视频内容行业的市场规模为1871.3亿元。①

5G时代的到来，会给人们带来大宽带、大连接、低延迟、高传输速率的优势。5G的商用落地，将会推动短视频行业的发展，无论

---

① 参见《2019中国网络视听发展研究报告》，由中国网络视听节目服务协会于2019年5月27日发布。

是拍摄、操作或者再剪辑、再创造，都会给用户带来更加流畅的体验，引发短视频创作高潮。同时人工智能技术也将推动个性化推荐、广告信息的精准投放。因此，在短视频的风口之下，海量版权内容、多样授权方式、智能技术支持与成熟运营模式都将赋予微版权更加广阔的产业空间。

（一）精准化垂直细分发挥“长尾效应”

运营垂直领域，不仅需要基础的短视频内容制作的技术要求，更需要某一领域的专业知识，从而生成了运营者的技术壁垒与生产者的知识壁垒。在国内内容市场，内容细分的颗粒度与垂直内容供应量不足，精分内容运营是亟待深度开发的蓝海市场。

无限精分的内容将分门别类的优势发挥得淋漓尽致，节省了用户获取内容的成本，培养了媒介使用偏好。垂直细分的运营方式，将信息切分为用户可供选择的不同区域，用户可以突破自身的知识壁垒，同时，也可使其业务覆盖更广的用户范围，发挥“长尾效应”。同时，垂直领域的深耕细作，能更有效地吸引目标用户，增强用户的黏性。艾瑞咨询数据显示，相较于 2017 年，用户依然更偏好搞笑幽默、生活技能、新闻现场类的短视频，但用户对各个类型视频的偏好都有所上升，用户更倾向“看我想看”的垂直化短视频内容。

（二）精细化授权方式增强“经济效益”

为实现商业价值最大化，对微版权进行变现，需要对版权进行精细化授权，对内容资源进行最大化的价值开发。2019 年，腾讯视频平台播出的《明日之子水晶时代》实践了精细化授权的模式。这个电视节目在每期的正片中设置道具打赏功能，观看者可以通过购买有偿道具，为自己喜欢的选手进行打赏，提高选手在人气榜单上的排名；节目的花絮衍生了《明日之子评星全记录》《明日之子明妹闪光记》《明日之子表演直拍》《明日之子不打烊练习室》《明日之子查房啦》等多个系列节目；每期节目内容皆进行了拆分重构，在各大社交、资讯、短视频平台以及视频网站按条进行推送；曲目则在 QQ 音乐、网易云音乐、酷狗音乐等播放器上线，同时推出主题音乐视频等。精细化的授权方式让同量内容产生成倍效益。凭借碎片化内容与正片之间的双向互动关系，碎片化内容播放量、点击量的提升，将为正片带来更高的曝光率、知晓度，达到高效引流的目的。

（三）海量化素材拆分生成“重组价值”

微版权意味着“微”视角与“微”开发。一方面，运营者需要从多样维度、多元视角去全面认知，细致挖掘版权价值。另一方面，强调对海量素材进行拆分重构的能力。

常言道，题好一半文，主题的设定对短视频起着至关重要的影响，决定着素材重组的方式。设定主题，一是结合社会热点话题，二是反向挖掘“冰点”素材。例如，在祖国华诞之际，切入“国庆阅兵”主题的短视频层出不穷、特点各异，抓住“阅兵军人”这一热点话题的短视频旨在讲述阅兵期间的高标准、严要求的训练与高质量的现场。例如，《人民日报》微视频在国庆前期创作的《国庆大阅兵训练场探访女兵方队的一天》获得 823.5 万次的播放量，《火箭军徒步方队首秀》获得 782 万次的播放量。还有一类短视频立意新颖，切中“幕后”，让幕后人物与幕后故事回到大众视线。例如，《〈摔跤吧！刘磊磊〉：女冠军背后的男陪练》不仅获得 310 万的播放量，更是将“陪练”这一幕后英雄的概念具象化，引发了大众热议与社会关注。设定恰如其分的主题，依照创新性的逻辑对素材进行关联与重构，成为实现“重组价值”的重点。

（四）智能化加工方式助推“私人定制”

微版权的兴起与发展离不开技术的支持，自然语言处理技术和语义分析技术夯实基础，大数据、云计算技术的应用则为“微版权”插上了翅膀。其效用主要表现为两个方面：一是积累丰富的用户数据，了解用户实时需求，对素材进行个性化加工处理，提高内容的匹配效率；二是通过智能化方式，将内容产品有针对性地分发用户，增强实际效用，更加契合短视频时代用户的阅读习惯和内容需求。

（五）多样化运营模式注入“发展动力”

1. 打赏模式：一方面促进了内容变现；另一方面，让创作者与观看者之间产生强互动。创作主体可根据用户反馈调整内容走向。为避免“劣币驱逐良币”的盗版行为产生的不良后果，打赏模式应建立在“原创”的基础之上。带有“原创”标记的内容，可获得更多经济回报。①

2. 后向收费模式：即广告收费模式，被称为“羊毛出在狗身上，猪来买单”。在这种模式中，用户在平台上享受“私人定制的免费午餐”，但也通过观看行为增加了广告主的品牌曝光率。

3. 知识付费模式：核心是满足用户的定点需求，契合微版权强调的“知识的最小单元集合”，它解决的是用户的具体需求，多应用于场景化之中，用户的付费意愿取决于知识的优质与否。

4. 链接电商模式：目的是让流量更好地变现，满足用户边看边买的需求，以增加平台的盈利，构建闭环运营的模式。例如，抖音短视频在平台中推出了购物车功能，还布局 DOU+ 等诸多产品。在

---

① 徐丽娜：《基于产业链理论的短视频发展研究》，浙江传媒学院硕士毕业论文，新闻与传媒，2017 年 5 月 12 日。

2019 年初，抖音积极将电商小程序与整体生态打通，提升购物体验顺畅性。①

四、创意延展：微版权进阶发展的引爆点

创意是戴着镣铐跳舞，它追求出人意料，也要求情理之中。因此，对微版权进行创意延展，一方面需要对版权进行大胆的拆分重构；另一方面，也要依据短视频的产品形态、传播动力、内容逻辑进行创新。因此，短视频灵活广泛的传播路径、短小精悍的内容形态、幕后素材的承载能力、大众流行的传播方式、浓缩精华的产品属性等特征，成为微版权创意延展的着力点与进阶发展的引爆点。

1. 助力内容产品社交化传播的“营销品”

短视频平台的深入发展，拓宽了内容的社交化传播路径。内容企业需将用户纳入价值创造体系之中，扩大版权作品的传播范围。自发成为生产主体的用户，一方面，可以确保内容产品生产的可持续性；另一方面，用户生产内容，更能捕获价值点，拉近彼此距离，增加作品的共情能力、转发动力、传播范围。

用户二次创作的“营销品”将会以内容为引、短视频为媒，通过社交化传播的形式，在营销的黄金节点引爆相关话题，实现大规模的移动化播放。②

2. 满足用户需求的“主题品”

短视频特征为短小精悍，以小篇幅承载大内容，具有强烈的主题指向性。用户个体呈现鲜明个性与多元需求交融的特征。因此，

---

① 米可：《内容+电商：B 站、快手、抖音的“捞金”新套路》，http://www.woshipm.com/it/2198522.html，2019 年 4 月 10 日。

② 巴丹：《电影网络发行中版权问题与版权运营研究》，载《西南政法大学学报》2018 年第 4 期，第 109—119 页。

不同主题版权产品的授予是对用户需求的生产回应，更是对视频内容产业追求长远发展的回应。

主题产品强调主题先行、素材配对。主题的设想需要契合时代发展、社会关切与用户需求。筛选海量素材，将与主题契合的内容二次创作，生成焕然一新的新作，满足用户单点性、个性化的观看需求。

3. 挖掘幕后素材的“补充品”

真人秀节目受到追捧的原因在于迎合了观众的求知欲、窥探欲，这也表明了用户对“幕后”有强烈的获知兴趣。因此，幕后素材的“补充品”有着广阔的用户基础和市场空间。

“小体量”的短视频更加贴合“幕后”的曝光形式，发挥短视频社交传播优势，为正片进行引流。无人问津的“补充品”往往会出现与正片内容热度相当甚至高于正片热度的情况。2019 年国庆档，献礼新中国成立 70 周年电影《我和我的祖国》的《夺冠》故事中，“东东”飙泪的短视频达百万级播放量，为正片强势引流。

4. 致力于知识传播的“权威品”

作为具有显著通行性的网络视听语言，短视频具有穿越人际传播、大众传播和网络传播等诸多屏障与壁垒的力量。通过对“人人可为、随处可见、随时可用”的短视频形式进行普及，有利于让束之高阁、晦涩难懂的学术内容“飞入寻常百姓家”。最为关键的是，这种免费的方式有利于消弭数字鸿沟，推进网络使用和服务的全民普惠。以知识传播为例，抖音平台上拥有大量知识类短视频，通过短视频的形式将知识做生动化呈现，知识学习的门槛降低，知识传播取得更好效果。①

① 王晓红、曹晚红主编：《中国网络视频年度案例研究》，北京·中国传媒大学出版社，2018 年版，第 188 页。

5. 创意改编内容作品的“浓缩品”

“浓缩品”是指对内容作品进行创意改编、精华浓缩，涵盖剧情设定的“剧情短视频”，包括影视剧作品与网络文学作品。

在抖音热门视频中，颜值类短视频不断转型，逐渐与剧情相结合。短视频形式集中呈现中心主题，以及经典剧情的恰当融入、丰富素材的巧妙运用，已成为抖音短视频转型的大趋势。此外，优质内容可通过用户打赏、广告赞助等形式实现变现，激励优质内容持续产出。[①] 例如，在抖音短视频平台改编自经典影视《第八号当铺》的“灵魂当铺”，在两天内吸粉 400 万。可见，剧情短视频的创作已成为内容生产者可资借鉴的标本。

在抖音、快手等短视频平台上，存在着数量较多点击率不输传统网剧的土味小剧场，类型涵盖古风、校园、爱情等。这种网文可视化的形式有着不小的用户基础，在未来具有一定的发展空间。[②]

借短视频“东风”，版权运营者需加紧盘活存量的版权资源，适应短视频时代下的内容生产逻辑与渠道传播动力，确立自己的发展路径，激发用户的创作能力，将微版权的核心竞争力最大化。

---

① 芳莹：《两天涨粉 400 万，内容红海中剧情短视频为何快速站上 C 位》，https://www.360kuai.com/pc/9979d0ab224bb7f93?cota=3&kuai_so=1&sign=360_57c3bbd1&refer_scene=so_1，2019 年 7 月 4 日。

② 钟菡、张熠：《剧情类短视频悄然兴起 争拍“爽点”是文化消费降级》，http://media.people.com.cn/n1/2019/0717/c40606-31238399.html，2019 年 7 月 17 日。

第三章
重构与跨域：视听内容的媒体融合转型

媒体融合时代不仅催生出各类新型媒体内容与传播形态，同时也促使传统媒体发生变化，传统电视媒体正在或主动或被动地接受着互联网的全面改造，并在内容生产、内容传播与内容接受等方面都呈现出互联网化的趋势。电视与视频网站应跳出自身的优势与局限，探寻从“融”到“合”的飞跃之路。同时，各类媒体跨域融合，为媒介发展与艺术创新带来了新的动力。

第一节　电视媒体的互联网重构

互联网深刻影响着媒体融合的历史进程，也深刻影响着传统电视媒体的发展方向，为了适应媒体融合带来的媒介生态与格局之变，为了能够在媒体融合时代继续焕发活力，传统电视媒体正在或主动或被动地接受着互联网的全面改造。在经历观众流失、广告下滑、人才外流等种种阵痛的同时，当下传统电视媒体在内容生产、内容传播与内容接受等方面都呈现出互联网化的趋势，传统电视媒体与互联网二者的关系变得愈加紧密。

一、内容生产的互联网化：主体重合、标准趋近、文化交融

传统电视媒体在内容生产方面呈现出互联网化的趋势，这一趋势主要表现为电视内容和网络视听内容在生产主体、生产标准和文化构成上的趋近。

（一）网台内容生产主体高度重合

电视台和视频网站既是内容生产机构，又是内容播出平台，二者兼具生产与传播的双重功能。目前电视台和视频网站的内容生产主体呈现高度重合的情况，电视内容生产以电视台、民营制作公司、视频网站为主体，而网络视听内容生产也是以电视台、民营制作公司、视频网站为主体，虽然它们是两类不同的传播平台，但是其内容生产主体却高度重合。

从生产与传播的关系角度回望中国电视发展史，我们可将其大致分为制播合一、制播分离、制播联动三个历史阶段。在制播合一阶段，电视内容需求相对有限，电视台的内容生产基本能够满足自身的播出需求，此时制作和播出尚未分离，电视内容生产主体与传播主体一致。进入制播分离阶段，电视台的内容需求迅速提升，其内容生产无法满足自身的播出需求，电视台之间开始进行内容交换，之后民营制作公司应运而生，大量行业外资源进入电视领域。[①] 这时，电视内容生产力得以解放，电视内容交易市场逐渐形成，制作和播出逐渐分离，电视内容传播主体依旧是电视台，电视内容生产主体变成电视台和民营制作公司。进入制播联动阶段，电视内容需求愈加旺盛，电视台纷纷以直接投资、联合投资、委托制作、联合制作等多种合作方式，与实力雄厚的民营制作公司强强联手，制作和播出深度联动。随着网络视频的快速崛起，电视内容传播主体变成了电视台和视频网站，电视内容生产主体则变成了电视台、民营制作公司和视频网站。

目前网络视听内容生产主要存在两种模式，一种是专业内容生产模式 /PGC 模式（Professionally Generated Content），另一种是用户内容生产模式 /UGC 模式（User Generated Content），其中专业内容生产模式 /PGC 模式的生产主体主要是视频网站、电视台、民营制作公司。[②] 电视台是视频网站重要的内容提供者，大量的电视内容充实了视频网站的内容库。为了降低内容成本，实现差异化竞争，各大视频网站纷纷开始进行内容自制，视频网站这一播出平台也开始进行内容生产。对于民营制作公司而言，视频网站是一个广阔的新兴市场，其未来发展空间远远大于电视台。过去专门生产电视内容的民营制作公司，纷纷开拓网络视听内容生产业务，开始生产网络剧、网络综艺节目等内容，许多民营制作公司已经把市场重心从电视台

---

① 尹鸿:《“分离”或是“分制”？——对广电制播分离改革的思考》，载《现代传播》（《中国传媒大学学报》）2010 年第 4 期。

② 胡泳、张月朦:《互联网内容走向何方？——从 UGC、PGC 到业余的专业化》，载《新闻记者》2016 年第 8 期。

转向视频网站。当下越来越多的电视人才流入市场，这些制作团队既生产电视内容，又生产网络视听内容，既服务于电视台，又服务于视频网站。

（二）网台内容生产标准趋于接近

视频网站在快速崛起过程中，出现了传播违规低俗内容、过度娱乐化等问题，相关监管机构及时地提升了网络视听内容的监管标准，开始对网络视听内容和电视内容实施同样的监管标准。中宣部副部长、国家广播电视总局局长聂辰席在第四届中国网络视听大会上指出，要继续加大管理力度，网上网下导向管理“一个标准、一把尺子”[①]。原国家广播电影电视总局电视剧司司长李京盛、网络视听节目管理司司长罗建辉接连表态，总局将加强对网络剧和网络节目的管理，以后线上线下将统一标准，电视不让播的，网络也不能播。[②] 随后不久，《关于进一步加强网络原创视听节目规划建设和管理的通知》发布，宣布针对网络生产内容开启“备案登记制”，不仅前期制作不合格的网络生产内容不许播出，播出后炒作过度造成不良影响的节目也会被下架。监管机构正在不断加大对网络视听内容的监管力度，迅速实施了一些调控动作。《太子妃升职记》《上瘾》等多部网络剧和《hello 女神》《姐姐好饿》等多档网络综艺节目纷纷被下架或整改。

电视内容和网络视听内容的监管标准正在趋于接近，这也就意味着二者的生产标准也在趋于接近。网络视听内容给用户的印象已经不再是过去的廉价、粗俗、尺度大，而转向了高端、精细、大制作，网络视听内容与电视内容的品质差距正在不断缩小。据悉，爱奇艺

① 原国家新闻出版广电总局局长聂辰席：《网上网下导向管理“一个标准、一把尺子”》，http://finance.sina.com.cn/roll/2016-12-09/doc-ifxypcqa9112174.shtml，2016 年 12 月 9 日。

② 胡智锋、张国涛、张陆园：《多屏时代中国电视剧的变局与困局》，载《中国广播电视学刊》2017 年第 3 期。

网络剧《老九门》投资金额高达 1.68 亿，网络剧《心理罪》平均单集成本 300 万，如此规模的资金投入已超过许多中等规模电视剧的制作成本，投资成本的不断蹿升为网络视听内容品质的提升提供了资金保障。《火星情报局》第二季广告招商达 2.5 亿，《奇葩说》第四季广告招商总金额近 4 亿，冠名金额高达 1.8 亿。短短几年间，网络综艺节目的广告招商纪录不断被刷新，日益强大的吸金能力表明了市场对于网络视听内容的认可，也印证了网络视听内容品质的快速提升。

（三）网络文化融入电视内容生产

当下网络文化正在逐渐融入电视内容生产，网络热门话题、网络流行语、网络热门段子、网络当红人物、网络 IP 等大量网络元素出现在电视综艺节目、电视剧和电视新闻里。

由网络小说改编而来的 IP 电视剧轮番霸占电视屏幕，近两三年来先后有数百部网络小说被购买影视版权，题材涵盖了仙侠、玄幻、悬疑、言情、都市、抗战等诸多领域。将网络小说改编成电视剧已经成为一股热潮，这股 IP 改编热潮成功打造了一大批热播剧目，《甄嬛传》《芈月传》《琅琊榜》《花千骨》《何以笙箫默》《三生三世十里桃花》《诛仙青云志》等都是由热门网络小说改编而来。[①] 一部热门网络小说的点击量动辄数以亿计，流潋紫、南派三叔、顾漫等知名网络小说作家其粉丝数量更是蔚为大观，具有坚实的受众基础。将热门网络小说改编为电视剧，可以有效降低投资风险和宣推成本，可将大批“原著粉”转化为电视剧观众，借助于原著小说的网络口碑去提升 IP 改编剧的关注度和影响力。网络小说等 IP 资源很大程度上丰富了电视剧内容，但同时也反映出电视剧行业对于网络小说等 IP 资源的过度依赖。

---

① 张国涛、张陆园：《2015 年中国电视剧的生态与格局之变》，载《中国广播电视学刊》2016 年第 3 期。

“时”是当前电视内容生产的传媒本质，[①] 电视综艺节目格外注重内容的时效性，无论是嘉宾的选择，还是话题的设置，或是内容的表述，都紧紧围绕一个“时”。为了保障内容的时效性，电视综艺节目往往选取网络上最当红的明星、最热门的话题、最流行的话语进行呈现，网络已成为时下电视综艺节目重要的内容来源地。电视综艺节目的编导、导演、编剧们每天都在刷着手机，尽力捕捉网络上每一个热门人物、热门话题、流行段子，将这些网络元素融入内容生产中。电视新闻的内容生产也是如此，大量的网络素材进入电视新闻当中，许多新闻线索都来源于网络。微博、微信等社交媒体已经成为当前许多重要新闻的首发地，电视台的记者和编辑将这些网络素材二次加工后呈现给电视观众。

二、内容传播的互联网化：网台联动、反向输出、网络宣推

媒体融合时代传统电视媒体在内容传播方面越来越离不开互联网，电视台与视频网站在内容传播方面深度联动。

（一）网台联动实现差异互补

一边是电视观众的大量流失和电视开机率的持续下降，一边是网络视频用户规模的迅速增长，电视台和视频网站面临着两种迥然不同的现实境遇。据中国互联网络信息中心统计，截至 2020 年 12 月，我国网民规模达 9.89 亿，我国网络视频（含短视频）用户规模达 9.27 亿，占网民整体的 93.7%，手机网络用户使用率为 99.7%。[②] 上网看电视已经成为当下中国网民一种重要的文化消费习惯，越来越多的

① 胡智锋、顾亚奇：《中国电视内容生产的潮流与趋势》，载《中国广播电视学刊》2006 年第 1 期。

② 数据来自 2021 年 2 月 3 日，第 47 次《中国互联网络发展状况统计报告》。

观众习惯通过网络来观看电视内容。电视播出平台的种种限制凸显了视频网站的相对自由，体制机制的差异使得视频网站成为电视内容消费的重要渠道。视频网站与电视台凭借资本实力和传播手段的双重优势联动呼应，形成跨屏共生的局面。

电视台和视频网站二者在许多方面都存在显著差异，网台联动有效实现了多方位的差异互补。首先是受众群体的互补，电视观众老龄化现象日趋严重，而视频网站用户普遍比较年轻，网台联动可以在最大范围内覆盖不同年龄层次的观众；其次是传播周期的互补，电视以线性传播为特征，内容稍纵即逝，而视频网站则可以海量长期存储，网台联动有助于最长期限释放内容价值；再次是观看体验的互补，电视观看主要是家庭场景的观看，受时间和空间的限制，网络视频的观看则可随时随地自由选择，网台联动有助于丰富受众的观看体验。

无论电视台，还是视频网站，优质内容是稀缺的核心资源，售卖优质电视内容版权是电视内容生产主体收回成本的重要途径，购买优质电视内容版权则是视频网站获取更大流量的主要方式。网台联动使得电视台和视频网站的关系更加密切，电视内容传播越来越离不开视频网站，视频网站的持续发展也越来越离不开电视台。虽然网络自制内容发展迅速，但目前电视台仍是视频网站主要内容来源，在多屏终端上真正取得较大关注度和影响力的主体受众还是电视内容，视频网站庞大的内容需求仅仅依靠目前自身的内容自制能力远不能满足。在当前的媒体融合时代，电视台在内容、机构、人才、收益等多个方面仍然焕发着一定的活力。①

（二）反向输出加速网台对接

近年来视频网站自制内容反向输出到电视台的现象频频出现，

① 胡智锋、刘俊：《内容、机构、人才与收益：论当前媒介融合时代的电视活力——兼对“电视之死”的回应》，载《编辑之友》2015 年第 3 期。

越来越多的网络综艺节目、网络剧亮相电视屏幕。其中输出规模最大的是网络综艺节目。优酷制作的《晓说》先后输出到浙江卫视和东方卫视，《侣行》先后输出到旅游卫视和中央电视台，《歌手是谁》输出到北京卫视；腾讯视频制作的《我们 15 个》输出到东方卫视；爱奇艺制作的《爱上超模》第一季和第二季分别输出到湖北卫视和英国普罗派乐卫视 sky189 频道，《我去上学啦》输出到东方卫视；乐视网制作的《十周嫁出去》输出到安徽卫视。除了网络综艺节目，网络剧也是反向输出的重要内容，搜狐视频制作的网络剧《他来了，请闭眼》输出到东方卫视，爱奇艺制作的网络剧《奇异家庭》输出到江西电视台影视频道，爱奇艺会员付费网络剧《蜀山战纪》输出到安徽卫视。

网络自制内容实现了从视频网站到电视台的反向输出，表明了电视台对视频网站内容生产能力的认可，网络自制内容已经达到了电视台的生产标准。这与大量优秀电视人才拥入视频网站有着密切关联，这些专业队伍将电视内容生产的系统经验移植到视频网站，从而大幅提升了视频网站的内容生产能力。

对于电视台而言，网络自制内容为其注入了新鲜的血液，有助于充实电视屏幕，丰富观众的观看体验，吸引年轻观众的关注。对于视频网站而言，网络自制内容反向输出到电视屏幕，有助于拓展内容分发渠道，扩大平台的影响力，提升版权和广告收益。许多网络自制内容已经在视频网站上获得了较高的点击量，具有一定的关注度和影响力，其收视效果已经过市场检验，具有一定的收视保障，电视台选购一些优质的网络自制内容可以大大降低自身的市场风险。

（三）网络宣推，留住年轻用户

在媒体融合时代，电视内容的宣传推广方式与此前相比发生了巨大改变，电视内容越来越倚重网络宣推。当下传统电视媒体处于内忧外患的窘境，从内部来说，电视观众不断流失，电视人才不断出走，电视广告收益不断下降；从外部来说，网络视频行业迅速壮大，资金和人才大量聚拢，观众观看习惯逐渐改变。在这样的媒介生态环境下，电视台不得不转变宣推思路，加大网络宣推力度，从互联网平台吸引更多年轻观众的关注。

观众在哪里，需求就在哪里、市场就在哪里，只有把宣推重心放在互联网上，电视内容才能获得更高的关注度和更大的影响力。当下电视内容竞争异常激烈，如何从数量众多的竞品中脱颖而出，除了依靠内容本身的过硬品质之外，就是靠在互联网平台上的宣传推广。一档电视综艺节目、一部电视剧、一部纪录片只有在网上火，才是真的火。因此，当前许多电视综艺节目、电视剧、纪录片都把大量的宣推资金投向互联网，以期从广阔的互联网平台导流。

网络宣推集中了报纸、杂志、广播、电视等传统媒介的各自优势，汇聚文字、图片、音频、视频、GIF 动图、表情包、超链接等多形态文本于一体，同时摆脱了传统宣推方式在版面、篇幅、时段、时长、空间、场景等方面的种种限制。电视内容的网络宣推方式立体多样，首先比较值得关注的是在微博、微信、QQ 等社交媒体上的话题、活动和事件营销。万达集团董事长王健林“一个亿小目标”的话题刷遍微博和微信朋友圈，引发了大家关于“小目标”的大讨论。据了解这是王健林参加《鲁豫有约大咖一日行》节目中的采访，这一话题由节目宣推团队精心策划并成功引爆社交媒体，大大提升了节目的知名度和影响力。其次是主流视频网站、直播平台、短视频平台等碎片内容、幕后花絮、病毒视频的推广。纪录片《我在故宫修文物》在电视平台播出时反响平平，后来却意外地在 B 站走红，收获了大量年轻粉丝。此外，还有同名小说、同名手游、同名手机 APP 等上下游衍生产品的推广。《爸爸去哪儿 2》《奔跑吧兄弟》《最强大脑》等热门电视综艺节目和《花千骨》《三生三世十里桃花》《诛仙青云志》等热播电视剧都推出了同名手机 APP，在充分释放衍生品价值的同时，进一步提升了品牌的知名度。

三、内容接受的互联网化：跨屏互动、观购结合、网络评价

传统电视媒体在内容接受方面也深受互联网化的影响，观众与电视之间的距离逐渐拉近，观众的互动体验不断得以升级。

（一）跨屏互动丰富观看体验

回望中国电视发展史，其间主要存在观众来信、热线电话、短信投票、手机摇电视、视频弹幕等电视互动方式，上述互动方式在不同历史时期各自发挥了重要作用。中国电视诞生之初，观众来信这种互动方式便已存在，观众可以批评表扬、咨询求援、反映问题、提出建议。热线电话在相当长的时期内都是最主要的电视互动方式，这种方式方便快捷、互动周期短，可以有效实现场内与场外的即时互动。中央电视台《幸运 52》，便是一档以主持人和嘉宾电话连线为特色的互动类综艺节目。随着手机的不断普及，短信投票逐渐成为一种重要的电视互动方式。短信投票第一次获得全社会的关注是 2005 年湖南卫视《超级女声》全国总决赛，超女粉丝涌现街头争相拉路人为偶像投票，因考虑到短信投票存在技术漏洞会损伤比赛的公正性，后来主办方取消了短信投票。这种互动方式通过微信摇一摇功能将观众与电视内容实时地连接起来，大大拓展了观众参与电视互动的空间。2015 年中央电视台春节联欢晚会与微信深度合作，首次推出微信摇一摇春晚抢红包活动，此后手机摇电视这种互动方式迅速普及开来。视频弹幕这种互动方式源于网络，弹幕是指在视频上滚动显示的评论。观众可以即时发送对于该内容的评论，也可以观看他人留下的评论，2014 年湖南卫视第十届“金鹰电视艺术节”颁奖晚会上开启弹幕直播，这是弹幕在电视领域中的第一

次尝试。

互动需求的日益增长和互动技术的不断进步共同推动电视互动方式的持续创新，手机摇电视、视频弹幕等跨屏互动方式也在不断丰富观众的观看体验。移动互联网时代智能手机的普及，让跨屏互动成为一种可能，手机正在不断拉近观众与电视之间的距离。观众在观看电视的同时，不仅可以时时刻刻评论吐槽，还可以与其他观众互动交流，与无数观众一起共同营造一种“在场感”，共赴一场虚拟的狂欢。①

（二）观购结合释放市场价值

T2O(TV to Online) 是媒体融合时代电视媒体与线上网络的有效对接，观众可以一边观看电视，一边进行网络购物，这种边看边买模式将电视终端的娱乐与网络终端的消费自动勾连起来，它实现了电视与电商的跨界共赢，充分释放了传统电视媒体的市场价值。作为传统媒体的电视依然拥有强大的社会影响力，其手中掌握的亿万电视观众的注意力资源，就是电商网站最紧缺、最需要的流量资源。边看边买模式有效地将电视观众的注意力资源转化为电商网站的流量资源，将注意力转化为购买力，进而实现流量资源的有效变现。在电商日益发达的时代，电视媒体的市场价值通过边看边买模式得到了充分释放，电视观众的娱乐体验和消费体验也在边看边买中一并得到了满足。

近年来边看边买模式正在不断探索前行，涵盖了多种电视节目类型。其中比较有代表性的有纪录片《舌尖上的中国》、电视剧《何以笙箫默》、电视综艺节目《女神的新衣》、天猫双十一狂欢夜晚会等。《舌尖上的中国》第一季的热播带动了相关美食的淘宝销量，观众边看电视边去淘宝搜索购买相关美食；《舌尖上的中国》第二季与

① 时统宇、吕强：《“去情境化”的电子思想拟像》，载《新闻与传播研究》2010 年第 6 期。

天猫旗下的天猫食品进行深度合作，同步首发每集纪录片中的相关食材和美食菜谱。东方卫视与阿里巴巴达成合作，观众可在观看《何以笙箫默》时，通过天猫手机客户端扫码东方卫视台标进入边看边买互动页面，即时选购电视剧中的同款商品。《女神的新衣》是一档电视与电商深度绑定的节目，天猫深度参与节目生产的整个流程，包括策划、招商、竞拍、投票在内的多个环节都有介入。节目秉承“娱乐即商业”的理念，通过明星、买手、设计师的合力展示来激发观众的购买意向，同时通过天猫手机客户端为观众创造即时便捷的购物渠道。2015 年，阿里巴巴与湖南卫视合作创办天猫双十一狂欢晚会，这场电视购物晚会是边看边买模式的一大创新。2016 年，阿里巴巴与浙江卫视合作举办天猫双十一狂欢夜晚会，明星、娱乐、游戏、互动、商品、大奖等关键词将一个普通的夜晚营造成了一场边看边买的购物狂欢。通过秒杀、一元购、打折促销、零点抢购等实实在在的购物优惠来满足观众的物质需求，观众可以通过天猫和手机淘宝客户端摇一摇即刻跳转到相关购物页面，一键添加商品到购物车，不断引流、积聚人气，在零点到来之际达到购物狂欢的高潮。

（三）网络评价影响收视效果

近年来电视收视率造假现象频繁出现，引发了行业内外的集体抵制，电视收视评价这一问题值得学界和业界重新思考。电视收视评价不能单纯地采用电视收视率和网络点击量等量化评价标准，还应将网络口碑作为重要的评价标准纳入其中。

随着新媒体使用便捷度的大幅提高，网络评价甚至大有代替传统学院派评价、收视率评价、行业评价等评价方式的趋势。网络评价是一种个体评价的集合，其“覆盖广度 + 真实心理”的优势，是传统评价所欠缺的。网络平台上对电视内容的评论，摆脱了门槛的限制，无论是平民草根还是专业人士，都可以在不违反相关法律法规的前提下进行自由发言，评论的内容可长可短，短则寥寥数字，长则千言万语，评论的形式多种多样，可采用文字、图片、表情包等多种方式。不同的声音在此汇聚，不同的观点在此碰撞，无论是夸赞还是吐槽或是痛批，观众都可将真实独特的体会自由表达出来，观众之间可以互动交流，持有不同意见的观众之间进行对抗、辩驳、互撕也是常有之事。

豆瓣网是目前国内影响力较大的影视内容第三方网络评价平台，豆瓣用户的评论、打分、直播贴，在相当程度上影响着新媒体视听观众或用户的选择与消费。在自媒体时代，微博“大 V”和微信公众号的言论通常会影响普通观众对于电视内容的网络评价，这些意见领袖粉丝众多，一呼百应，在网络口碑的形成中扮演了重要角色。网络口碑通常是动态变化的，网络口碑的变好或变坏会影响观众对于电视内容的态度。如果网络口碑变好则有可能出现“路转粉”和“黑转粉”的现象，如果网络口碑变差则有可能出现“路转黑”和“粉转黑”的现象，如果网络口碑一直都很一般则有可能出现“黑转路”和“粉转路”的现象。所谓“路”指的是路遇的陌生人，“粉”指的是狂热的支持者，“黑”指的是坚定的反对者。

网络口碑的好坏一定程度上影响着电视收视率的高低，热播电视剧《人民的名义》刷爆微信朋友圈，引发了广泛而热烈的讨论，获得了较好的网络口碑和较高的收视数据，成为一部全社会普遍关注的现象级大剧。此前该剧的网络宣推力度并不大，但以优质的内容迅速“收割”了良好的网络口碑，好口碑持续发酵形成了网络热门话题，大量粉丝自发地进行网络宣推，话题实现了裂变式传播，许多观众通过微信朋友圈知道这部电视剧，进而从网络终端流向电视终端。良好的网络口碑不断拉升此剧的电视收视率，开播以来收视率从 2% 一路飙升至 8%，实现了网络口碑和电视收视的双丰收。

媒体融合使得电视媒体和新媒体之间的边界愈加模糊，电视台和视频网站二者在功能上逐渐趋近，视频网站在崛起过程中深受电视台的影响和滋养，视频网站发展到一定阶段开始影响和反哺电视台。电视台和视频网站二者互相影响着彼此，你中有我，我中有你，二者的关系愈加紧密，在许多方面似乎都已经很难进行明晰切割。互联网时代新的视听内容形态层出不穷，它们不断拓宽我们既有的认知，传统概念已经很难去准确解释和界定这些新兴事物，网络综艺节目与电视综艺节目、网络剧与电视剧、网络纪录片与电视纪录片、网络直播与电视直播，这些新形态与旧形态之间的区隔我们很难去具体描摹。媒体融合的状态通常是混沌的、动态的、模糊的，面对日新月异的新事物，我们应从宏观视角去把握其发展大势，当前传统电视媒体在内容生产、传播与接受等环节都呈现出互联网化的趋势，未来这种趋势将会更加明显。

第二节 电视艺术的融媒体转向

中国的电视艺术经历了多轮发展，如今又步入了调整期。立身于新媒体时代，站在媒体融合的发展要求下，电视与视频网站是时候跳出自身的优势与局限、成败与得失，去探寻从“融”到“合”的飞跃之路了。无论是电视还是视频网站，各自竞争、各自安好的模式已不能突破自身的局限，重新审视自我、取长补短才是必修的下一门功课。当今，环境变化、政策导向都在为影视艺术未来发展吹来新一轮东风，电视媒体与视频网站需要认清自身优长不足，适时构建新媒体时代的传播链条，从而找寻电视艺术新媒体化的现代方略。

自“新媒体”作为一个新概念“横空出世”，中国媒体行业心态在发展中经历了数次“波澜起伏”：传统媒体“将死”的隐忧、新旧媒体“碾压式”竞争的激烈、媒体初尝融合发展的惊喜、实现无缝连接发挥合力作用的探索……在这些隐忧、惊喜和探索之中，中国传媒版图的轮廓日渐清晰。经历了时间的打磨与实践的检验，传统媒体与新媒体皆在竞争中看清了长短，找准了定位，辨明了角色。

如今以电视、互联网平台为创作主体的电视艺术，在社会舆论监督、文化创新传承、人民休闲娱乐等方面发挥着生动直接的作用。中国进入新时代，作为广泛参与社会发展、深度渗透百姓生活的传播媒体，立足新时代、新情况、新要求，探明新媒体时代影视艺术的发展路径十分必要。电视艺术主要包括电视综艺、电视剧、纪录片等类型，本节以电视综艺的新媒体化为主要示例。

一、四力引领："新主流媒体"的矩阵成型

在党的十九大报告中，习近平总书记说："高度重视传播手段建设和创新，提高新闻舆论传播力、引导力、影响力、公信力。"在第24届上海电视节"台长论坛：主流媒体舆论引导力高峰会"上，国家广播电视总局原副局长张宏森强调："要不断提升广播电视传播力、引导力、影响力、公信力，要始终做主流舆论的坚定引领者、做先进文化的积极传播者、做中国故事的生动讲述者、做融合传播的深入实践者。"[①] 而在互联网发展领域，"万物互联"的中国正在从"加"向"融"快步迈进。党的十八届三中全会下达了推动媒体融合发展的重大任务，中央专门印发了《关于推动传统媒体和新兴媒体融合发展的指导意见》。互联网的出现彻底改变了传统的媒体格局和舆论生态，但无论是传统媒体还是新媒体，可持续发展的内在要求和促进良性发展的政策要求，都在引领着它们必须朝向同一标准、更高标准的内容建设努力。

1. 政策导向：理性发展成为清晰的"明线"

受众文化门槛低，生动形象，具有直观性、现场感等优势，使得电视艺术得以成为内容传播的重要形态之一。然而，在新的竞争格局中，无论电视还是互联网化了的影视艺术创作都已迎来了转向的风口。

2017年以来，电视节目在同质化竞争、与互联网节目竞跑中探索出的"流量化"内容突然失灵。首先，大IP效应失灵。靠巨额投入、多季创作等方法积累的IP效应，在受众注意力高度分散的时代其吸引力和黏性不断降低。其次，流量明星失灵。电视综艺节目及

---

① 张宏森：《把好导向，抓好内容，提升新时代广播电视舆论引导力》，http://www.sapprft.gov.cn/sapprft/contents/6581/379877.shtml。

电视剧创作曾进入以“流量明星”为单一决定因素的创作方式，靠“热点开发”赢得短期效益造就的“流量泡沫”在当下已然破裂。对优质内容的主动追求让这种强调 IP 效应、明星效应的内容构建逻辑在观众和市场的选择之下逐步走向终结。

在互联网影视创作领域，一方面尽管互联网剧、网络综艺的创作频出“爆款”，但总体上作品形态同质化、靠明星炒作“吸睛”的现象依然存在。另一方面，互联网独特的传播形态和受众的接受特点，使得网络影视内容的创作在追求“网感”的过程中偏向了碎片化、青春化和感官化，致使互联网影视内容构建与电视产生了截然不同的两种风格、两个标准，网络平台变成了“试验场”，变成了影视创作中的一个不易掌控的“变量”。

尽管如此，依然不可否认中国媒体正在逐步转轨并积蓄更大能量，正视这一现象并顺应时代趋势和信息化发展要求，从传媒产业内容构建的精致化、规范化和导向性入手，定能激发出中国媒体前所未有的力量。2017 年，在国家对媒体融合发展的宏观指引之下，在习近平总书记指出的“提升广播电视传播力、引导力、影响力、公信力”的观念引领下，国家新闻出版广电总局（现广播电视总局）等相关监管部门双“管”齐下，针对广播电视及互联网媒体中存在的问题提出了多项政策及规定。例如被称作“限酬令”的《关于电视剧网络剧制作成本配置比例的意见》，以及《关于支持电视剧繁荣发展若干政策的通知》《进一步加强广播电视节目备案管理和违规处理的通知》《电视收视率调查准则》，从内容制作、播出和评价体系等实施全方位引导。在互联网创作领域，先后下发了诸如《关于进一步加强网络视听节目创作播出管理的通知》《互联网广告管理暂行办法》《网络视听节目内容审核通则》，并因色情低俗内容、违规提供互联网新闻等原因约谈某些 APP 负责人，加强对网络内容生产规范的监管引导，让互联网影视创作这个最大“变量”也变成“最大正能量”。时至今日，在市场内部的竞争选择和外部政策的引导调节之下，中国电视媒体和互联网媒体已经沿着理性发展的这条“明线”走上了可持续发展道路。

2. 媒体融合：从形式到内容、从技术到平台的理念转变

媒体从“加”阶段向“融”阶段迈进，意味着媒体融合不再是“传统媒体 + 互联网”的外部形态结合，无论哪种媒体形态，无论拥有多先进的技术手段，“内容为王”从来都是未曾动摇的真理。互联网的产生改变了传统媒体的单向传播模式，在层出不穷的传播技术和媒介形态里，铸就媒体黏性的首要关键因素依然是媒体内容。对于影视艺术发展而言，要想充分利用新媒体的技术手段，实现内容创建的融合式发展，从而达成差异化、精准化的传播策略，就要打破形式壁垒，真正汲取电视和互联网的内在优势，打造新时代的影视精品。

另一方面，媒体融合发展需要借助技术手段实现平台再造，拓宽传播渠道，重构媒体与用户的关系。① 新媒体时代，充分发挥电视和互联网的平台优势，真正打破平台之间的融合障碍，也有助于当代影视艺术实现飞跃式发展。总体看来，自互联网诞生之后，传媒产业经历了一次“打破平衡—竞争探索—相互融合”的历程，经历过环境的变迁、格局的颠覆与重构，传统媒体与新媒体开启了深度融合的探索。当下，媒体融合正在从形式到内容、从技术到平台逐步实现理念转变，使媒体融合逐步在内因的促动之下、在外力的引导之下走向理性发展之路。

二、保持优势：“观众流失”下影响力的爆发

新媒体环境中，电视正在面临着诸多难题。首先，受众群体偏向中老年化，这使电视的受众结构与细分市场目标产生偏差，甚至

① 丁晖：《学习贯彻习近平同志在党的新闻舆论工作座谈会上重要讲话精神》，《人民日报》2016 年 4 月 28 日。

一些以年轻群体为受众目标的节目依然无法摆脱中老年是受众主体的结局。电视如何吸引年轻群体回归已是创新研发急需重视的问题。其次，创新无力也是电视在内容制作和传播上面临的又一大问题。如何摆脱频道复制、节目同质的局面，影视内容的研发创新需要实质性的突破。再次，电视已进入低收视率时代，这使得电视媒体采取以广告收入为主的单一经营模式将受到严峻考验，传统的电视广告经营策略痛点频出。大 IP 也难有大客户、大收视，难有大明星、大销量，难有大影响、大平台，难有大增长、大品牌，难有大粉丝、大投放，难有大销量、大曝光，难有好评价、大频次，难有长效果，硬广少人看、冠名契合弱、植入尴尬多的困境愈加凸显。面对种种问题与考验，“电视将死”的论调曾一度甚嚣尘上，“电视消亡论”更从侧面印证了中国媒体环境的风云变幻。

当今，电视发展正面临三个新环境：全球化、媒体融合、国家需求。面对全球化语境，中国电视不仅紧盯国内市场，进行“内循环”，而且已经开始在全球市场中进行越来越频繁的采购、越来越充分的合作。近年来的媒体融合主要有两种类型：一种是以传统媒体主导的媒体融合，更多是传统主流媒体向市场化、互联网化方向迈进，打破单一媒介形态的局限，进行有更多用户黏性的改造；另一种是商业互联网主导的媒体融合，它们有体制机制、市场产业的优势，因此也更多要关注自己在内容领域的吸引力、渗透力和主流化。[①] 从国家需求层面看来，习近平总书记高度重视新闻舆论工作、媒体融合发展等问题，在十九大报告及多次讲话中反复强调了加强中国国际传播能力和文化软实力的问题，包括电视在内的中国媒体是塑造国家形象、提升国家软实力、增强国际话语权的重要载体，被国家寄予厚望。不难看出，尽管电视正在面对着困境与新环境，但电视的内容传播优势在复杂多变的多媒体环境中地位愈加明显，在多元发展的时代依然有着传播的独家优势。

① 胡智锋：《新环境下中国电视的发展与创新空间》，载《新闻与写作》2018 年第 3 期。

1.“人流、物流、信息流”的超强连接力

越是复杂多元的媒体环境，每一种媒体的地位和作用便愈加明确清晰。电视产业的传统运营模式虽有诸多痛点，但随着媒体融合进程的推进，依托长期的体制积累、受众积累及影响力积累，搭载新理念、新技术之后的电视正在迅速完成自我赋能，并且已经拥有无可匹敌的超强连接力。自2008年以来，电视已从传统的“等候式、聚焦式收看电视”为核心的家庭聚集收视方式，转变为以“选择式、精品式收看电视”为核心的个性欣赏方式。自2012年微信诞生以来，自媒体发展更是让工作、生活和休闲浑然一体，手机日渐成为人的“器官”，而电视借助技术支撑和理念创新，“边看边摇，边点边刷”成为看电视的常态，电视拥有了连接一切的能力。当前，借助一定的技术手段，如天脉聚源可以帮助电视实现“双屏联动、分发福利、引燃互动、派送广告、分享话题、所见即买”等强大的连接功能，由此电视实现了对自媒体内容的“器官供血”功能，电视连接一切“人流、物流、信息流”的超强连接力为电商、教育和传播植入提供了强大场域。

2.“广场式直播态”的共鸣构建力

除连接力外，电视另一个独一无二的优势便在于电视是直播态的广场语境，互联网则是私密语境，这就是电视综艺成为现象级节目的比例远高于网络的原因之一。电视是“广而告之”的直播态，这种广场式直播让电视的内容传播具有同时同步分享的优势。尽管新媒体时代信息源呈现分散化和复杂化，但大量自媒体同步刷屏传播的信息依然来自电视话题，电视端有话题会实现同步告知，可以说没有电视甚至就没有朋友圈、短视频的同步刷屏传播。电视内容通过广场式直播产生移动共鸣和双屏互动，从而在官方和民间两个舆论场中实现超级转发，最终达成社会共振，也因此，电视具有公共话题的强大带动性和共鸣构建力。

3. 党媒至高无上的权威公信力

媒体发展日益多样化、复杂化，电视虽失去了以往“一屏独大”的传统优势，但在如今复杂环境中反而愈加凸显其主流媒体的公信力优势。根据“2016 媒体公信力调查”显示：公信力最强的是电视，其次是报纸，再次是微博，广播和微信则分列第四、五位。公众对于电视媒体的信赖似乎已成了一种习惯，从 2012 年至今，电视媒体的公信力一直都得到了受访者最多的肯定。① 电视媒体高覆盖率的大众传播方式使其拥有庞大的受众基础，而传统媒体具有新闻采访权，拥有把关人的设置，加之政策对于传统媒体一直有着近乎严苛的外部监管，这都使得受众对电视的信任度和认可度高。因此，电视媒体一直肩负着社会导向的重任并且是主流价值的重要端口。

4. 传播效率超高的品牌背书力

电视的权威性和公信力还能够带来强大的品牌背书效应，不同的媒体总能给受众带来不同的心理影响和整体印象，抑或说是一种“错觉”，巧妙地将品牌与这种“错觉”连接，便能产生强大的品牌提升效果。当今，电视媒体已变成“超级宣推”，而电视对品牌的塑造往往具有倍数放大效果。尽管，新媒体的出现致使电视广告收入增长率有所下滑，但电视仍能依托其权威性为品牌的认同度“托底”，而其广场式直播功能能够刺激大众购买欲望，在新媒体时代提供一种传播效率超高的品牌背书力。

三、爆款逆袭：网络内容创作暗藏忧患困境

2014 年我国开启了“网综元年”，2015 年爱奇艺、腾讯视频、优酷视频等各大视频网站开始大规模进军网综领域，到 2016 年，

---

① 《2016 媒体公信力调查：电视仍居榜首》，http://1118.cctv.com/2016/08/03/ARTI9U7Rt0raiEZcJH3QP6AK160803.shtml，2016 年 8 月 3 日。

网络综艺的累计播放量就已超过了200亿次。[①] 到如今，互联网也已探索出了一条符合其技术要求和用户欣赏习惯的影视内容创作机制。互联网影视内容创作从单纯对电视节目迁移、输出，到与电视的台网联动、深化合作，再到自制研发、精准创造几个时期，在此过程中也经历了不容忽视的“结构性失衡”、粗放式的外延扩张、供需的不精准对接等，因而也曾造成了重复建设和严重的资源浪费。2017年起随着传统电视综艺的大IP不断延伸出无数的流量价值，但这些流量价值突然成为各大网络公司争抢的新奶酪，在电视媒体的“冠名”“特约”队伍里，不只是手机和牛奶，也出现了“火山”“快手”“抖音”这些短视频品牌，包括京东、阿里、腾讯、百度、微博等也都在跟一线卫视、二线卫视进行紧密的合作。这是媒体融合发展的一种有益行动，但从中也能够看出，网络影视内容在蓬勃发展的同时依然存在不少隐忧。

1. 头部IP的影响力持续性差

自去年开始，资金投入体量巨大的“超级网综”开启了在互联网创作领域的规则改写，“超级网综”助推“爆款”产生与强势“逆袭”，在年轻受众群体中间掀起了多次收视与讨论的热潮。根据2017年上半年的一项统计数据显示，播放量高达10亿以上的网综节目达到6档，所占比已达到亿级网综播放量的35%，是市场极度稀缺资源。[②] 16档播放量5亿级的网综节目以及44档播放量1亿以上的网综构筑了“金字塔”的坚实塔底，然而在这些亿级甚至10亿级的“现象级”节目中，头部IP的后续影响力和生命力能走多远，是一个值得思考的问题。事实证明，“综N代”的“疲劳魔咒”在互联网领域依然释放着难以抗拒的威力。纯网综艺往往在第二季、第三季逐渐乏力，其圈层形成后靠平台和节目自身的突破难度极大。因此，在网络影

① 《网络综艺有多火？三年网综数量翻5倍，今年累计播放量超200亿》，http://industry.caijing.com.cn/20161105/4195447.shtml，2016年11月5日。

② 《头部网络综艺现状研究：下一个十亿级节目大预测》，http://m.sohu.com/a/138124420_570245，2017年5月4日。

视内容的创作中，既长寿又持续充满生命力的节目亟待突出重围。

2. 独特题材与形态创新后劲不足

网络影视内容创作除了头部 IP 的影响力亟待突破之外，纯网内容研发能否持续发挥其题材和形态的创新优势，这又是一个值得商榷的问题。网络综艺以其具有“网感”的传播形态和选题内容，能够满足大量年轻受众群体的审美需求，然而对“网感”的盲目追求，也把内容为王的铁律悄悄置换成了“用户为王”，一切以碎片化、时尚化、年轻化的内容为基点，以创造情节爆点和情感痛点为追求，以至于影视内容滑向了大尺度、低标准的极端，久而久之便破坏了网络影视内容的创新机体。

3. 视频网站的同质化竞争明显

相比于电视媒体而言，互联网的传播特点使其更具有市场细分的优势。然而，实践表明，视频网站在互联网独特的技术特点和受众需求的作用下，虽然创造了很多区别于传统媒体的影视内容，为影视艺术创作注入了新能量，但总体而言，视频网站依然存在元素雷同、题材和受众定位趋同的同质化竞争。视频网站爆发力有余而持续性不足，刚性有余而黏性不足的问题依然明显存在。

不可否认，纯网综艺独具天然的技术优势、受众优势和创新优势，在新媒体时代甚至爆发出了可与传统媒体影视内容同样的力量。面对日益激烈的竞争环境，面对不断进化的传统媒体，互联网影视内容的升级在所难免，而想在当下的瓶颈之中找到升级之路，则必须在媒体融合的进程中完成一次理性的变通和颠覆。

四、变通颠覆：平台联动“四端”链条构建

无论哪种媒体都有其优势和弊端，在媒体产业化发展急需提高

媒体生产力的今天，媒体融合早已不是“趋势”和“构想”，而是需要脚踏实地去践行的必然要求。当下，无论电视还是网络的影视艺术创新，都需要打破传统、突破瓶颈，而要做到这一点则要把握住当前媒体融合这个最佳的大环境，真正实现从“融”到“合”的本质性飞跃。不仅追求技术的融合、内容平台的融合、身份的融合、体制的融合，更要关注思想观念的融合及文化的融合，让电视和互联网真正释放前所未有的“合”力量。总体而言，未来电视艺术发展需从技术到平台、从内容到理念进行联动式的“四端”链条构建。

1. 发挥电视屏“超级宣推”和“创作工厂”的内容优势

“电视将死”的论断已然不攻自破，而电视艺术从诞生之初便拥有的直播态、广场式的原始的宣传与推广基因在影视艺术发展的未来定能释放出更加强大的能量。充分发挥电视的“超级宣推”功能已是当前电视内容实现创新与可持续发展的重要优势。一方面，近期出现的网络视频节目“反向”输出到电视屏，就是得用电视的“超级宣推”功能拓展视频网站自身内容分发渠道，增强其平台影响力，从而提高版权和广告收益。另一方面，电视艺术从诞生至今积累的吸引力、影响力和聚纳人才的能力也使电视媒体充分享有“创作工厂”的强大优势。

“超级宣推”和“创作工厂”的功能优势进一步促进了电视与互联网的深度合作，电视的人才资源提升了视频网站的内容创新制作能力。而带有网络气质并已接受了网络用户检验，拥有一定影响力的网络内容转战电视平台播出，不仅为电视降低了市场风险，也为其注入了新鲜元素。未来影视艺术的进一步提升发展，依然要在这样一条道路上走得更久、更远。

2. 挖掘视频网站“内容书架”和“前沿探索”的优势

影视艺术的未来发展需要注意将每一种媒体的优势最大化。就互联网媒体而言，视频网站在起步之初便开始依靠对传统电视内容的“展览”发展自己。如今，视频网站凭借其强大的选择性和交互性，日益发展成了更加多元、完备的优质“内容书架”。视频网站提供优质影视内容的存储、选择和回看功能，而移动端的发展又为互联网视频内容的移动收视赋能，扩大了网络视频内容收视的时间和空间范围，让网络视频的影响力倍增，成为用户喜爱的媒体形式。未来，视频网站发挥其“内容书架”优势，能够完成线上线下、传统媒体与新媒体影视资源的优质内容展览，让影视资源的传播力和影响力实现最优化。

此外，视频网站一直都是影视内容创新研发的前沿阵地，曾一度被定义为内容生产的“试验田”。相比于电视媒体的大众传播方式，视频网站在市场细分和分众传播上走在前列也更具优势，也因此，视频网站在细分领域创造了颇多符合年轻受众欣赏习惯、时尚、前卫的内容表达方式，例如网络直播与综艺节目嫁接，“男团女团”养成类综艺、“游改综”的尝试、“电商”+综艺的模式，等等。在电视媒体暂且无法尝试的很多领域，视频网站都借助技术优势和平台优势不断地“解锁新技能”，不断刷新人们对于影视内容的想象。尽管曾经在研发过程中，由于政策相对宽松产生了一些价值观失度问题，但随着对视频网站监管政策的逐步收紧，网上网下同一标准的建立正在引领视频网站的前沿创新沿着一个思维更理性、成长更迅速的方向前进。

2018 年 4 月 3 日，国家广播电视总局举办了广播电视节目创新创优培训班，国家广播电视总局宣传司司长高长力指出：“我国作为影视市场大国亟待导向性纠偏，应实现从数量向质量转变，以‘小大正’的自主创新为指引，解决一系列短板和顽疾，促进影视创作回到健康有序发展的轨道上来。”[①]“小大正”即“小成本、大情怀、正能量”的简称。这一要求的提出，及时为中国影视艺术纠偏指明了正确方向，电视创作和视频网站在创新研发的道路上拥有了一个基本标准，在这一标准的引领之下，视频网站的探索优势和“内容

① 韩莉：《影视制作从“小大正”到“高精尖”》，《河北日报》2018 年 4 月 13 日。

书架”功能必然助推影视艺术拥有不断开拓蓝海的力量。

3. 深化自媒体功能，掌握“舆论战场”的引领优势

截至 2020 年 12 月，网民中使用手机上网的人群达 99.7%。[①] 进入自媒体时代，民众同时生活在了官方和民间这两个舆论场之中。随着新技术的发展和新媒体的不断壮大，特别是伴着微博、微信的飞速发展，舆论的发生机制和内容、语境都发生了变化，民间舆论场形成并不断壮大。[②] 在科技手段的支撑下，人们可以更加自由随性又及时地发表言论、表达观点、传播思想，热点话题可以在极短时间内形成并大规模传播。

在当前舆论形势中，电视、视频网站的话题具有很大的对民间舆论场的渗透力，众多热点话题皆由电视或网络综艺、网剧引发，并在自媒体形成“热搜”、讨论，例如《人民的名义》、“一个亿的小目标”、傅园慧现象都是如此。因此，中国影视艺术的未来发展还要用好自媒体这一端，充分发挥自媒体功能，让自媒体成为影视内容影响力扩散、正能量解析放大并广泛传播的一个重要出口，让自媒体成为影视内容的优秀加工者、解读者和深化者。

4. 实现大综艺拆条、智能推送传播的“精准触达”

未来影视艺术创作需要打通四端传播链条：电视、视频网站、自媒体和智能触达。新媒体时代，市场细分逐渐走向深入，受众对影视内容的需求也将愈加明确，影视艺术创作精准触达终将是未来必须选择的道路。未来的影视内容创作不求一技看全，但求一技精到。互联网需充分发挥智能推送的精准传播功能，大综艺拆条传播当前已经被广泛实践并收到良好效果。

在碎片化接收时代，受众不求全而求精的倾向日益明朗，短视频

---

① CNNIC 发布第 47 次《中国互联网络发展状况统计报告》：http://www.cnnic.net.cn/hlwfzyj/hlwxzbg/hlwtjbg/202102/t20210203_71361.htm。

② 郭英、刘东建：《微信时代民间舆论场的建构与舆论引导策略》，载《新闻爱好者》2015 年第 1 期。

的发展及其传播力也从某种角度印证了大众求快、求短的接收心理。而与短视频不同的是，由电视和视频网站制作的影视内容经过拆条传播，其在内容质量上将有难以比拟的优势。而在当前 UGC 模式逐渐式微的背景下，由电视和视频网站带领的 PGC 模式未来必将大规模覆盖短视频、自媒体等各种视频传播领域。

总之，电视艺术新媒体化的发展，需要参与其中的每一种媒介都认清媒体融合的本质其实是让每一种媒体发挥出自身优势，相互取长补短。不可否认，无论是电视还是视频网站，都曾经历了步履维艰的自我探索时期，它们在时代浪潮的裹挟中纷纷步入调整期时，媒体融合又为它们的转型发展开辟了新的道路，而中国影视艺术的光明未来，也正在这条新的路上。

第三节　视频节目的跨域化融合

在中国视频内容产业格局中，综艺节目是创新能力最强的形态之一，它往往能够引发广泛的讨论与关注，也能够与其他领域最为密切地联系，进行融合发展和跨域整合。视频综艺在跨域融合的情况下，无论是选题内容呈现，还是艺术表现手法，都会出现其他视频形态所不具备的内在创新性。本节聚焦于视频综艺，以此探讨中国视频节目的跨域融合发展之道。

一、资源赋能：多领域的跨界融合转型

当前，中国视频综艺在宏观政策导向和良善价值引领下，不断在思想、审美和叙事等创作元素上做出正确、冷静而理性的判断，以跨域融合式创新与资源赋能型升级的方法取得令人欣喜的成果，呈现出从以量取胜向以质立身转变的生产格局、社会效益和经济效益兼具的价值追寻；中国精神同中华文化并举的审美旨趣、共性母题与个性样态并立的创作景观、故事叙述与场景思维融合的艺术升级、全媒矩阵和 IP 体系联动的运营逻辑正成为守正创新的新趋势。未来，视频综艺领域势必出现更多中国“智”造，践行培根铸魂的使命，成为文化输出的新担当。

十九大以来，国内综艺市场环境发生了诸多变化。一方面，现阶段处于改革开放 40 周年、新中国成立 70 周年、全面建成小康社会、脱贫攻坚、建党 100 周年等重要时间节点；另一方面，用户收看偏好不时转移，强势发展的短视频、“攀登高峰”的精品影视剧都在不断占据观众有限的闲暇时间，综艺的市场份额面临被蚕食瓜分的

营销困境。这些都成为我国视频综艺良性发展路途中的严峻考验。

令人欣慰的是，面对空前挑战的视频综艺制作方把握住了难得的机遇，充分配合利用当下炽盛的文化自信和家国情怀氛围，热切关切回应人民群众对优质视频内容的巨大市场需求，持续吸收融合先后涌现的智能、高清等新兴技术资源，打造出一批体现中国特色、中国风格、中国气派的原创节目模式，推动着节目形态的创新迭代和产品内容的垂直细分，呈现出一派欣欣向荣的态势。

（一）从以量取胜向以质立身转变的生产格局

我国近几年的综艺节目数量整体呈良性上升趋势，没有了往年野蛮增长的现象，处于在细分题材领域摸索试探的开疆拓土阶段，生产格局由追求数量堆砌向质量把控转变。

其中，电视平台由于需要严格保证其他类型节目播放时间占比，综艺的制作时长稍有下降。数据显示，2018 年综艺益智类电视节日制作时间 43.91 万小时；2017 年 47.43 万小时；2016 年 48.41 万小时。① 相较而言，没有时段、时长限制的网络平台成为承载综艺播出的重要窗口，其市场出现较快增长，发展势头较好。2018 年网络平台上线播出的综艺节目数量达到 385 档，而 2017 年为 197 档，2016 年仅为 129 档，② 数量翻了一番，题材覆盖更为全面，涵盖生活的衣食住行，涉及人文、科技、美食、婚恋、娱乐等多元领域。

而从收视和流量数据方面来考量，电视综艺的收视群体出现老龄化趋势，年轻观众更多选择适宜的收看方式，即便是作为市场主力的王牌“综 N 代”节目也面临着收视下滑的情况。③ 与电视综艺收视时长下降的低迷迹象相比，网络综艺无论是数量还是品质都呈现

---

① 数据来源于国家广播电视总局发布的 2017、2018 年全国广播电视行业统计公报。

② 数据来源于国家广播电视总局监管中心发布的 2017、2018 网络原创节目发展分析报告。

③ 王钦：《2018 年中国综艺节目收视分析——〈中国传媒产业发展报告〉》，北京·社会科学文献出版社，2019 年版，第 119 页。

良好增长态势。以国内较为公正的豆瓣网评分为标准，近两年排名靠前的网络综艺评分逐渐追赶上了长期被奉为行业标杆的卫视综艺，如优酷的《一千零一夜》第四季为 9.6 分，腾讯视频的《一本好书》第二季有 9.3 分，而央视多季《国家宝藏》也都在 9 分以上，[①] 用户口碑所隐喻的品质愈发成为评判综艺作品的重要标准。

总体上，现阶段我国综艺节目保持着稳中向好的发展趋势，形成这一良性局面，主要在于政府主管部门规范综艺发展的诸多措施初见成效，行业生态秩序在转型升级中有所好转。与此同时，不同创作主体非常活跃，市场投资的风向也更为理智，针对电视端和网络端不同的受众群体进行差异化布局，逐渐出现四大阵营分庭抗礼的前进态势。央视阵营将更多地依托于中国自信和家国情怀的红利，以权威地位对国家资源进行综艺化展现，突出节目的纪念性与仪式感，像《中国诗词大会》《经典咏流传》《故事里的中国》这样创新性的精品力作会不断涌现。地方卫视则着重聚焦本省资源，谋求区域性转型，除个别卫视拥有并开发大型综艺娱乐资源之外，多数卫视都回归本土来找寻生存空间，在商业营销等方面更为紧密结合当地实际情况。而以优酷、爱奇艺、腾讯视频为代表的网络平台不断投入巨额资金扩张综艺版图，争夺用户有限的注意力。这一竞赛在字节跳动加入战团后愈发严重，出现了凭借点状创意进行释放的微综艺、短综艺等新颖形式和针对移动设备进行定制的竖屏呈现的新颖模式，成为综艺市场不可忽视的一股势头。

未来，在进入大部分可供创作的垂直细分领域后，我国视频综艺的生产数量会渐趋稳定，而品质则在积累摸索中不断提升，并大量出现依靠相关优秀资源而制作的资源型综艺，如《中央广播电视总台 2019 主持人大赛》时隔 8 年重新举办，产生了主持人才资源大量积累后瞬时爆发性释放的有机反应，为其实现出圈爆款奠定基础。《机智过人》则展演了长期实施科教兴国战略以来，我国在农业、制造、医疗、环保等诸多领域中积淀的顶尖科技成果。往后优秀综艺节目

---

① 数据来源于豆瓣网，统计时间截至 2019 年 12 月。

会越来越依靠于各类资源的集聚，从而走向一条兼具社会效益和娱乐效益的中国特色精品化节目的研发道路。

（二）社会效益和经济效益兼具的价值追寻

综艺节目作为以视听语言艺术为表现形式的文化产品，是社会文化的意义生产场所和实践空间，同样具有一般文艺作品的公共属性和商业属性。随着综艺节目的影响力日渐扩大，其承担的必要社会责任和价值引领作用愈发凸显。

习近平总书记多次在相关讲话中强调文艺作品要坚持社会效益和经济效益相统一，优秀的文艺作品要既能在思想上、艺术上取得成功，又能在市场上受到欢迎。在国家广播电视总局发布的多个相关规范性文件中，治理影视业天价片酬，严格评估、重点调控综艺节目内容和传播秩序成为常态。这些举措的目的，就是以顶层设计的高度，通过价值观先行来引导综艺节目避免追星炒星、低俗媚俗、泛娱乐化、宣扬拜金享乐等一系列错误倾向和非理性发展，既不忽视收视率、点击率等反映市场接受程度的量化指标，也不能把这些数值绝对化，成为市场的奴隶。

在营造风清气正的政策环境和市场秩序过程中，一些诸如《等着我》《远方的爸爸》《忘不了餐厅》等偏公益性质的综艺节目，一些类似《巡逻现场实录》《急诊室故事》等关照社会问题的现实主义作品不断涌现。此外，更多的是一些娱乐性较强的综艺节目也开始弘扬主旋律，在内容上注入社会价值元素。《奔跑吧兄弟》《极限挑战》有关注垃圾分类的议题，在轻松愉悦的游戏中引导民众；《中国式相亲》《我家那闺女》探讨现代婚恋理念，在自然主义的记录中提炼意义；《心动的 offer》聚焦职场生存现状，在观察感受中传递价值。当然，其中固然存在综艺节目试图规避价值问题、迎合政策导向、维持市场生存的制作策略，但也不能否认，播出平台和节目制作方也在政策的规制下和与用户的互动中，激发出强烈的社会责任意识。

近年来，各大卫视纷纷进行改革，包括腾讯、爱奇艺在内的主流视频网站也通过细化内容管理条约，将社会责任评价变成竞逐平台资源的考核维度。[①] 未来，在自律和他律的双重规范下，我国视频综艺节目势必进一步落实“小成本、大情怀、正能量”的自主创新原则，更加注重制作出包含丰富精神意蕴、培植深厚思想力量，导向积极正面、价值向上向善的作品，这些作品将充分实现社会效益和荟萃新颖视听元素，并配置最优市场资源，模式创新多元、群众爱看想看，最终顺利达成经济效益。

（三）中国精神同中华文化并举的审美旨趣

“中国精神”是生发于中华文明传统，贯穿于现代中华民族伟大复兴历程，具有强大凝聚力和感召力的思想观念。[②] 其表现为根植于延绵数千年的优秀文化传统之中，以爱国主义为核心的民族精神；体现在脱胎于广泛而深刻的伟大社会变革之中，以改革创新为核心的时代精神。

对民族精神和时代精神的关照与建构，对中华民族传统文化的抒写与传承，愈发成为当前我国视频综艺的发展潮流。如果以 2016 年现象级综艺节目《中国诗词大会》为基点，此后样式繁多的文化类节目层出不穷。除了诗词，还有以书信、图片、文博、文创、音乐、舞蹈、美声、戏曲、服装等符号为叙述核心的作品，均通过极具中国古典美学特征的场景设计和视觉效果，借助朗诵、演唱、表演等多元艺术呈现手段，使具象而直观的历史遗产流淌出别样神韵，焕发出蓬勃生机。这些综艺节目无不力争让隐含在内的传统文化勾

① 周逵：《网络综艺节目的社会责任和价值引领》，载《新闻战线》2018 年第 1 期，第 114—116 页。

② 邹广文：《中国精神：民族性与时代性》，载《中国特色社会主义研究》2014 年第 2 期，第 16—21 页。

连现实，让潜藏其间的中国精神浸润人心，体现了当前创作者高度的文化自觉和文化自信。

但在充分肯定和积极赞扬文化类节目的创新成果时，也必须承认综艺节目领域对中国精神和中华文化的融入和承继还存在着不容忽视的发展不平衡、不充分等问题。最突出的便是内容构成的扁平化。① 诗词赏析、文物鉴赏等题材的盛行，固然是因为中国传统文化精粹值得以精湛的视听艺术来呈现，但万不能囿于这狭小的范围，陷入形式设计同质化的窠臼。

“目光再广大一些，再深远一些，向着人类最先进的方面注目，向着人类精神世界的最深处探寻。”② 习近平总书记所指出的“最深处”与“最先进”，莫过于正处于砥砺奋进伟大复兴事业的中国，以及站起来、富起来、强起来这一伟大历程背后深深镌刻着的中国精神。无论是何种题材、类型、视角，综艺节目实现新的价值超越，都需要用心、用情、用功抒写伟大时代，让传统文化与潮流文化实现混搭嫁接和互为学习，高度发掘我国从站起来、富起来到强起来这一伟大飞跃历程中的资源自信红利，打造充分展现中国“智”造的综艺精品，继而更好地构筑中国精神、凝聚中国力量、彰显中国价值，真正扬帆出海，成为国际电视节目模式版权营销的典范。

（四）共性母题与个性样态并立的创作景观

以第一届春节联欢晚会为发轫，我国综艺节目发展历经几个特色鲜明的时期。20 世纪八九十年代，《综艺大观》式的综合文艺晚会初露锋芒，20 世纪末《快乐大本营》类的游戏娱乐节目异军突起，新世纪初引进模式逐渐兴盛后以《幸运 52》和《超级女声》为代表

① 杨乘虎：《关于文化类综艺节目高品质发展的若干思考》，载《中国电视》2019 年第 7 期，第 10—14 页。

② 习近平：《在中国文联十大、中国作协九大开幕式上的讲话》，《人民日报》2016 年 11 月 30 日。

的益智类和选秀类节目的风头一时无两。而后随着人们审美趋势的波动，台网两端多中心制作、多平台播放的真人秀、达人秀等节目应接不暇。综艺节目发展到如今，引进模式冷了下去，创新步伐快了起来，一些现存类型持续推陈出新，一些新兴类型不断探索研发，高度类型化的垂直细分题材更迭周期愈发缩短，出现共性母题与个性样态并立的创作景观。

纵观近年来各大卫视和网络平台的综艺节目布局，已然存在大众题材向小众题材的视角转换、普通领域向专业领域的焦点转变。像音乐类节目开始有明星、素人、乐队，美声、嘻哈、民歌等题材差异化发展，未来可能出现族群对战、音乐公司对战、冲关挑战、改编竞技等新兴选题，加强对抗属性。而经营类节目有餐厅、旅社、客栈等题材多样化生存，未来可能出现经营景区、社区、企业等新颖模式，更接近纪录片风格。舞蹈类、语言类等共性母题的切口同样有着垂直细分的圈层化和专业范畴的个性化特点。

细究开来，我国综艺的创作景观还将呈现出如下共性趋势。一是温情而宁静的治愈系慢综艺、暖综艺持续火热。当前网络空间关于职场话题的讨论热度居高不下，映射出人们长期处于高压工作和学习的紧绷状态。所以无论是充满人文和诗意的文化类节目，还是日常化和生活化的美食类节目，抑或是旅居在神话般山间野地的生活类节目，这些慢综艺、暖综艺充溢着诗情画意的想象性补偿，① 传达出一种闲适恬淡的生活方式和态度，触动、治愈着疲惫内心，给予都市快节奏的生活些许慰藉，成为人们借以短暂逃避现实生活琐事的乌托邦。

二是唤起情感投射的偶像养成和经营体验类综艺愈发流行。近年来，选秀节目热衷让人们参与到明星培养的互动过程里，进而寻找、建构自我欲想的形象，② 并在一系列命运转变轨迹节点上把决定权交

---

① 张一帆：《我国慢综艺节目的诗意现实主义建构研究》，浙江师范大学，2019年5月。

② 林琳：《偶像养成文化探幽——以大陆综艺选秀节目为例》，载《文化艺术研究》2019年第12卷第1期，第1—7页。

给观众，使捧红偶像出道获得的成就感代替补偿了辛勤付出，满足了心理情感诉求。而经营类综艺节目同样作为完成自我实现需求的载体，通过具有一定沉浸感的云体验找寻生活趣味，化解日常焦虑，激发情感共鸣。无论是旅社、客栈，还是餐厅、店铺，都暗合许多人心中不受他人拘束、自给自足生存于一方小天地的遐想。

三是凸显现实主义品格的多元形式综艺节目不断涌现。除去上文提到的部分现实主义作品，当前综艺节目市场更偏向于贴合年轻用户喜好，从生活态度、家庭关系、职场生态、社会议题等维度观照现实。如《奇葩说》以辩论的形式探讨职场、教育、婚恋等话题;《我家那小子》《妻子的浪漫旅行》以观察的形式透视代际、家庭等关系;《演员的诞生》《我就是演员》以竞技的形式勾勒影视表演的专业性等问题……这些节目提炼真人秀的内核，凸显现实主义倾向，通过聚焦社会痛点、还原真实生活、融入社交属性来获取观众情感共鸣。但总体来看，在类型上还有欠缺，在内容上还需打磨，“除细节的真实外，还要真实地再现典型环境中的典型人物。”① 综艺节目亟待继续进行有益的探索与尝试，促进棚内与户外优秀属性的互相学习。

四是体育类、营销类综艺节目迎来爆发。2019年挥别篮球世界杯，2022年我国将首次举办冬奥会，此外还有诸多世界级赛事临近，综艺节目市场将会借此机会推出系列体育竞技类节目，配合全民健身运动的火热氛围。带货类综艺节目则超越了早期电视购物节目的桎梏，充分利用互联网“电商+直播”的优势重新焕发生机，从内容带广告、内容配广告发展到内容即广告。不过，这类节目仍需合理调配电商流量、网红主播和综艺内容三者的关系，既充盈节目的观赏性，又深化品牌营销效果。

总而言之，各大卫视和网络平台将会持续在共性母题上角逐，一个全新开辟的领域会招致恶性模仿竞赛，出现大同小异的内容模式以此抢占市场份额和资源。但更多会以理性的差异化表达方式，将同一题材制作出个性样态的节目，或是不同细分方向、不同主旨内涵，

① 恩格斯《致玛·哈克奈斯》，《马克思恩格斯选集》第四卷。

或是不同结构逻辑、不同人物设定，乃至不同风格气质、不同用户人群。最终综艺节目的数量和类型将大幅增长，竞争会越来越激烈和胶着。面对稍纵即逝的社会审美风向，综艺制作者需要放眼长远，要具有敏锐的洞察力和灵活的变通力，不断在新的形势中培养自身的竞争优势，才能够在风云变幻的发展之中立于不败之地。

（五）故事叙述与场景思维融合的艺术升级

所有艺术门类都在用独特的艺术语言和表现元素来传递信息、思想和情感，综艺节目便是通过视听语言阐发其承载的主旨和内容，并形成与其他视频类型较为差异化的视听风格。近年来对国外优秀节目的不断模仿和学习，以及在创作上与剧集、电影等多艺术类别的跨界融合迹象，使我国综艺出现了新的特征和规律。其中故事叙述手法与场景构建思维作为两大趋势和方向，为综艺节目的内容呈现带来了新的发展契机和新的制作思路。

随着我国综艺节目领域的专业化生产和职业化分工进程的深入，早期由编导统筹编剧和导演两种任务的生产机制已然改变。“编剧一职独立出来，承接节目前期的故事化设计，包括对规则、流程、情境、线索、嘉宾的梳理、计划和安排，即运用故事化思维，展开故事化叙事，使之具有较强的情节性和完整的故事性。”①

现阶段不同类型综艺节目都出现故事化叙述趋势，如文化类节目《朗读者》《国家宝藏》《跨越时空的回信》以博大精深的文化故事为载体设置内容主题，真人秀节目《本色》以体验和寻访的第一视角讲述纪实故事，辩论及脱口秀节目《奇葩说》《吐槽大会》以当下热点话题为导引建立叙事逻辑，竞演类节目《中国好声音》《这就是街舞》以嘉宾亲身经历为背景升华节目意义。这些故事化元素为综艺节目提供了更多细节和素材，使其内容饱满、剧情曲折、形

① 文卫华、王向宁：《我国综艺节目故事化编创思维探析》，载《中国电视》2018年第7期，第9—12页。

式生动、情感充沛，易于触达观众内心。但尤需注意的是，优质综艺节目仍强调以“真”为基础。综艺节目编剧工作是创造无限发挥的纪实场景，营造真实可信的戏剧矛盾冲突，而不是编剧本、写台词。

“编剧关于故事叙述的设计还要通过道具、背景、结构、线条、色彩和空间的组合，构建不同观赏性的场景符号，以彰显其艺术风格特色。”① 场景的效用愈发受到重视，如《一本好书》搭建360度环形立体舞台，以戏剧、朗读、图文插播等影视化编排形式实现场景式读书诉求；《朗读者》第二季架设360度环绕投影和纱幕装置，营造契合朗读内容的逼真意境和视觉形象；《故事里的中国》打造多维舞台解放表演空间，融合影视、戏剧、综艺等艺术手法演绎出动人事迹和真挚情感。这些故事的剧情叙述和场景的创新构建进一步通过多机位镜头拍摄素材，和后期的剪辑、音响音效以及特效字幕等视听语言元素来实现预期效果，实现了视听艺术的再度升级，甚至重新定义了综艺节目的概念——综合各种优秀艺术门类元素来创作的新型节目。

如今综艺节目在视听呈现上趋于全面动态化和电影化升级，主要表现在《演员的诞生》《演员请就位》等节目突出电影表演元素，并作为主要叙述框架，以及充分使用电影拍摄技术，像《舞蹈风暴》实时观测捕捉定格舞者的瞬间姿态。现阶段，我国综艺节目持续探索CG特效、AI、VR、AR等技术，不断突破节目的画质、细节和品质，以契合网感时代用户的欣赏要求和现场观感，带来的沉浸体验让节目更为精致和考究。在传媒技术快速迭代的背景下，视频综艺节目将给人们带来极致的视听盛宴，未来5G+4K/8K+AI的应用固然让人憧憬，但也要警惕华而不实的奇观追求。作为锦上添花的外在包装仍需融入综艺节目的整体框架结构和故事叙述中，甚至成为调动氛围、渲染情绪、发展情节的内在张力。实现节目形式与内容的高度统一和完美适配，才应该是综艺节目制作者们不懈的追求。

---

① 杨颖：《网络综艺节目创新研究》，湖南大学硕士毕业论文，新闻传播学，2018年5月17日。

（六）全媒矩阵和 IP 体系联动的运营逻辑

随着移动通信和数字媒体技术的极速发展，互联网愈发卷入社会和行业的深刻变迁历程中，不仅革新了媒体领域的视听产品、产业和市场，满足了大众日益增长的精品文化艺术需求，也涵化出人们碎片化、移动化、即时化的收看偏好，致使综艺节目的传播、宣传和发行状况有着较大改观，其运营逻辑逐渐形成充分发挥全媒矩阵和 IP 体系二者联动优势的趋向。

无论是电视端主动靠拢线上视频平台，还是网络端积极谋求线下营销契机，综艺节目始终紧跟当前媒体融合发展的步伐，在制播全流程、各环节都遵循全媒矩阵的实践导向，通过多方位联动最大限度提高观众参与度，使其最终成为内容生产的有机组成部分。如前期策划时征集、吸收观众意见，节目播放收看时收集用户通过社交媒体实时发表的弹幕、评论、点赞、分享等强互动方式的信息和反馈，不仅积极调整了综艺节目的制作，有效沟通了场内和场外，促进了多屏融合和全程互动，更能让用户充分参与其中，以深度交互实现节目的再度创作和多级传播，实现更大规模的营销促进。

与台网融合全媒体模式这一扩大用户群体的运营逻辑一致，IP 体系也正深刻影响着综艺节目市场的宣传格局。综艺节目的 IP 体系是各平台在品牌意识下催生的内容战略布局，既有对原节目纵向的系列化延续（一档当季爆红的综艺节目会持续产出续集，继而打造特殊的辨识度和影响力），也有对主体节目横向的多元化衍生，发挥长尾效应，深入挖掘节目价值，培养用户黏性。如以幕后花絮的方式对海量资源素材个性化重组，制作成短视频、微综艺、Vlog 等通过各种渠道吸引目标用户。或是不同维度和层次的内容创新，惯常操作手法是以节目选手和嘉宾为核心，通过融入新主题、新元素来打造相关综艺节目。如《乐队的夏天》衍生出《乐队我做东》，《这就是灌篮》衍生出《灌篮吧兄弟》，而《奇葩说》甚至衍生出《奇葩大会》《黑白星球》《好好说话》《饭局狼人杀》等多档节目。

“在综艺节目内部进行资源集约优化的同时，制作方围绕综艺节目的版权开发，也逐渐发力布局跨领域的 IP 营销，较为常见的是对服饰、配饰、数码、食品、酒水等周边品类的简单开发或是合作联名，继而通过实体店铺和网上商城售卖获利。还有主动追求与相关产业的协同效应，走专业化、纵深化、融合化发展路线。”① 如歌舞类综艺节目能带动相关培训行业发展，表演、语言、体育、电竞、游戏等题材的节目也能对相关产业实现多维度赋能的效果。这些垂直类精品内容通过产业联动的模式，在粉丝经济的极大加持作用下不断完善着自身价值的优化和开拓，并上升到为社会创造更多价值的高度。

尽管目前我国综艺节目的运营逐渐成熟稳健，但仍存在些许问题，诸如台网融合背景下长短视频的搭配协调、不同特征用户的留存、尚未完善的产业链条、IP 盲目开发衍生等症结都需要妥善解决。首先要深刻转变思维理念，意识到综艺节目新闻化、活动化的态势，从传播出发倒推创作，寻求能与更多圈层群体产生共鸣的话题来凝聚初始人气，并善于利用综艺节目长视频的微版权拆条来制造热点进一步引流。其次要深耕台网合作机制，提高综艺节目 IP 的安全性，发挥电视平台权威背书和网络平台多时空联动、多终端联通的优势，完善运作全媒矩阵的盈利模式，真正实现全国分享、全民互动、全媒联动、全社会热议的目标。② 再次要深化平台与用户的关系，健全双向沟通渠道和反馈机制以听取诉求，让用户对优质内容的评判标准融入每部作品中，以良性循环促使爆款综艺节目成为行业常态。

新时代期待有导向、有品质、贴近生活、融入现实的优质视频综艺产品不断涌现，在“举旗帜、聚民心、育新人、兴文化、展形象”的使命任务中发挥引领作用、做出突出贡献、实现跨越发展。制作方需时刻把握“守正创新”这一大方位和主基调，探索跨域融合与

① 朱传欣：《网络综艺发展趋势观察：有意思、有意义、有意味》，《人民日报》2019 年 11 月 22 日。

② 冷淞、王婷：《综艺节目有意思也有意义了》，《光明日报》2018 年 11 月 29 日。

资源集聚的良好效用，以精耕细作攀登产业新高峰，以价值先行引领社会新风尚，以中国故事担当出海新使命，以创新研发开拓题材新格局，以融合互鉴呈现内容新面貌，以智能联动激发运营新活力。相信不久的未来，电视行业将迎来一个百花齐放、百家争鸣的综艺节目时代，每一位综艺节目匠人为打造更优质的作品而不懈努力，让中国“智”造的原创节目成为主流，推动中国综艺事业走得更远。

二、审美赋能：电视节目的电影化升级

作为具有特定形态的电视节目与电影，作用于构成大众赖以生存的文化环境，在艺术动态发展过程中，已然显现不同维度的升级方法论。手法升级、割裂单点的内容框架转向叠加交叉的形态融合，形成多元形式借力、故事演绎接力的互哺生态；模式升级、平铺直叙的模块串接转向影视对决的空间单元，直观呈现精品内容与场景配置；思维升级、固化依附的笑点情节转向客观实存的艺术技能、高质定格点状奇观与风暴时刻。

所有艺术门类都在用独特的艺术语言和表现元素来传递信息、思想和情感，电视综艺节目在视听表达上开辟媒介互通与跨界学习的特色创新之路，多元形态在综艺节目领域融会贯通、融合新生，这一创作景观可以说重新定义了电视综艺节目概念——综合各优秀艺术门类的元素创作的新型节目。电视综艺节目的电影化升级是全媒体时代下平台游移与媒介互鉴的生动产物，是电视综艺节目兼容并包与学习吸收的特质展现，是电视艺术提升审美品格与荧幕魅力的必须经历。

电影化升级意味着电视综艺节目制作逻辑发生了迭代变革。综艺节目导演以传统的导播逻辑为引导，对人物、场景、情节进行海量录制，后期处理进行多机位拼接，提炼精彩内容完成场景切换。如若说传统电视综艺节目是“后天精华资源集聚”生产线的显现，在

逻辑迭代、思维升级的加持下，综艺节目创作将电影导演的细节分镜头剧本逻辑与戏剧表演的舞台夸张逻辑都统领到综艺节目创作中，实现了多种艺术门类的统筹、融汇、统一，彰显“生产资料预先打磨”的超前特质，以影像引发惊奇，以内容启迪意义，带来一场视觉盛宴，通过精雕细琢的匠心品质，带来艺术美学与审美品格的回归。

（一）艺术与真实对话：“戏剧 + 影视 + 综艺”的多样形态交融带来多重时空贯通

时空场景的贯通是艺术形式交融的隐喻，差别化的形态特性与艺术表达，在节目环节设计中进行黄金分割与交替承接，带来虚实交错的情境与无缝衔接的场景，每一个艺术形态的优势展现与时空打造，每一重时空透露的有价值的信息组合与细节堆积，都在让艺术与真实进行实时对话。

颇具“影像艺术博物馆”气质的《故事里的中国》开展“资源配置”，系统梳理和回顾新中国成立 70 年来的与当代文化相适应、与现代社会相协调的现实主义经典作品，利用电视这一面向大众的传播形态，将时代巨制浓缩于有限的舞台，生动呈现经典作品承载的不朽记忆和时代精神，带领全国观众进行了一次跨越代际的经典重温，[①] 是精神娱乐更是家国观念的重构，连缀起充斥着互联网的信息碎片，讲述洋溢着价值引领的中国故事。在“戏剧 + 影视 + 综艺”的创作范式下，节目形成“五重时空交织 + 双重时空互动”的内容景观。剧院表演时空、电影化时空、历史真相时空、现场访谈时空、围读会创研时空等五重时空水乳交织，形成统领性的“大真人秀”，话剧表演中的时空穿越、移步换景与世易时移，亦是与电影的时空表演珠联璧合、相辅相成。剧本围读会结束后演员在表演前倾听影视作品核心人物的讲解，构成双重时空互动，有效的细节、真实的

① 张德祥：《故事里的中国：架起观众与经典间的桥梁》，https://news.gmw.cn/2019-11/13/content_33314735.htm，2019 年 11 月 13 日。

触动为戏剧表演的人物角色“铸魂”，为舞台演绎注入灵魂与养分。

多重手法的融合表达，使得高潮迭起、情感暴发，观众实现沉浸式观赏，体现卷入度极高的特性，是在短视频时代对浅表性认知的最有力回击。《故事里的中国》极富艺术化的时空转场形式，突破了以往板块式、模块式串接。在人物访谈环节，真实原型人物、经典参演人物的阶段性出场带来无穷的悬念性，让中国故事在每一期节目中实现渐进式丰满，让观众的收看欲望保持到最后一刻，更是将话语场移交至现场空间，演绎故事实现了当代接力。首期节目《永不消逝的电波》颇具匠心，与故事原型李白进行电报交流的发报员苏采青的到来让社会记忆场重新开启，现场隔空向烈士发出一封明码电报：“李白前辈，您期盼的黎明到了！”这段“当事者说”，延伸了现代社会公众的认知角度与历史厚度。

《我就是演员之巅峰对决》强化对“戏中戏”结构的运用，[①] 将台前幕后的情况与细节通过多重叙述空间的设置与转换实现多视角、全方位展示，成就节目叙事内核，满足观众的期待视野。纬度空间横向拓展串联表演空间和现场空间，扩充表达性空间；经度空间纵向延伸贯通幕后空间和评点空间，延展解读性空间；表演空间和现场空间根据作品背景人物、现场情绪爆点、人物矛盾冲突进行适时切换，充实经度空间的内在张力；幕后空间和评点空间依据情节逻辑承接，事件多维解读进行场景组合，确保纬度空间连贯顺畅。

（二）戏剧与影视互动：遥相呼应的视觉呈现与多点并立的叙事逻辑

戏剧与电影的共通之处为通过声画结合的手段来满足观众的审美需要，但在艺术价值凸显与艺术创造技巧上，电影则更胜一筹。电视综艺节目的电影化升级是对戏剧演绎的扬弃，保留了戏剧艺术

---

① 邓楚楚：《戏中有戏——〈我就是演员〉的收视魅力》，载《科技传播》2019年第11期，第62—63页。

中的逼真表演与极致冲突，摄影机工具属性与适配化的舞台设计消弭戏剧的空间有限性，带领其脱离窠臼，再加之电影蒙太奇手法的应用，镜头、场景与素材的切换与组合创造出独特的影视时空，具备极大的自由与个性。电影所偏爱的利用两个或更多平行段落来表现若干个同时进行的戏剧动作也在电视综艺节目中得到迁移改造，形成独特的视听塑造，进而实现跨越升级与进阶发展。

《故事里的中国》对中国传统文艺作品进行创造性转化和创新性发展，深化品读经典文学的《朗读者》的访谈环节，延展破题文博领域《国家宝藏》的戏剧演绎，变革对影视作品经典桥段的小品式演绎，首创“1+N”的多舞台空间，“1”是半圆形的主戏剧表演舞台，“N”代表影视化舞台，由两侧数个并行舞台组成，并行舞台切分为上下结构的盒子形空间，发挥作用于整体舞台的实效，进而形成“遥相呼应、彼此映衬”的舞台奇观与视觉呈现。“镜头思维与剪辑意识的加入让戏剧演绎更加适应电视荧幕，戏剧化场景与影视化场景结合促成的“半电影化”的舞台结构也实现了空间的创造性利用”，[①] 单线固化的叙事逻辑也得以转变为自由流动、多线并行的立体叙事框架。

《故事里的中国》首期播出的《永不消失的电波》，讲述的是“红色情报天才”李侠的潜伏事迹以及与妻子何兰芬经历战火洗礼的爱情故事。“1+N”的舞台设计、电影蒙太奇手法的运用，让戏剧与影视表演空间自如切换，叙事内容在各个并行表演空间贯通承接。荧幕前的主舞台串联在上海街道发生的情节，承载李侠潜伏上海的重要抉择、妻子何兰芬 1945 年春到 1948 年冬的四年时光流转、夫妇二人的生离死别等故事。裁缝铺联络点、中国共产党西柏坡指挥部、李侠秘密工作的阁楼、国民党监察处、李侠夫妇家等并行舞台构建起多线索叙事的框架。观众可同时看到李侠在阁楼里紧张地发送国民党的江防计划情报、西柏坡中共情报部门接电报、敌人监听地毯式搜捕等紧张的剧情画面，实时与故事里的人物角色“同呼吸共命

---

① 邓楚楚：《戏中有戏——〈我就是演员〉的收视魅力》，载《科技传播》2019 年第 11 期，第 62—63 页。

运”，深层牵动观众的情感。《烈火中永生》讲述的是在重庆解放前夕，江姐在参加农村武装斗争中，被叛徒出卖而被捕，与许云峰在狱中保守组织秘密，同敌人展开顽强斗争的故事。时空场景的转换勾连江姐的回忆，与彭松涛的相识相恋、地下党员的秘密发展以及坚持把《挺进报》作为思想传播基地的往事也在主舞台上具象化，直观展现江姐丰富辽远的内心世界，形成多时空交错的多元感知与多维触动。《2019 中国好声音》重新回归三男一女的“标配”导师阵容，新一季增加的“魔镜转椅”实时播出意向导师的表情和动作，放大学员的选择权；“封嘴键”加大“突发事件”的发生概率，导师之间的碰撞增加节目看点；“家属室”设计讲述真实音乐成长故事，触发观众情感爆点，建立起节目的独特话语权，形成全新的叙事线索，充实了节目的内容与结构。

（三）演绎与场景交融：内容构建的深研与影像效果的嵌入

1. 故事演绎资源的集结

故事的演绎以剧本叙事为形体框架，以演员表达为内在肌理，用剧本的深度研磨与演员的真情表达实现故事演绎资源的最大化集结。

以戏剧方式讲好中国故事的《故事里的中国》对高山仰止的经典文艺作品进行现代版解读时采取“一戏一格”的现实主义创作手法，30 分钟的舞台表演时间高度浓缩了经典剧情与人物形象。在戏剧演出部分，中国国家话剧院的“精英队”参与编剧、分组导演的工作，用具有想象力的剧本创作与实际拍摄的专业精神，让经典作品以“守正创新”的形式重现在现代化舞台上。戏剧总导演田沁鑫与总编剧张昆鹏依照实事求是的原则，对经典文艺作品的改编与创作进行 5 个版本以上的研磨与深化，致力于保留作品的原生气质，尊重作品的经典灵魂。《永不消逝的电波》依旧展现谍战剧气质，故事高潮是延安前往上海的“转折时刻”，地点的迁移与处境的转变，剧本用“一步跨越”的方式直观展现，巧妙的节奏、高级的衔接足见创作团队的匠心。《烈火中永生》彰显红色经典的气质，创作者回归文学的母体，用诗句的台词诠释抽象的“信仰的力量”，艺术形式的合力、多元手法的融合让表演空间张弛有度。真人秀环节也为影视作品演绎的内容构建助力，“剧本围读会”环节让剧中人物关系更加明晰，戏剧冲突逻辑愈发显著，夯实内容基础。互望式的双重时空环节，实现了历史内容的揭秘，让主要参演者了解到《永不消逝的电波》中的原型李白烈士英勇就义的细节、《平凡的世界》小说的创作细节、威虎山的剿匪细节，等等。细节是故事的最小组成单位，在其间穿针引线，起画龙点睛作用，更为戏剧演绎注入养分与灵魂。演技高超的胡歌、倪大红、郭涛等演员演技大开，胡歌火柴的比喻体现了优秀演员对扮演角色的深刻理解，倪大红生活化的语言演活了反派土匪。

《我就是演员之巅峰对决》突破前两季固有模式，思维升级由“导师制”进阶为“竞演类”，开展影视化对决。导师席位的表演大咖亲自上场进行“高手过招”，在表演的专业程度与艺术修养方面颇有造诣的首发实力演员张国立、郭涛等在舞台现场上演实力对垒的“明争”。支撑起节目架构的精品力作，都由分组的导演和编剧全程把控。节目邀请李少红、陆川、高希希、许鞍华、关锦鹏等资深导演，张冀、董润年等金牌编剧，为演员量身“做戏”，做到专业极致化、内容精致化、观感电影化，舞台剧本的打磨与修改着实体现编剧与导演的功力。将核心剧情浓缩至10~20分钟的现场表演之中，在作品完整性与叙事节奏感之间找到最大公约数，在内容专业化与戏份平衡化之中寻到共通路径。节目第二期佟大为和秦昊合作演绎的《如父如子》感动全场，逆风翻盘。眼神的演绎、细节的表达、情感的操控，都将角色立体化、具象化、感人化，扭转赛场局势，真实体现实力演员的历练与格局。[①]

① 祝媛莉：《大咖飙戏、大导“做戏”，〈我就是演员之巅峰对决〉开“演”》，http://m.jingkan.net//article/detail?id=5dd8c9693194d341084d54f7，2019年11月23日。

2. 舞台基础设施的配置

（1）镜头调度与影像艺术

镜头的调度是增强电影艺术感染力的有力手段，交替使用差异化的景别以及不同的镜头运动方式，扮演着厘清剧情逻辑、表达人物思想、处理人物关系的重要角色。推镜头在突出主体、刻画人物上卓有成效。《永不消逝的电波》中李侠在进行“一步跨越”之前，由近景转向人物面部的大特写，突然放大的人物成为视觉中心，增强了视觉信号，体现了主体人物视死如归的心理活动。《林海雪原》中座山雕立志得到先遣图，势必占据一方土地的脸部特写，将反派土匪的恶劣性展示得淋漓尽致，也间接透露杨子荣以假图哄骗座山雕的艰难性。摇镜头扩展了镜头的视阈空间，呈现多重叙事并立的舞台特征，也解释了人物与场景的逻辑承接与内在联系。《永不消逝的电波》通过镜头语言让观众可以看到李侠接到秘密任务、对接人老孙的牺牲、李侠对妻子的告别等故事接连上演。《烈火中永生》中江姐的隔生死时空对话，由影视化场景转向主戏剧舞台，平行时空的异域场景补充，展现人物内心情感与信仰的力量。旋转镜头环视展现人物所处的环境，颇具节奏感的镜头表达应和舞台的紧张氛围。《永不消逝的电波》从主体人物的视角环视上海的黑暗环境，也表现了李侠对于所处环境的紧张感和无措感。《林海雪原》中杨子荣以仿冒的先遣图上山，环视着面对土匪的接连质疑，反映了主体人物的应变能力与警觉情绪。

影像技术的升级也带来了美学的升级，中国原创舞蹈电视竞技节目《舞蹈风暴》使用128台摄像机，做到360度实时观测，特技技术将舞蹈瞬间的美瞬间凝结，将色彩、韵律、音乐、形体与节奏永恒定格。“风暴时刻”的加入，也成为嵌入到节目评判标准和价值内核中的重要元素，打开了观众欣赏舞蹈的全新视角，增强了电视审美品格。

（2）视觉效果与场景打造

技术为艺术服务，场景构图展现电影级视觉呈现，光线视效充盈高级别体验感知，舞美服道化及各类科技手段再造时代经典，记录高光时刻。《故事里的中国》主戏剧舞台呈现LED折叠、卷帘式的影像效果，虚拟的视觉画面与演员的实时表演巧妙衔接，烘托气氛，塑造形象，推动情节的进展。节目开发有限的空间，最大化进行跨越空间的艺术表达，增强了荧幕的感染力与生命力。首期节目《永不消逝的电波》中极为出彩的一幕是李侠的“一步跨越”。从延安迁移至上海，从欣欣向荣的解放区到血雨腥风的白区，LED屏幕的影像进行了无铺垫的直观展示，从全幕的安静祥和的陕西延安到一片黑云压城的上海景象，屏幕迅疾推动至舞台中央，随着李侠的“一步跨越”，压抑的上海景象占据整个舞台荧幕，借助虚拟影像，完成了冰火两重天的跨越，也隐喻着主人公人生命运的转折。1945年春到1948年冬的四年时光，在四季象征性场景的虚拟影像烘托下，由李侠妻子何兰芬走过的春夏秋冬来诠释。

无论是宏观布局还是细节设计，节目的场景配置与舞美设计都最大限度地还原了年代场景，有助于故事内在意义的传达和展现。《平凡的世界》中对于场面的铺陈匠心十足，孙少安致富后招呼全村人吃饭一幕的场景让人印象深刻，真实身份的农民、团团围坐的布局、热气腾腾的灶台真实映射了生活的喜悦与向上。孙少平出煤矿见田晓霞的那一幕，背后还原的爆破光效与浓烟也为观众带来身临其境的感受。《青春万岁》二号舞台配有的三层校园楼梯走廊以及绿色的墙围，也最大限度地还原了校园的年代感。《林海雪原》中杨子荣推开的马厩门上的雪正是天寒地冻的象征。聚焦密室逃脱题材的《密室大逃脱》，以密室实景体验打开我国推理类真人秀发展新样态。节目组对场景布置、道具机关秉承精益求精的态度，布置密室达61间，密室道具共10563件，且大多都无法重复使用。《烧烤店的秘密》中的场地本身就是一个真实的食品加工厂，《神秘山洞》则是基于一个真实的防空洞场景。在策划筹备阶段，节目组前往多地进行实地考察和现场体验，邀请机械、密室实景搭建方面的行业专家担任指导，对于每个关卡的难度都反复测试甚至精确控制，反复试验 785 次。[①]

（四）美学与品格回归：经典美学的塑造与审美品格的升级

艺术与真实对话、戏剧与影视互动、演绎与场景交融的升级路径与力量释放，最终助推美学与品格的回归。一直以来，电视综艺节目因占比过多的娱乐因素，稀释着电视艺术的价值与纯度，也带来深度的审美疲劳，商业逻辑主导的“自发审美”导致电视艺术呈现发展不均衡的生态现状。电视综艺的电影化升级是“自觉审美”的转向，节目制作更加注重“无形资产”的积累，成为精神家园与人文精神的守护人与建造者。电影的品质内容与影像质感在电视综艺节目中的展现，让沉浸领会与美学感知相得益彰，免于世俗的选题设定，消弭虚浮内容环节，彰显了电视艺术的深度与美感。

电视媒介兼具商品属性与艺术属性，在开展商业运转、获取经济效益的同时更肩负着艺术的审美性与精神的创造性任务。电视艺术承载着历史职责、文化解读以及美学功能，蕴含思想内容、文化内蕴与审美情趣的电视综艺节目是电视艺术审美的生命力。[②] 电视艺术呈现在荧幕中的是图像表达与语言表现，电影化的升级迁移了内容影像的高级质感与精工细作的匠心打磨，在视听表达上保证了电视艺术的完整性，彰显着崇高经典美学的回归。审美品格集中体现着时代性的社会审美特征，电视艺术在审美文化的构建中起着举足轻重的作用，其凭借强烈情感兴发，深度现实介入的特性成为当代审美建造的卓有成效的现实途径。[③]

《故事里的中国》中手法融合的戏剧演绎打造出百变视效的影

① 冷凇、王婷：《密室大逃脱：实景装置 + 内涵升级，引领综艺节目影视化发展》，https://www.sohu.com/a/321712089_247520，2019 年 6 月 19 日。

② 张蓝姗：《略论收视率与电视艺术审美的辩证关系》，载《现代传播》（《中国传媒大学学报》）2014 年第 5 期，第 159—160 页。

③ 张晶：《电视艺术的审美文化尺度》，载《现代传播》（《中国传媒大学学报》）2010 年第 3 期，第 14—21 页。

像美，深度纪实的人物访谈释放了社会群体的敬仰美，承载价值的真实故事显现了纯诚至善的精神美；《我就是演员之巅峰对决》中传情达意的声音语言唤醒了沉浸感知的情感美，匠心打造的实景空间呈现了镜头语言的质感美，美学呈现的形式不同但殊途同归，均是美学意蕴的崇高回归。

电影化升级的“视觉效果”给予观众沉浸感知的体验，“高级质感”丰富观众的感官和思绪，“审美品格”提升观众的电视艺术美学审美欣赏力。

第四章
典型与新变：融媒时代的视听审美接受

媒体融合时代，在科技发展推动下，视听表现形式发生了显著变化，这不仅是实践问题，更是深度的审美流变问题。本章从电视节目的审美接受开始分析，逐步进入短视频的审美接受探析。特别是置身于这样一个融媒时代，短视频正处于动态发展中，不易进行固定化、陌生化的学理把握，但这也正考验着艺术和美学研究者的责任心。

第一节　电视节目的审美接受

电视审美接受研究的目的，是寻求在传播者和接受者之间达成最大公约数的一致，即作者与接受者之间的相互认同，这种认同的差异性便产生多样化的审美品格——电视审美在接受过程中产生的效果，即由于创作者手段和方式以及传播过程中的不同群体的差异性解读所体现的不同的审美感受所达成的一种格调和境界。电视的接受与文学文本及电影的接受总是一脉相承。从理论上讲，凡是电影可以做到的，电视一定可以做到（如西方电视剧中营造的观影接受效果），凡是文学可以做到的，电视也一定可以做到（如插叙、倒叙、悬念等促进受众接受兴奋点的叙述方式）。

电视审美接受的研究内容主要包括以下四个方面：

1. 电视观众的审美接受对电视再生产方式和规模的影响；

2. 电视观众审美接受的制约因素和制约规律，如作品自身的特征与接受者自身条件的互动关系，传播作品的媒介与接收者的媒介使用习惯，接受者的年龄、文化修养、社会环境条件和作品获奖与否对感受和理解作品的影响；

3. 电视审美接受与文学审美接受的区别和联系，想象性与知觉性的不同分布，以及阅读小说和观赏电视、观赏电视与浏览网络视频的不同心理期待；

4. 对电视的审美接受因素和非审美接受因素的区别与联系——电视接受会有道德、伦理、信息等约束与影响。

一、接受美学与审美心理：电视审美接受的理论基础

20世纪60年代末70年代初，德国理论家姚斯和伊瑟尔创立了文学接受美学理论（receptive esthetics），强调阅读反应中各种差异的原因，深入研究审美活动的具体性和接受者的作用，提出并强调了接受和批评活动的主体性观念。接受美学将美学从美的本质的哲学辩证中解放出来，反对孤立、片面、机械地研究文学艺术，反对结构主义化的唯本文趋向，强调文学作品的社会效果，重视读者的自身体验，从社会意识交往的角度考察文学的创作和接受，这都具有积极的价值。接受美学的完整体系为电视接受美学提供了理论基础，指导电视理论的研究者去研究创作与接受和作者、作品、读者之间的动态交往过程。

审美心理学则是研究和阐释人类在审美过程中心理活动规律的心理学分支。审美主要是指美感的产生和体验，而心理活动则指人的知、情、意。因此审美心理学也可以说是一门研究和阐释人们美感的产生和体验中知、情、意的活动过程，以及个性倾向规律的学科。广义的审美心理学将人类从事各种文学艺术活动时的心理活动和特征作为自己的研究对象。直觉说、距离说、移情说、投射说等都是审美心理学的西方理论支撑。审美心理学的研究方法有两大类：一是用主观内省的方法，去观察、体会和研究自己的审美心理体验；二是用科学的主要是自然科学的实验方法客观地观察、分析实验的结果。后一种研究方法的创始人是德国心理学家费希纳，他所提倡的这种研究已经形成了一门学科——实验美学。彭立勋教授认为审美心理学角度的研究追随了世界美学发展的新思潮、新趋势，引进和介绍了西方现代心理学美学的新观念、新学说、新方法，因此扩大了中国美学的研究视野和领域，促进了中国美学理论结构和观念的变化。其次，试图把西方现代美学特别是心理学美学的观念和方法，

与中国传统美学观念以及传统艺术实践经验结合起来的创作方式也是值得倡导的。

彭立勋教授在《审美经验论》（1989）中强调要从整体上去认识和把握美感或审美经验的性质和特点，并尝试运用现代系统论的成果，提出“审美心理的整体性”原则。滕守尧在《审美心理描述》中对审美经验中的四种心理要素——感知、想象、情感、理解——分别进行了具体分析，认为这四种要素以一定的比例结合起来并达到自由协调的状态时，愉快的审美经验就产生了。

不论是用中国传统美学思想和艺术实践经验去说明西方美学观念和学说，还是用西方美学观念和学说来阐释中国传统美学的观念、概念和范畴，“接受美学”与“审美心理学”的探索对于中国美学包括审美心理研究迈上中西结合的道路都起了开创作用。当然，中西方在理论研究方法上的差距也形成了审美心理学的区隔。西方审美心理学研究多是心理学家进行的，能较广泛地运用各种心理学研究方法，特别注重实验法和测验法等定量研究方法，并十分注重收集量化的资料，故研究结论具有较强的客观性、精确性。而中国的审美心理学研究多是美学家、文艺学家等在人文科学领域进行的。人文科学的研究是主观的，偏重直觉性的审美感受和主体的灵感思维，发挥学者的主观想象力和创造力，因此更偏重在质化分析的研究方法上采用作品分析法和档案法的方式搜集有关文献资料进行读解（如作家、艺术家的创作体会、日记、自传等），收集的资料多为非量化的描述性资料，因而研究结论往往带有一定程度的主观性、推论性。审美心理研究由于其研究对象本身具有更为复杂的社会人文内涵，具有社会性精神现象的微妙难测的特点，要完全达到自然科学化和定量分析，也是不切实际的。实验的方法存在的重要问题是研究时把审美的完整经验打破而去研究部分，这就破坏了美，并且各部分之和并不能等于全体，因此结果不十分可靠。另一个困难问题是，作为实验对象的一般被试，不能把美感和快感清楚地区别开来，常把二者混淆。不管怎样，只要其理论的部分对电视艺术审美研究有帮助，就理应放开眼界，更多地融汇中西，把先进的、科学的、实证的、实验的研究方法拿来学习和借鉴，以补助我们的不足。

二、随意特性与观影特性：中西电视审美接受的差异

审美心理学的理论为电视审美接受的研究角度提供了参考。从艺术交流活动的总体上看，艺术接受产生于交流、实现于交流，一切艺术接受都是建立在主、客交流对话基础之上的。但电视审美接受的交流基础是对视听语言的解读，这区别于普通的艺术接受，它是一个很复杂的传播过程。从创作者人格对作品的投射到主体的审美心理与作品的“同构共鸣”，以及感性、理性的心理体验，接受者自身的社会审美心理积淀都对电视艺术的审美接受起着多重假定的交流作用。

国内电视观众观看电视节目具有随意性的特点，看电视并不会影响人们交谈、喝水、吃零食，甚至是做家务，在国内也能经常看到一家人一边吃饭聊天一边看电视的场景。一般情况下，看电视并不会影响人们干其他的事儿，有时甚至是不“看”电视，只“听”电视就可以了。这大概与中国电视内容日常化、信息量不高、不追求高质量的声音画面等的内容生产习惯有关。在媒体融合的环境下，这种随意性显得更加突出，人们往往一边刷手机，一边看电视，有时注意力也并不集中于电视端。此外，电视节目也从电视端流出，各种终端都可观看电视节目，同时打开多个窗口、多个终端、多个软件，是再平常不过的事情。

区别于国内相对随意的收视习惯，西方电视审美接受的特点是在大制作、大投入的基础上通过种种手段，营造出一个近似于电影的观赏环境。“观影”审美接受的第一步是感受性进入。影院提供的观影环境是黑暗的特殊的收视环境，它切断影像世界与外部环境的联系，将观众的视觉重心吸引到巨大的银幕上来，这样观众就以

直觉的方式去感受影像，去感受影像的色彩、声音、画面等形式之美，影片则以新颖的艺术构思和独特的银幕形象，运用声、光、色强烈的对比以及节奏的急剧变化来营造独具特色的知觉单元，以吸引观众的注意力。再运用影片所特有的一套诱导观众的叙事成规，将电影受众的客观视点融入电影画格中的无数主观视点，使旁观者获得了一种以当事人的视点来体验情节动作的感觉，观众就从直接的视听感官感受深入到电影影像故事和情感世界中。

电影与电视，是“梦”与“窗”的区别。梦是融入，而窗是旁观。电视艺术的魅力毕竟仅存于方寸之间，如果在电视的欣赏中依然能够产生观影的效果，观众深层的心理愿望便可极大满足。从十几年前的电视背投、等离子、液晶到现在的数字电视、网络电视、8K 超清电视等技术的迅猛发展，都为“窗与梦的结合”提供了技术支持，曾经的 20 英寸至 29 英寸，变成了今天的 55 英寸、65 英寸，甚至更大，并且画质越来越清晰。但小康生活家庭逐渐增宽的电视屏幕，似乎并没有有效地刺激国内观众对国产电视节目的欲望。

曾几何时“打发时间、娱乐习惯、寂寞时做伴儿、放松心情、逃避现实生活及家人朋友分享话题”等休闲理由曾经成为电视观众审美接受的主导动机。受研究电视娱乐节目和肥皂剧传统的影响，许多学术观点总将电视与轻松休闲加以打包论述。现代人的生活充满许多压力，人们的超载负荷需要释放，享乐使人们原本紧张的身心得到缓释与松弛，进而满足自身的内在需要——这正是新媒介时代人们审美经验的突出特征。其实不仅是看电视，对于电影、网络、时尚杂志等这些大众化产品，人们往往也是带着休闲的心态去观看、阅读，因为享受快乐既是一种生理需求，更是心理需求。

然而，休闲的心理动机未必会带来身心放松的效果。以电视剧为例，当下西方精品电视艺术所营造的“观影效果”与昔日边做家务活边漫不经心收看的所谓“肥皂剧”已不可同日而语。西方电视节目总是可以通过诉诸理性和逻辑的角度来“耗费”观众更为多余的精神，在缓解工作压力的基础上增加审美解读的压力。

美学的理论精髓可以千年不变，但电视艺术理论却必须正视日新月异的现象。时过境迁，经过数十年发展的“肥皂剧”早已演变为“电视情节剧”，它虽然沿袭了“开放性结局”“悬念”等基本特征，但被时代赋予了新的精神与意义。以往家庭主妇们边做家务边“听”电视肥皂剧的随意性观赏，已经被今天周播美剧的期待性、约会性观赏所替代，美剧制作精良、节奏紧凑、大信息量、题材多样、悬念迭起、视点新颖等特点，都使作品本身营造出观影氛围。

面对纯正的电视精品，观众在信息量纵横交错的、阴暗的情节环境中，被连珠炮般多个悬念和故事“击中”，会情不自禁地停止一切家庭社会活动而入戏，去拥抱信息与故事。久而久之，西方电视节目与观众之间形成了一种观影约会意识，哪怕这种约会周期是以星期为单位，观赏者依然会静候，在期待视野中自动进入一种凝神的氛围，自动进入观影状态。如果说《越狱》是一部类似《水浒传》的长篇章回体小说，用埋下无数悬念、且听下回分解的方式紧抓受众，那么《反恐 24 小时》就像是一部长达 24 小时的电影，用开放性的、分期付款的形式来实现审美体验。

西方电视艺术普遍会采用三种方式来营造观影效果。

1. 单位时间内信息量的压缩和快节奏的剪辑方式。强大的市场野心让编剧和导演们不断在 30~50 分钟内的剧集里灌输尽可能多的信息量，力图使内容像电影般丰满。快节奏会促使观众们为了解读而认真调动注意力仔细观看，因此改变了传统意义上的肥皂剧对情节的随意性关注。西方电视的缔造者们深谙，当代人的心态是浮躁的、对信息的索取是海量的，特别是在当下融媒体、多媒体环境影响下，人们更容易受到干扰，节奏只要一慢马上就会失去观众。

国产电视剧的普遍特点是情节拖沓、节奏缓慢，这与中国电视剧观众的偏中老龄化不无关系，但更多的问题来源于创作者自身。相比之下美国电视剧则比较紧张，更能扣人心弦。一位网友曾经饶有兴致地用量化统计的方式来计算比较了《大明王朝 1566》和《罗马》

两部电视剧中的“情节密集度”，[①] 试图用简单的数值方法来揭开国产电视剧拖沓的面纱。

根据这个标准，这位网友计算了两集电视剧，分别是国产的《大明王朝 1566》第 16 集和美国的《罗马》第二季第 8 集。《大明王朝 1566》第 16 集一共有 14 个事件（高翰文搜查郑中堂府、郑何两人烧毁文件、锦衣卫与杨金水讨论决心拿高翰文顶罪、戚继光战况、倭寇欺辱妇女、戚继光部与倭寇作战、齐大柱率部分百姓参战、胡宗宪忠告高翰文、杨金水替沈一石安排云娘生活、戚继光部队收民女、齐大柱众人参军、民女要嫁齐大柱、胡宗宪向戚齐训话并赠剑、高翰文告知海瑞沈一石账目内容），情节密集度是平均每 3 分钟完成对一件事情的叙述。《罗马》第二季第 8 集则一共有 24 个事件，HBO 主页上的内容提要显示该集共 24 个事件，情节密集度是平均每 2 分钟完成对一件事情的叙述。同时，网友指出：“《罗马》的这 24 个事件的含金量远远超过《大明王朝 1566》第 16 集的 14 个事件，因为每件事均是有结果的，但是《大明王朝 1566》一集中的 14 个事件却花了大量的篇幅去刻画芸娘、严嵩等人物复杂矛盾的性格。”

这位网友还设想了其他的比较办法，比如说统计单集中出场人物的个数：“据不完全统计，士兵随从什么的一律不算，《大明王朝 1566》这集中有名有姓有台词的人物一共 13 人，而《罗马》在该集中则有至少 21 人。就算是这么紧凑的情况下，《罗马》仍然有闲情逸致用几秒钟的时间拍摄一只大鸟怎么吃东西。而《大明王朝 1566》则没有任何这样与主要情节不直接相关但有意思的镜头。”——《大明王朝 1566》的相关场景离不开朝廷、浙江总督巡抚衙门、江南制造局、海瑞县衙等处。网友继续评价道：“《大明王朝 1566》绝非节奏最慢的国产连续剧，其实还算快的，至少比《暗算》快。目前最慢的电视剧是《大宋提刑官》（第二部），生怕观众看不懂，非得把每个推理都解释三遍。而《罗马》却算是美剧中偏慢性的历

---

① 同人于野：《量化计算电视剧的拖沓程度》，https://www.geekonomics10000.com/117，引用日期：2021 年 2 月 4 日。

史题材剧，由于需要在尊重史实的基础上发挥虚构成分，节奏相对较慢。”最后网友的结论是，用美剧中偏慢的电视剧《罗马》与国产剧中偏快的电视剧《大明王朝1566》相比，保守地估计《罗马》的节奏也要比《大明王朝1566》快50%。

《反恐24小时》和《越狱》平均每集解决的事件都在30个以上，换句话说，情节量比国产剧节奏快一倍以上。美剧迷们感觉“美国电视剧里面三言两语就交代清楚的信息，国产电视剧非得你来我往说半天”。按照这位网友的统计，《大明王朝1566》40多集的剧情，如果依照同类题材历史剧《罗马》的节奏来拍摄，有12集就足够了。这从侧面说明了中国国产电视剧在制作上严重滞后，已经无法满足当代年轻观众的需求，国产电视剧和国外优秀电视剧尚面临很大差距。

网友们这种“比较研究”的方式在文本选取的层面具备一定的可行性。首先，两部都是历史题材剧，并均是反映朝廷内部钩心斗角的权谋文化和朝堂党争的，情节的设置有许多类似之处。虽然这种量化统计从抽样、时间、可信度上都存在很多问题，因而不能当作一次学术角度的分析，但一位与电视学界毫不相干的美剧迷，能够在困惑中联想到用不太标准严谨的量化统计方法去探求中美电视剧中的差异性，却是可钦可佩的。这种来自普通受众的量化感受虽然是直觉的，却往往是最真实的，也给国内电视剧创作敲响了警钟。国内导演已经习惯于将电视剧“注水”，在每个“事件”中尽可能说清前因后果，这样的做法消解了高潮点的设置，使情节密集度太低，无法跌宕起伏。这就难怪“美国电视剧一个星期播一集有那么多人追看，而一些差劲的国产电视剧一天三集都没人看”。由此可见，信息量和情节量的差异是电视剧审美理论研究的重要出发点，但信息量、情节量却不一定与文字（包括人物对话、解说词）数量成正比。笔者对三部热播剧单集文字信息量做了平均量化统计：

《反恐24小时》3200个单词/集

《越狱》4200个单词/集

《犯罪现场调查》（*CSI:Crime Scene Investigation*）4100个单词/集

《绝望的主妇》5100个单词/集

暴力和罪案情节的电视剧相对以日常生活为题材的美剧来说语言信息量要偏低，但这并不意味着情节信息量的缩减。《犯罪现场调查》要完成单集破获双案的叙述，《反恐24小时》中的一小时要完成若干个线索和矛盾的演绎，其完成的情节量反而较《绝望的主妇》更多。这说明《犯罪现场调查》和《反恐24小时》在相对低文字信息量的基础上，通过画面语言去叙述高情节量的难度更大了，技术含量要求更高。

真人秀对信息量的高压缩要求比电视剧有过之而无不及。《学徒》等商业竞争型真人秀在单集中的表现内容也远远大于电视剧。45分钟的篇幅里，叙述需要从上集剧情回溯开始（为保证收视的连续性），展现两个团队十几个人的一场不见血的战争，从该集项目的背景阐述开始，分组策划、分组实施、组内矛盾、组间矛盾、巡视员监察、特朗普授课、最终评判、胜者的奖励、淘汰者离场——只有快节奏才能掌控大信息量、宏大叙事的节目。

真人秀如此高信息量的筛选、拼接和压缩需要实施，这促使美国电视市场形成庞大的专业剪辑师团队。《学徒》的总剪辑师挂有“A.C.E”（美国剪辑师协会）头衔，这在美国是剪辑品质的保证。《学徒》中，总剪辑师下辖的剪辑师有20余位，其分工也极为专业化。剪辑师们分别负责筛选矛盾冲突点、按时间排顺序、拼接素材等，要求的工业化、专业化水平相当高。《学徒》对节奏的要求和“宣传广告片”的节奏等同，快节奏剪辑将不必要的纪实过程省去而直接揭示结果，使人们聚焦注意力于人物命运，是一种在纪实主义风格基础上的浓缩化产品。当然，信息的高密度快节奏既可以调动观众胃口，突出连续性和悬念性，但也会时而影响美剧人物的形象刻画。在故事信息的高密度传播下，人物的性格、内心世界的展现都很可能不够丰富，处理不好会变成符号。

2. 悬念，通过设置悬而未决的矛盾来捕获观众进入“观影效果”。在此特别介绍的是西方电视节目的“前情提要”制作。与国产电视剧的“下集预告”不同，美剧的工业化制作要求是花费 1/8 到 1/10 的篇幅去剪辑“前情提要”。前情提要的制作是美剧商业包装的外延，目的是完成为保证前情连续性而进行的受众提醒。表面上“前情提要”就是一个摘要简报，其实制作难度最大。前情提要需要对上集剧情高浓度提炼，主要人物必须全部出场，重要情节必须全部展现，同时省略掉百转千回的中间细节，还要为悬念做铺垫。短短的几分钟，却往往会直接影响“观影效果”和收视份额。

3. 奇异化的场景氛围营造也可以带来观影效果。美剧最擅长使用的是黑暗与阴霾的阴暗色调。“艺术是有意味的形式”，视觉化的形式需要声光音响的全方位配合。美学中，黑色通常代表崇高、坚实、严肃、刚健、粗莽；暗调代表着死亡、罪行、恐怖、严重、严肃。黑色如和其他颜色相配合即有集中和重心感；深色与冷色则先天性地具有强化戏剧矛盾冲突氛围的作用。这些色彩的运用本身就制造出神秘之感，庄严、沉虑，甚至苦难与无情，容易吸引观众进入特殊的凝神观赏环境。《越狱》通过各种恶劣人文环境的营造实现梦幻感：阴森的监狱大厅、铁窗、铁丝网后面的人像特写。《反恐 24 小时》的主要场景“洛杉矶反恐局”中用深蓝的冷色调渲染快节奏而凝重的工作氛围，使反恐工作神秘化、崇高化。即使是《犯罪现场调查》中晴朗的纽约，也会通过硬朗的构图和偏青的色调勾勒出偏冷色的、笼罩罪案阴云的情绪氛围。

三、创作视角与接受视角：电视审美接受的多义与开放

电视审美接受的多义与开放源于艺术自身的开放性。首先，艺术或艺术作品的定义必然是开放性的，并无一定的成规可以参照，不但物质载体可以日新月异，无所不可，而且主体需求、感受更是这样。把艺术看作多元因素聚合的现象，作为读者、作者、环境各种成分或因素的相互制约的有机整体来研究考察，也可以对作品各形

式因素（音韵、节奏、文字、形象）做精密的结构分析，通过各种艺术现象（艺术史的、个别作品的、艺术家的、风格的、趣味观念的）分析考察，无疑将发现许多具体的审美和艺术规律。关于艺术的起源、趣味的演变、风格的传递和革新、艺术与社会的关系，也无不与艺术的审美接受有着密切联系。正是由于社会集体审美心理的状态始终处于流变中，电视的审美心理也会随之而敏感地变动。对于电视审美接受开放性与多义性的研究，依然可以从创作者和接受者两端开展。

（一）作者的艺术创造

艺术的生命力是两个完美的组合。其一，艺术创作者赋予了艺术生命的诞生；其二，主体对艺术的审美接受过程赋予了艺术生命的传承。简言之，艺术生命的诞生与传承既离不开主体（创作者）的审美创造，更离不开主体（欣赏者）的审美接受。没有主体的审美接受，艺术的审美价值得不到有效的实现，艺术的生命力也会显得十分脆弱。艺术的审美接受既是艺术存在的基本条件又是其赖以生长的有利环境。黑格尔指出：“艺术美是诉之于感觉、感情、知觉和想象的，我们在艺术美里所欣赏的正是创作和形象塑造的自由性。”黑格尔所提的“创作的自由”其实是与“接受的自由”相呼应的。对文学作品的“自由解读”，作者依然算是比较重要的一个角度，因此会有专门研究曹雪芹的人，用曹雪芹的身世来解读红楼梦。接受美学的观点则颠覆了作者中心论，因为当作者结束了创作之后，自己就也变成千万读者中的一员，只是此读者比其他读者更有发言权一些。因此研究《红楼梦》更应该从读者与当代的社会环境入手，从读者与红楼梦作品中的互动关系入手。随着技术工艺和自然科学发达所带来的生活变迁，艺术中哲学意识、抽象理解和下意识成分、因素都分外加重了，接受美学的日益渗透使得电视产品中单一意义指向的成分逐渐淡化，相反多义性的、开放性的，甚至无意义的作品开始出现，作品意义已经成为观众与作品之间互动的产物，而非作者的事情了。在电视艺术品工业化生产的背景下，对于市场化运作体系的西方电视来说，导演、编剧团队、制片人是谁都越发显得不重要了，工业模式的生产令所有的所谓“作者群”都对作品不辅以任何的解释作用。

“美不自美，因人而彰”（柳宗元），点破的就是审美的开放性和多义性，但审美开放和多义的前提是接受事物具备“作品资格”的基础。其实接受与创作是不可分离的，虽然接受美学的观点认为很多作品的意义来自读者，但是很烂的作品是不可能从作者那里得出甜美的读解的。所谓读解的多样性和自由性，是建立在作品具备一定素质的基础上的。优秀的视觉艺术作品不会把创作者的思想和创作理念生硬地强加给接受主体，而会用一些巧妙的技巧或一些辅助的艺术表现形式（如影视作品中运用叙事结构和悬念，而带来的听觉冲击和视觉冲击），利用它恰到好处的视觉选择给接受主体留下理性反思和历史沉思的空间，促使接受主体展开联想，引导接受主体思索它的舆论价值，并对其审美价值进行反思。

不论文学创作还是影视创作，受众都是社会化的人，都要受到社会文化经验和文化心理的影响。在对文学影视艺术接受之前或接受过程中，受众心理上形成的由以往接受经验所引发的期待指向，被称为接受经验中的期待视野。文学接受和影视接受的接受经验和期待视野不同。因为在人们的惯常认识中文学是感性的，却不止于感性，还有理性的负载。文学是语言的，是通过“读”的方式接受的。文学依靠语言塑造形象，以形象符号传情达意，能使那些难以言说的情绪、感受具象化。因此，真正有价值的影视作品应该是具有文学精神的，受众不仅期待感性需求的满足，而且期待理性需求的满足。理想化的影视艺术品可以融会理智与情感，展现人生和思想感情的复杂性，揭示社会生活的发展过程及人物心理世界的丰富和隐秘。20 世纪 80 年代的文学阅读曾经是高度私人化的，而那时的影视阅读则是被动的、群体性的。新媒体的出现颠覆了文学与影视的传统阅读习惯，网络中的文学创作和阅读都可以由多人协调互动完成，而网络传播中的电视受众也不再受频道平台的束缚与摆布。由于受众的个体差异和期待视野不同，一部分青年观众在潜意识中对电视艺术的接受动机已发生了变化，群体狂欢式消费更多被个体独处式的审美状态所替代，未来世界的影视欣赏将越来越不受时间约束，而更为选择化、私密化、主动化。

媒介融合时代，中西方电视艺术的观赏似乎没有像人们预计中那样完全趋于随意化、快餐化，相反观众对电视艺术的吹毛求疵却越发明显。人们越来越不满足于欣赏低劣的电视艺术，而希望在有限的休闲时间内可以身心愉悦并有所收获。许多国内的创作者还没有意识到电视资源已经由稀缺时代的群体狂欢审美特性转变为今天私密式、观影式的审美体验了。中式家庭中曾经的五人围坐看一台电视，变成了今天的三人看三台电视，外加“电脑、手机”的模式。群体式的电视欣赏更多诉诸受众之间对剧情的一种分享，观众的注意力却依然是零散的。而新媒体时代的观影效果，则使昔日分散的注意力集中在影视艺术本身了，这使得对电视精品艺术的要求提升到了电影的高度。

创作者不努力，接受者不可能有真正的理想化的审美读解。文学为主流的年代，人文关怀遂成为作家自觉的价值追求和神圣的社会职责。而读图时代，影视艺术的泛滥颠覆了文学至上的地位，但影视依然应该坚持扮演人类命运关注者和社会文明进步促进者的角色。电视是教会受众如何打发时间、消费生命中的缝隙，还是提升受众学会如何有效地利用时间提升综合素质，这完全取决于创作者的态度和作品的水平。与传统文学创作高度的个体性、独立性不同，电视艺术精品需要几十位专业化、细分化的制片人、导演、编剧、摄影、灯光、剪辑等重要工种，以及成百上千协同人员的通力合作，换句话说，电视的创作者是一个多元杂糅的群体。面对文学独创性的博大精深，复杂的影视创作主体如何解决自身的肤浅问题呢？美国电视的工业化制作模式提供了一条通路，即高投入、多工种、专业化。

作品即人品，电视人的人品事关民族文化文明的兴衰。综观全世界所有的民族与地区，优秀电视艺术的创作者无不以提升受众的审美趣味（美）、高扬人文精神（善）、传承民族文明文化（真）为己任。无论是虚构类还是非虚构类的创作，无论是对社会生活的题材把握和表现形式如何多样化，创作者们都具有共同的精神价值追求，即对生活的富有历史精神的肯定与否定、赞美与贬斥、同情与厌恶乃至于现实中的困惑及无奈。可见，优秀的电视作品不仅应展示出生活的丰富性和复杂性，更应将创作团队对世界与人类生存状态的终极关切和思索凝聚于丰富多彩的感性生活表象，透视出理性的智慧和形而上的哲理品格。

（二）接受者的审美状态

欣赏主体对作品的主动读解应该是积极的，否则艺术的审美价值便会难产。因为只有在欣赏过程或者说要经由审美接受的过程中，这种价值才能产生并最终体现出来。艺术作品的审美接受是一种接受主体精神上、情感上的认同和欣赏过程。在认同和欣赏的过程中，作为接受主体的受众并不是消极、被动地接受，而是积极、主动地对作品中的艺术形象这个审美客体进行审美创造活动，起着推动艺术创造的作用。在艺术的审美接受中，欣赏主体应尽可能根据自己的人生观、价值观、审美情感及态度观在已有审美经验的背景上突出彰显二度创作的品质。对所接受的艺术作品进行加工、补充和丰富，通过其更具创新的创造与构思、美感个人心理的主观直觉性和社会生活的客观功利性，三者互相对立又互相依存，不可分割地形成为美感的统一体。

审美接受也要具备相当的素养，审美接受的完成过程对作品的品质品格以及接受者的素质都是有基本要求的。对西方电视节目的欣赏需要较高的理解力和逻辑推理能力。即使是英语很好的美国人，完成对美剧或真人秀等作品的读解也不是一个简单的过程，观众需要认真、谨慎地洞察每一处信息点，否则信息点的遗漏将会产生读解偏差甚至误读。

首先，审美接受的多义性来源于创作的不确定性。贡布里希在他的杰作《艺术与幻觉》（又译《艺术与错觉》）中提出著名的“制作先于匹配，先创造后指称”的论断。每个人，哪怕是工业化创作出来的作品，也会与创作者脑中的内在意向有偏差。这种制作先于匹配的理论就好像堆雪人，“人们凭借心中的构想堆出头部、身子，最后再找来鼻子，成为一个所谓的‘雪人’，其实是没有任何标准的四不像，因为在作品成为成品之前，没有人可以将内在的意向标准凝固下来参考”[①]。

事实上，无论是雕塑艺术家还是电视艺术家都不可能完全复制某种思想，或者复制某个情节故事，而是先有兴趣去摆弄题材，在制作的过程中再为它匹配，赋之以意义。与“制作先于匹配”相关的还有“投射”的概念，这是指人们往往把自己已经熟悉的物象投射到他们观察的新对象身上的心理机制。

纪录片等非虚构艺术中创作的不确定性较容易理解，因为拍摄本身就是一次发现的过程。虚构类节目的创作缘何也不确定呢？因为即使是策划精良细致的电视剧，在创作之前本身也并没有所谓的衡量标准，多工种协同作战制作的作品也就不是唯一的目的所要的结果。创作目的或多或少（它在作品中体现为某种“意向”，并由最后的指称予以认定）是在创作过程之中逐渐明确和达成的。创作者的审美预约便存在于整个制作与匹配的过程。“作品”作为创作活动的终端只是提供了导引意义的“方向”，这意向与创作者和欣赏者在“沉思与狂欢”当中所体验的更丰厚的审美意味并不完全重合。因此，新批评派的“意图谬误”说在这方面有它合理的因素。

其次，欣赏者与创作者享受的未必是统一的审美体验。作者的“意”与接受者的“意”都是处于时间流程中的个人化经验，不可

① 杜书瀛主编：《文艺美学原理》，北京·社会科学文献出版社，1992 年版，第 149 页。

能全部重合。尽管读者已经设法在“作品”中完全建立起“作者”的世界，探求或还原他的“原意”（哪怕再通过他的自传或其他传记），读者还是可以拥有他的“作品”（哪怕它所引起的只是假象和幻象），并以此为起点开始属于读者的另一种假定性生命形态，读者和作者之间因作品而架起一座共享的桥梁。因此，电视艺术美学的评析者们可以暂时割舍那些历程而专门去探究作品本身的美学品质，包括其风格、形态和价值。“作品”值得挖掘的潜力就在这些层面上显现出来。

最重要的是，主体接受的先验性与作品的“空白点”，也为作品的读解留有无数空间。接受美学认为，任何接受主体都具有一种先在的心理图式结构，它是受众对外界事物进行评价的内部准备状态，是贮存于人脑中的潜在经验量，是具有约定性的有关艺术接受活动所涉及的接受环境、接受对象和接受方式等综合性心理反应机制。接受主体这种先在的准备状态将影响或决定继起的心理活动。一个人看到什么，既取决于他所看到的对象，也取决于先前先有的视觉—概念的经验引导，而且接受主体此时还会将自身的本质力量对象物化到客体之中，从而在获得某种审美创造愉悦的同时，获得审美的精神享受和情感享受。更值得一提的是，由无数欣赏主体（审美接受）共同体验并再次创造的艺术形象，比原创主体赋予艺术作品的内容在许多方面更深邃、更全面、更完美得多。例如，贝多芬的《第九交响曲》经历几个时代听众的读解，其意义已远远超出作者贝多芬提供给听众的范畴，并变得愈加宽泛和深远。鲁迅先生评《红楼梦》说：“经学家看见易，道学家看见淫，才子佳人看见缠绵，革命家看见排满。”同理，一部《学徒》，经济学家看见商机，管理学家和经理看见团队建设和文化精神，普通百姓则窥视隐私，分享选手们成败的喜怒哀乐和命运感，企业家看见一次媒体与商业结合互动宣传的最佳案例……而电视人则将其当作电视策划和电视节目工业化制作的经典作品。在艺术作品的审美接受中，随着接受者的不同，会出现不同程度的未知性。即，具有“召唤性结构”的“空白点”。

然而，这些“召唤性结构”显示出的“空白点”需要理解，读解与日常生活的差异，而国人欣赏美剧中对文化差异的理解要更多。

文学之妙在于读解的空间，因为文学的语言具有特殊性，所谓具有蕴藉的特征。蕴藉是指文学语言蕴蓄深厚、余味深长的特性。这使得语言与意义之间留有空白和距离。文学语言总是突出多义性、模糊性和不确定性，避免语言的浅显直白。叶燮在《原诗·内篇》说：“诗之至处，妙在含蓄无垠，思致微妙，其寄托在可言不可言之间，其指归在可解不可解之会，言在此而意在彼，泯端倪而离形象，绝议论而穷思维，引人于冥漠恍惚之境，所以为至也。”因此，尽管每一部文学作品总是包含着一定的意义，但其意义隐含在语言形象之中，因不同人的读解而产生差异。影视也可以创造出空白和空间令人去想象，除了纪录片较容易理解的开放性以外，美剧和真人秀节目在每集和每季的结尾处都会留有开放性的结局，目的就是创造空间感，让审美能够延续。

接受美学双璧之一的伊瑟尔认为，“文学作品有许多空白与未定的余地，促使读者参与对作品形象的再创造，也激励着读者去寻找作品的意义”。作品空间的空白为主体更加深刻地解读生活、宣泄情感、把握生活留有比原作更宽泛的空间。当接受者带着自己的人生沧桑、生活体验、审美理念等感受作品时，殊不知这不仅填充了作品中的空白，而且会令作品的共有性、自由性更强。美剧创作的“主题化倾向”就是在用自述的形式为观众寻找作品意义的“空白点”。《实习医生格蕾》和《绝望的主妇》均从“界限”“隐私”“秘密”“游戏”等人文和哲学概念入手，用自我叙述的专题化形式首尾呼应。在不影响剧情正常推进的同时，为当集开放性的结局留下“想象、丰富和补充的余地”。这种富于哲理的主题化叙述方式，使每位读者习惯于在结尾处意犹未尽，因为这种意义的想象与补充更多是结合自我经验的审视。此时的作品已不再是独立的、独属的，而是相对为“他”（审美接受者）的。作品成了“他”的作品，作品的艺术世界成为“他”的世界，同时“他”的生命意义也在作品中得到了不同程度的投射和揭示。这时的艺术作品已成为主体更深刻地解读人生、表达情感并具有更强生命力的艺术载体。

对于作品的多义性，西方电视艺术中有许多生动鲜活的案例。以肥皂剧为例，如果从性别（Gender）研究角度切入，会发现性别差异对电视剧意义理解的差异。两部间隔20年之久的《豪门恩怨》与《欲望城市》超过70%的收看者均为女性。有趣的是这些女性题材肥皂剧目拥有相当数量的男性观众，这些男性关注的焦点似乎也背离了肥皂剧的中心剧情，他们更多关注的是《豪门恩怨》中的“商战”、富豪家庭的男性权利和富足的生活方式，许多男性欣赏者热衷于关注《欲望城市》里混乱的男女关系、露骨的“色情”对白甚至少量的情色三级镜头——而这些关注恰恰背离了女权主义肥皂剧的真正主题和社会意义。正因为男女观众的想象极为迥异和复杂，不为概念性的认识所规范，所以理解才多义而宽泛。想象又常常与情感、欲望等本能相联系，受后者支配，具有无意识的意向性。这就好像《越狱》这一男性题材电视剧吸引了近一半的女性美剧迷，而她们关注的显然不完全是扑朔迷离的剧情，而是聚焦在扮演弟弟的演员温特沃斯·米勒那俊朗帅气的外表上。

性别分析（Gender Analysis）是作品多义性一个最显著的体现。即使是同性别中，不同阶层看电视剧的反应也不尽相同。媒体消费主义观点认为，女性观众喜爱类似《豪门恩怨》和《欲望城市》一类的肥皂剧目，就是为了获取愉悦。愉悦来源于妇女观众对剧中人物日常生活细节的认同。然而审美“愉悦”的内涵却又是多义的，特别是以女权主义的观点去审视时，会发现每个阶层（class）人的审美“愉悦”点均是不同的。受众在潜意识中总会期待与过去的经验、习惯同时也与未来的希望、意愿相连。它实际也是一种想象，想象把某些经验的（或体验）的东西提出来进行回忆、联想、类比、期待，把脑中一些模模糊糊的东西明确下来，想象是既与个别事物有关联又是主动支配性的具有综合统一性能的感性活动。就像《奋斗》能够唤起北京青年熟悉的场景和记忆一样，许多女性对《欲望城市》

中的愉悦点来自熟悉的纽约曼哈顿街景，一些女性的愉悦来自仰慕纸醉金迷生活中无数的购物与聚会、美酒与咖啡。审美愉悦更多表现为一种心理同形同构的共鸣，这来源于女性观众对剧中角色情感经历与生活经验的理解。当代社会离婚率的逐年上升和单身女性群体阶层的形成都为这一理解提供了很好的受众基础。面对《豪门恩怨》中女性的悲惨遭遇和《欲望城市》中的放荡不羁，越来越多的都市女性已经可以把“愉悦”建立在与剧中人物类似的遭遇上了。

多义性带来的愉悦更可以建立在观后的群体话题中。肥皂剧中另一种审美愉悦的多义性似乎是建立在他人痛苦之上的。社会学调查显示，妇女习惯把自己的痛苦与苦难视为个人的不幸，但若在同伴中互诉苦楚与凄凉，这些痛苦与苦难就可能落入一种模式，虽有不同却折射出妇女生活的共同特征。这样，妇女就会认识到个人的不幸绝不仅仅是个人的问题了，而可能是社会问题，因而也是政治问题。因此，“增强意识”实为女权主义者将批评直接挂钩于政治的表现。其实，欣赏肥皂剧的女性很大一部分还是家庭主妇或者中年女性，对于这些人来说，欣赏《豪门恩怨》与《欲望城市》的愉悦在于，目睹剧情中高层次社会群体的情感与矛盾纠葛，了解上流社会与中产阶级的礼仪限制、情欲放纵。正如一位美国普通中年女性说的那样，“幸好我们不是那样的家庭和做人方式，我可是不会像她们那样”。仅仅两部女权题材的肥皂剧便可以轻易拥有如此丰富多彩的理解，这些理解彼此交融、互为因果，形成了今天电视艺术审美接受的多义性。

作品的开放性往往与多义性如影随形。西方电视节目中，受众对开放性结局的等待和对未来的不确定性是美剧保持恒久魅力的核心。《越狱》第二季的末集中，斯科菲尔德终于成功地救出哥哥，并为其洗清罪名，而自己却被关入了地狱般的巴拿马死刑犯监狱受尽折磨，而两位仇人，曾经叱咤风云、带有吸毒史和神经质的天才FBI 特工马宏，以及曾经盘剥犯人的狱警白瑞克却也因遭到诬陷而与弟弟一同被关进监狱。片尾中，曾经被判死刑的哥哥在狱外百感交集，本是营救者的弟弟却在狱中惊恐万分。狱里狱外的双方姿态对调，成为一种开放性的轮回。

《越狱》的粉丝中，很多人的观后感是："弟弟斯科菲尔德为营救哥哥机关算尽，却发现原来人生的监狱是一个循环的轮回，无论如何挣脱总是会陷入新的矛盾与问题中。人性的监狱是没有穷尽的，当人逃出了一个监狱后就会发现自己原来又进入了另一个监狱。人性的越狱好像围城一样是永无止境的，当你越出一个囚困你许久的监狱时，或许正好进入了另一张网，另一个监狱。"如此富于哲学精神的解读，或许《越狱》的制作者也未曾想过。作品的意味往往就存在于这种开放性中，存在于想象、思索与盼望中，对人类、主角命运的未知性，才成为艺术品无穷的魅力。

开放性结局的审美接受方式并非西方独创，在中国是早有先例的，这便是诉诸听觉的评书艺术。对开放性的适应有一个复杂而漫长的过程，中国有超过 2 亿的评书爱好者，而每每最初爱上评书的人却很难接受章回体的叙述方式，因为评书的审美接受中仅有最后一回可以得知结局。第二天漫长的等待，让人想探知谜底的审美心理无法接受，甚至会有投诉电台、埋怨说书者的急躁情绪的听众出现。然而，长时间的评书欣赏，让众多爱好者培养了耐性，人们渐渐习惯于从章回体故事的体味中欣赏悬念，并逐渐形成一种坦然面对开放性结局的审美心态。国产电视连续剧的发展便是基于这种审美接受心理的定式。当然，中国观众对于开放性结局的接受需要时间。以电影为例，2007 年的《集结号》和《投名状》广受好评，原因便是用传统的封闭式的故事结构叙事。相反，《夜宴》最后的"飞刀"却受到很多批评，陶东风教授的分析是"我们没有形成看开放性故事的那种习惯"。

一些学术研究总是力图通过权威对艺术作品的审美判断做硬性规定，这是一种对意义的极权约束。这种方式用所谓的"历史的必然性"扼杀了历史的开放和审美的多样性，更诋毁了艺术接受的民主化趋势。所以，"成功的艺术作品不仅具有历史性，同时也具有开放性！它随着时代，随着读者观众而不断更新，不断展示出它的新的意味。这种历史性和开放性恰好是同一的，艺术意义的联系性正在于它们是心理本体的不断创造和丰富，从而它才不是主观的，也不是经验的，而具有整体生活的和总体历史的本体性质”[①]。

四、感性思维与理性思维：电视审美接受的思维模式

直觉求美、概念求真、经济求利、道德求善，这是哲学角度四种把握世界的方式。登泰山赏日出，是审美的愉快；品尝美食，感到痛快，是生理的愉快；为地震灾区捐款而使精神感到满足，这是道德愉快；攻下一个难题感到兴奋，这是求知的愉快。电视的特色则是杂糅种种价值判断，自成体系。因此，电视的审美体验是生理、审美、道德、求知四者的融合。这四种体验又都归于感性思维与理性思维统辖。

电视的审美接受首先诉诸直觉。直觉带来的审美愉快并不是一种被动的产物，它不同于吃食物的生理愉快，而是人们主动进行的心理活动，有如人们主动进行逻辑判断一样。所以康德认为，愉快在先还是判断在先，是美感与快感区别的关键。也就是说由愉快而判断对象为美是生理快感，只有由人的各种心理功能和谐运动而生愉快，才为美感。直觉可以不依赖于其他任何一种心灵活动，直觉就是感性抒情的表现，意大利哲学家克罗齐的直觉说将直觉直接等同于美和艺术，“直觉就是抒情的表现，直觉就是美，就是艺术，艺术的创造和欣赏之间并没有本质的区别”。克罗齐把心灵活动分为认识活动和实践活动。认识活动从直觉开始，到概念中止，实践活动从经济始，到道德止。直觉、概念、经济、道德，这四种心灵活动囊括了一切心灵活动。审美直觉是有别于逻辑活动的知识形式，直觉产生个别意向，正反价值为美与丑。克罗齐说：“知识有两种形式，不是直觉的，就是逻辑的。不是从想象得到的，就是从理智得到的。

① 李泽厚：《美学四讲》，北京·生活·读书·新知三联书店，2004年版，第203页。

不是关于个体的，就是关于共相的，不是关于诸个别的事物，就是关于它们中间关系的。总之，知识所产生的不是意象就是概念。”

理性思维在认识过程中借助于概念、判断、推理等思维形式能动地反映客观现实的理性认识过程，是对规律的认识与分析。只有经过理性思维，人们才能达到对具体对象本质规律的把握，进而认识客观世界。逻辑思维是人脑对客观事物间接概括的反映，它凭借科学的抽象揭示事物的本质，具有自觉性、过程性、间接性和必然性的特点。理性思维的重要表现是逻辑推理，其基本形式是概念、判断、推理。 电视艺术的接受不会像科学研究一样上升到一个一般的结论层面，但必要的归纳、演绎、分析和综合会在观众脑中自由得出。尽管不同时代、不同艺术对于审美接受的衡量标准处于流变状态，但理性始终是跳出感性之外的一种自觉和清醒。过度的感性享受，人容易沦为电视感官的奴隶而不去思考。为什么对性和暴力更为开放的西方世界，学术界也在反对低俗化，西方学者不断提出：电视在泯灭人的智慧磨平人的情感的锐度。看过的电视剧和选秀，有多少能够留下回味和深思。浮躁、无知、愚昧——这些都是电视过度的感性所带来的后果。

审美感受不是某种单一的或单纯的感知反应而已，是一种积极的心理活动过程，其中包括了直觉、感知、想象、理解、情感多种因素的交错融合，不论形式多么多样，艺术审美中必然包含感性与理性两种思维。审美中的感性与理性因素是艺术接受中永恒的命题。即使是同一门类的艺术，不同创作者、派别和作品也给人以不同的美感，有的偏于理智领会，有的偏于情绪感染，有的给主体以神秘。同一类型的作品也不只是给你形式，有的内容很突出，有的具体的情感性很强，有的理解性也很强，各种艺术所调动的情感、想象、理解、感知的情况不一样，有的甚至哲理性很强，因之审美感受便不一样。

中国传统美学的主要优势和特点，不是体现在对美的本质做思辨的、逻辑的推论，而是体现在对审美和艺术的经验做直感的、具体的描述，而电视偏偏又是最为直接、直观感性的艺术门类，因此研究电视艺术美学也不应离开中国传统美学的研究方法和思维方式。西方美学和中国美学传统的结合与融会，主要不是表现在美的哲学分析上，而正是表现在本章所涉及的审美心理和艺术经验（包括创作、欣赏和批评）的科学研究上。

（一）感性思维

电视审美接受中感性思维的表现往往是耳目等感观体验的表现。感官接受与理性接受的最大不同便在于其需要休息和变异，它要求新鲜活泼的刺激，才能获有继续生存、活动的生命力。当初的《快乐大本营》《超级女声》等平民秀节目在首创时火热，而当制作模式被其他台复制化地过度滥用后，必然迎来衰退。只有新鲜的刺激使感知得到延长，从而使知觉专注于想象，不至于因“习以为常”而“视而不见”，才能不断地得到满足。正如音乐电视（MV）时刚时柔、流派众多、此起彼伏，人物、情节与非线性编辑方式的无限组合，给MV这种感性创作带来无限的新鲜感，流行亦以此故。正因为艺术和审美需要变异，一些美学家曾认为“美在新奇”，主张艺术家要善于发现，选择新的角度、途径、方法、形式，去创造新的艺术风格。一部艺术史实际便是风格史，而所谓风格史，也即耳目感受的流动变迁史。

影视是感官的，审美的接受更是不回避感官享受——美剧中的香车美女、暴力枪战，真人秀中的奇异景观和惊世骇俗的游戏规则都是刺激感官享受的。但是这种享受与理性的接受和逻辑中的沉思并不矛盾。一些从事艺术实践创造的工作者很容易陷入所谓的纯感性经验思考中去，中国电视的特点是过于诉诸感性，而作品的内容缺乏必要的推论和理性辩证思维，这与中国传统中的长期以道德伦理来判断作品好坏不无关系。长期以来，人们为了保持精英艺术的批判性与颠覆功能，总耻于谈论享受和快感，因为那会让人觉得仅仅是为了满足感性消费和低级趣味的需要。所以，在纯而高尚的审美领域中，享受和快感成了一种禁忌。人们显然忘记了“享受”一词在西方古典美学中所具有的积极意义。在德国古典主义中，“享受”这个词具有崇高的地位，比如在17世纪的宗教歌曲里，“享受”与“上帝”的含义很相似，信仰者的享受来自他相信上帝与他同在。歌德在《浮士德》中也提到过“享受”这一概念，他认为这个词涵盖包括最高的求知欲望在内的所有经验的层次，如对生的享受、行为的享受、意识的享受，一直到对创造的享受。就连阿多诺也清楚地认识到禁欲主义的局限性，他觉得如果把快感的最后一点痕迹都抹干净，那就很难回答为什么这个世界还需要艺术作品了。所以说，无论是在历史理论中还是在现实中，“享受”都有很多积极的意义，尤其在当今这个追求感性、享受快乐的时代，应该正视当代人享乐式审美经验扩张所营造的审美接受新空间。

审美接受中感性思维研究的一个禁忌区域是“性”。无论是学界还是业界，中国人谈性“色”变，但“性因素”却始终是审美接受，特别是电视审美接受中不可避免的一个风向标。虽然对于审美体验的生物性衡量迄今无法量化，但审美体验诉诸直觉和生物性，必然无法回避感官享受。正如人们在观赏《色戒》时，难以分辨那诱惑的元素到底是来自于肉体快感还是美感，或两者的融合；审美是无法去剔除混合快感中的肉体快感部分的，因为两者是如此水乳交融、不可分割。

性在审美中不可避免，美国自然主义哲学家桑塔耶纳突出强调性在审美中的作用，他认为审美的敏感来源于性机能的轻度兴奋。如果幻想制造一个对美极其敏感的生灵，你再也想不出比性更加适合这个目的的工具了。“一个对异性缺乏激情的人，很难想象他对审美对象能够敏感。”正是在性的驱使下，人们对美怀着一种深刻的精神之爱，从而发现美。生物学观点是桑塔耶纳建立自己的自然主义美学的锐利武器，“美感主要来自视觉机能和听觉机能”。桑塔耶纳的预言在今天似乎正迎来视觉刺激的现实印证——来自人类自身的生物性特点的展示会影响收视。性与暴力便是美国电视文化中毫无避忌的两大元素。2007 年推出的体验类真人秀《美国角斗士》中，选手们面对的是真人之间的暴力搏斗；《一掷千金》（*Deal or no deal*）中，高额的奖金和 25 名着装裸露、迷人的模特成为吸引接受者生物性特征的卖点；在观众近乎疯狂的呐喊与咆哮中，肉体暴力的快感和身体美感将人的生物特性彰显得淋漓尽致。

审美愉快包含不包含人的生理欲望或原始本能性的心理满足？尽管弗洛伊德过分夸张了性欲，但包括性欲在内的人有许多生理本能在审美中是起作用的。人是动物性的感性存在，某种本能性的欲望、意向、要求、期待，必然在审美中有所表现。虽然笔者不赞成把审美或艺术定义为“欲望在想象中满足”，但在审美或艺术中确有这种“性因素”存在。一些节目策划了许久，却发现调换一个外表漂亮主持人的影响甚至会超过上上下下所有人的改版努力。为什么漂亮、性感的明星、女播音员、女主持人，甚至电台女性声音味道十足的女播音员都可以获得高度收视或收听率？审美中的性因素是一个不可回避的事实。

但桑塔耶纳又强调审美快感并不等同于肉体的快感，生理快感是一种比较粗劣的快感，审美快感则是一种比较优雅的快感。美感可以超脱肉体关系，是一种自由自在、赏心悦目的感觉。看来，过于诉诸生物性的电视节目并不是长久之计，当人在一次过程的体验下不留任何回味之时，快感则“沉湎于肉体之中，局限于感官之内，就使我们感到一种粗陋和自私的色调了”。除此之外，审美接受的良好到达还依赖于人体机能的健康。桑塔耶纳认为“人体是一部机器，审美不过是这部机器各部件的有机协调”，人体机能的病态会削弱主体的向内观照能力。没有健康就不可能有纯粹的快感，在一个病魔缠身的人眼里，一切美的事物都会大打折扣——包括有心理疾病的人。因此，评判一个节目的好坏标准，有时候会受到人体心理生理机能的影响，比如在好的心情和忧郁郁闷的状态下打开电视，会有迥异的收视效果。

当谈到电视艺术中的理性与感性时，人们通常孤立地看待两者，认为理性是哲学家和科学家的思考方式，不利于电视艺术的表达，而感性思维是电视艺术特有的，是真正的艺术思考方式。科学的思维方式和所谓的纯艺术思维方式之间的矛盾纠葛一直是认识电视美学接受的难点之一。电视的审美接受始于感性认识，但精品电视艺术一定会上升到理性层面。传统的宣教片、科教片之所以晦涩乏味，甚至令人生厌，就是因为缺少了故事和娱乐化手段作为感性接受的外包装。电视审美接受中的感性认识是理性认识的基础，而理性认识则是感性认识的升华。《探索发现》《国家地理》等反映理性内容的节目，需使用感性的外套方可达到理想化的审美接受状态，使受众最大化。感性认识与理性认识是不可分离的，理性认识是感性认识上升的高级阶段，但只有通过感性的引导，理性才可能发挥力量。

国内电视感性为主导的娱乐化、平民化的节目较为火热，是娱乐民主化和审美狂欢形态自身发展的需求。但笔者相信国内电视圈的喧嚣与浮躁仅仅是一个暂时现象，作品借助数字技术的包装和故事化的感性外壳，日益受到普通观众的好评，最终传播的是具有深刻理性内涵的人文与历史知识。电视如果仅仅能提供这些感性内容，必将在新媒体的冲击中拆解自己甚至消亡。电视的精品战略必然在光鲜亮丽的感性基础上拥有理性的提升，只有这条途径才是挽救电视生态环境的救命稻草。未来，纯感性娱乐的节目必定会让出更多的空间，为审美接受的理性升华做好准备。

（二）逻辑思维

一些大众文化的论著，为了达到对影视的批判效果，便批评“影视的影像是顺从人本性的，是低俗、庸俗的，更是对受众接受没有任何要求的，是能够无限度地收容被文字排斥的文化‘难民’的；而且影视的接受也不需要对典故、韵律、传统惯例等有任何先前的理解，不需要先期的知识积累”。这些评论的对象对于庸俗的电视垃圾来说，有一定的道理，但真正对电视精品的观赏和解读，需要敏捷的思维和较强的理解能力。

电视审美接受中的感性思维并不直接联系过渡到逻辑理性，而是先停留在对象的形式结构本身，从而充分感受线条、形状、色彩、声音、时间、空间、节奏、韵律、变化、平衡、统一、和谐或不和谐等等形式，让感觉本身在充分地享受对象形式方面的这些东西的基础上，将概念、判断、推理等心理因素自觉或不自觉地投入其中。这个过程看似复杂，其实感性思维与理性思维两者之间的转化是兼容的、无形的。当接受者触碰到某个具体鲜活的对象之时，其注意力往往会混淆于感性与理性之间，并遵循一个先感性再理性的原则。受众对美国“探索发现”的刑事侦缉学系列和《犯罪现场调查》的欣赏便是案例。破案的刑侦人员运用各种高科技手段搜集罪犯留下的手印、足迹等，观众乐此不疲地跟随案情推进，但无意中渐渐脱离了或至少不仅仅有感性思维而进入科学认知领域——理性的逻辑的思维方式。

但凡优秀的西方电视节目，都可以共同拥有审美判断和理性认知判断。在生动鲜活的感性外表下，精品电视艺术一定会有逻辑和理性的内涵。那些拿到艾美奖的高收视率的节目，大多是能够上升到理性层面的，这种上升有若干种形式，较为明显的表现有对人性的反思、逻辑思维的训练和知识的增加。美剧中理性思维的集大成者为《犯罪现场调查》。这部将爱情、友情都近乎置于真空的电视剧，将全部的编剧力量投入到纯理性的法医学侦破工作的观察与思考中。理性是人的认识的高级阶段，即理性认识阶段。同形象思维不同，它以抽象为特征，通过对感性材料的分析思考，撇开事物的具体形象和个别属性，揭示出物质的本质特征，形成概念并运用概念进行判断和推理来概括地、间接地反映现实。在案件破获这种“社会实践”与“科学实践”中，医学破案是逻辑思维形成和发展的基础，而社会实践与科学实践的需要——缉拿凶手、惩恶扬善的需要——反过来也确定了逻辑思维的任务和方向。这些实践的发展与逻辑思维互为因果，共同促进科技的逐步深化和发展。《犯罪现场调查》

的精神便是，一切皆因果，一切皆可以通过线索的推理得出逻辑的结论。甚至“一只案发现场蚊子体内的血样也可以提取到作案人的DNA”。一些《犯罪现场调查》迷在网络中评价：“看了几季《犯罪现场调查》以后，对科学的力量深信不疑，并开始乐于去观察思索身边的现象。”

《越狱》更是展示了西方人性中的理性图景。中国观众可以发现中西方文化在判断和道德形态上的差异。《越狱》中崇尚一种西方式的理性至上、感性附庸，逻辑为尊、情感次之的利己主义意识形态。编剧构建剧本情节主线走的是“理智路线”，越狱中的价值观弘扬了畸形的亲情至上原则，同时对友情爱情的真实性与永恒性进行颠覆。在《越狱》中，达到自身目的、实现利益索取成为所有角色追求的终极目标——“友情”是打通各种利益的关节，“爱情”则仅仅是成功之路的催化剂。在“沉思与狂欢”两种审美智慧形态中，《越狱》选择了沉思，通过主人公的大胆假设和冷静执行将亲情与爱情、善良与罪恶 、道德与法制等层面的诸多矛盾深度剖析，揭露了美国社会崇尚个人英雄主义和重团队精神的价值观以及互相利用、弱肉强食、成王败寇的美国式竞争社会的“达尔文法则”。

表面上看《越狱》故事严重偏离日常生活法则，但因其闪烁着理性和逻辑的光辉而令人可信。比如，理性思维的力量使《越狱》中饱含了对人类社会群体中“团结”意义的本质挖掘。“我们是拴在一根绳上的蚂蚱”这句台词在《越狱》中出现了无数次——积势成就个人，主人公从人见人欺的“菜鸟”，坚毅执着、克服挫折、积累人脉，对于一切值得团结的人晓之以理、喻之以利，编织成包括室友、狱霸、狱长、狱警、狱医，甚至狱外黑白势力在内的一张关系网。理性利益组成了“团结”的基础，而一旦这个潜在的利益受到破坏，团结就会受到威胁，当团结在一起的集体中缺乏自己的利益份额的时候，对团结的“背叛”便会随之出现。正是理性思维中的这种逻辑，为《越狱》这个脱离现实的题材寻找到了人类社会生存的空间和法则作为现实的依据，使观众在观影的境界中对剧中展现的一切都深信不疑。

《越狱》的火热现象与感性不可分离，但归根结底是升华到理性思维的力量使然。“越狱”环节的策划、实施本身就是一堂生动的理性思维训练课，编剧们必须对所谓的结构力学有所了解，观众才可以跟随着弟弟“斯科菲尔德”背后的编剧团队学习建筑知识和逻辑推理能力。其他罪案类如《法律与秩序》《学徒》《幸存者》等美剧，或偏重人性的反思，或偏重逻辑思维的训练，或直接给予知识的增加，都给受众以理性的思考，前文多有论述，此不重叙。

《实习医生格蕾》在编剧创作中就需要对理性知识全面掌握，从日常医疗的常识到疑难杂症的处理，都有庞大的医疗策划和顾问团队，从而使医学与戏剧化矛盾冲突的结合更为合理。这都直接影响到了观众在审美接受中的理性思维。这个贴近日常琐碎生活的剧目，居然依靠并不高的成本和一些二三流的演员，赚取了 2000 多万的观众和艾美奖，其中的理性因素也起到了至关重要的作用。“主题式”剧情设置方式，使《实习医生格蕾》融合了专题片的哲理性思考；医疗公共背景的选题，使其涉及美国各阶层形形色色人种的喜怒哀乐，融会了对人性的反思；医疗剧题材自身又包含了对人体健康、医疗常识的普及，快节奏的医疗生活夹杂以人际关系的剧烈变动，这些因素共同作用使情节环环相扣，令人目不暇接，无形中增强了人的逻辑思维能力。

电视艺术的理性审美接受需要沉思与虚静等理性心境的适度帮助，因为接受心境是影响接受效果的情绪状态。文学接受的最佳接受心境是平和清静的虚静状态，过分兴奋或伤心都不利于接受。面对作品，只有摆脱凡俗事务的干扰，全神贯注，凝心静思，才能真正体会作品的内蕴。道家美学是建立在自然之道基础上的，以真与美的一致为最高的审美理想和艺术追求。庄子提出“法天贵真”——这种自然主义的审美观在几千年后演变成为纪实主义纪录片运用的规则：自然淳朴、真实情感、存真去伪。老子追求一种形神合一、凝神静气、虚静无为的精神状态。庄子认为“夫虚静恬淡寂漠无为者，天地之平，而道德之至”，“虚静恬淡，寂漠无为”是万物之本，似乎是生命底蕴的本源状态，同时也是美之本。通过心斋和坐忘才能达到虚静，而“虚静”是审美体验的极境，因而也就是审美创造的前提。只有虚静其怀，才能观美（审美欣赏）。庄子认为只有经过“心斋”“坐忘”“表我”“虚己”等形式的内心深刻体验，才能最终体悟道的本源，这是对以体验的方式去把握道的主体之心灵做了更为明确而具体的规定。“虚静”之于艺术体验的重要性还表现在它与“深思”的关系上。艺术创造依靠神思，而神思又时常在虚静中方可求得。

传统的影视接受理论认为电视的审美接受是偏重感性的，对受众的接受心境几乎没有要求，不需要凝神静想，只要眼睛追随不断变换的画面，就可以轻而易举地介入到影像展现的故事中，不论高兴、悲伤还是平静，几乎不会影响受众对影像的迅速接受。西方电视节目的火热和全球化借鉴颠覆了这个认同时间并不算长的共识。如今的西方电视对审美接受有一种高层次、高素质的要求，接受者的心境和人格，往往与其作品有千丝万缕的联系。即使在没有语言障碍的情形下，文化层次、审美经验、逻辑理解力都是审美接受顺利传达的基础。更重要的是，即便高素质的受众，如果缺少了虚静专注、沉思推理的接受心境，依然是无法欣赏美式节目中的高压缩信息量、快节奏时空变换的，一些受众甚至会由于无法跟上悬念设置的速率而不知所云。

五、理论追溯与现实反思：电视审美体验的形式问题

形式主义美学是贯穿整个西方美学史的一种理论倾向。就主导倾向而论，西方美学始终是重形式的。它认为：“就视觉艺术而言，形式就是指由线条和色彩以某种特定方式排列组合起来的关系或形式。”贝尔的“有意味的形式”还徘徊于形而上学的经验论之间，

他的美学具有折中的性质，罗杰·弗莱则自觉地以经验主义为思想基础，“有意味的形式是艺术的一个不以时代的变化而改变的永恒美的特征，可以为不同时期、不同文化的观赏者所识别和喜爱。欣赏艺术无须求助于现实生活内容和日常生活感情，艺术不是激发寻常感情的工具，它把人们从现实世界带向神秘的世界，使人进入一种陶醉状态，这才是真正的审美感情”。

英国著名文艺理论家瑞恰慈、美国著名哲学家杜威认为：“所谓审美感受，审美感情，不过是日常生活中的某种体验，感情的某种方式，和恰到好处的协调、综合、均衡、中和，中和的感情越多、越丰富、越恰到好处，就越能形成审美感受，得到越多的美感。”[①]用这种理论解释，电视的制作水平便是考察电视人对日常生活体验感知的综合组织与协调均衡能力，即所谓的“电视化能力”。

一种相反的意见是克莱夫·贝尔和罗杰·弗莱所持的审美感情说，认为有一种特殊的审美感情，是对对象的形式——色彩、线条、音响——所谓有意味的形式的反应。只有在这种纯形式的欣赏中，才能获得审美感情，其他涉及内容的情感、感受或认识都不能算作审美。审美感情与日常经验、感受没有关系，它只是对象“有意味的形式”所引起的特殊心理的对应感受而已。这种情况在传统艺术中也很普遍，不但书法、陶器、雕塑、绘画等造型艺术，就是以概念为基本材料的文学，也符合这一说法。这两种意见颇不相同，甚至对立，但都有一定道理。前者显然更适用于各再现艺术部类，后者则更与表现艺术合拍。但前者没看到美感作为积淀成果，与一般日常检验确有不同之处，它是人类新感性的高级产物，的确存在那种能欣赏纯形式的审美感受，后者却始终讲不清究竟是什么“有意味”，人为什么会有这种“纯粹”。有时在艺术的欣赏中似乎看不到形式，得到的美感似乎就是一种非常接近于日常道德、宗教、政治的情感、态度和认识，直接感到心灵得到了洗涤、净化或认识，以至于痛哭流涕或喜欢至极，有时又似乎看不到内容，得到的美感似乎是一种

---

① 李泽厚，《美学四讲》，天津社会科学院出版社，2001 年版，第 93 页。

独特的毫无认识、功利、伦理、宗教等实用内容的纯粹的愉快。前者如看某些小说、戏剧、电影，当然也包括电视，后者如欣赏某些建筑、书法、工艺品，实际上这两个方面都是存在的，只是在不同的对象中有各种不同的组织、配置的结构罢了。

不仅传统艺术，电视艺术中也蕴含形式美的一般规律及特征。如对称、均衡、比例、和谐、节奏、韵律，表面上看没有成因，但确实是从人类的实践中抽离而成的。这些形式就会成为吸引人的元素。各类电视节目按照人的心理结构均会对人心产生特殊的作用。悬念的审美体验，就是在内容不变的基础上由编辑形式、叙事形式的多样化形成的审美期待，即由疑问产生时的沉思到发现悬念后的狂欢。试想将来如果能用比例的理论把人的心理结构以精确的形式表述出来，针对电视各类形态节目的物化过程研究电视创作形式中不同配置所产生的不同心理效果，探测不同比例心理功能的配合，将是电视审美心理学目前大有可为的事情。

对电视审美的体验也可以解释为一种对形式的判断。宏观层面，电视区别于电影、音乐、舞蹈、绘画、雕塑等其他艺术形式，用一种独有的电子信息传播载体呈现形式感；将宏观层面的电视形式细分之后，新闻、电视剧、纪录片、真人秀、综艺节目等彼此的创作形式又有很大区分；继续细分之后，电视的画面、声音、用光、剪辑、特技、包装、合成等等又成为更为微观层面上的形式。

有意味的形式似乎就是一切视觉艺术的共同性质。这里所说的意味不是寻常的意味，而是一种“终极现实的东西”。因而“有意味的形式”也不是具体的形象，只是抽象的形式，“艺术家能够用线条、色彩的各种组合来表达自己对这一‘现实’的感受，而这种现实恰恰是通过线、色揭示出来的”。就是不把风景看作田野和农舍，而设法把风景看成各种各样交织在一起的线条、色彩的纯形式的组合。所以，欣赏艺术品无须带着生活中的东西，也无须有关的生活观念和事物知识，“只须带有形式感、色彩感和三度空间感的知识就够了”。[①]

① 蒋来用，《美学的故事》，北京·国际文化出版公司，2007 年版，第 292 页。

贝尔所说的审美感情理论似乎与电视目前强调的社会美、生活美的情况不同。不是生活感情，而是对终极实在的感情，那凝视着艺术品的鉴赏家都正处身于艺术本身具有的强烈特殊意义的世界里，这个意义与生活毫不相干。这个世界里没有生活感情的位置。它是个充满着自身感情的世界。审美情感，是形式主义的一个重要范畴，它是相应于纯粹形式的情感，具有超功利性、独立自主性与对象的纯形式性。只有将对象视为纯粹的形式，即以其自身为目的时，它才能感受到审美情感。

20 世纪形式主义多侧重操作性、技术性的精雕细琢，而对于形而上学的理性思辨缺乏应有的兴趣。形式概念本身是一个哲学概念，从毕达哥拉斯学派的“数理形式”到柏拉图的“理式”，再到亚里士多德的“质料与形式”，以及康德的“先验形式”和黑格尔的“内容与形式”等，无不派生于他们的哲学体系，建立在坚实的哲学根基之上。形式美学就是对形式的美学研究，或者说是从美学的角度研究文学艺术的形式问题。“形式美学”不仅不回避操作性和技术性的“形而下”问题，而且将“形而下”作为最直接的对象，但它并不拘泥于和局限在“形而下”的层面，而是将古典美学的思辨传统与现代美学的实证方法融为一体，重在哲学层面全方位地考察形式的美学意蕴。

形式主义美学是一种强调美在线条、形体、色彩、声音、文字等组合关系中或艺术作品结构中的美学观。与美学中强调美在于模仿或逼真再现自然物体之形态的自然主义相对立，在美剧《越狱》中，监狱的网状线条、栏杆、铁丝网，这些电视产业环节中的舞美形式，对于营造阴森、崇高的气氛，不能不说起到了渲染作用。形式主义美学有着深远的历史渊源。古希腊毕达哥拉斯学派就曾试图从几何关系中寻找美。康德则明确指出：“在所有美的艺术中，最本质的东西无疑是形式。”在《审美判断力批判中》，康德则明确指出，“在所有美的艺术中，最本质的东西无疑是形式”，“美是一种合目的性的形式”。在康德那里，无形式的崇高美也是一种特殊的形式，建筑、雕刻、音乐、美术等的美就更在于形式；只有形式是超功利目的的，只有唤起纯粹审美感情的形式才具有审美价值。康德极力强调形式美，使以后的一大批美学家认识到，过分强调模仿和再现，只能把人们的注意力引向艺术品再现的事物，而不是艺术品本身，这样一来，艺术品就会失去本身的价值。

一种形式的滥用必然带来审美疲劳，而相对固定的电视内容只有通过形式的突破和改变才能实现创新。国际电视发展的几大潮流——纪实与娱乐的融合、虚构与非虚构的融合——便均是将不同层面的形式加以杂糅，混合出真人秀节目这样一类更为新鲜诱人的电视节目新形式。曾几何时，古今中外的理论家们都强调要按照时间先后和事物发展的规律来安排故事结构，这一理论影响了几千年来的戏剧创作与评论，并逐渐形成了较为固定的三段论结构形式：开头、高潮与结局。尽管这种传统的戏剧式叙事结构依旧盛行，但诱惑力却随着岁月的递增而减少。国产电视剧传统线性的形式发展使得观众产生认同感的同时也催生了巨大的审美疲劳，观众更多的时候甚至可以预测出结局和人物命运。美剧则颠覆了以往电视剧的时间线性结构，以非线性的甚至近乎随意的时空顺序来组合。于是，非线性的叙事方式开始在西方盛行，这种剧情一般是以时间的插叙甚至倒叙发展为线索，以事件的悬疑为推动力，以不连贯的现实时间、多重主人公的反复出现、叙事空间的任意切换、开放式的故事结局来吸引观众。

六、道德判断与审美感知：电视审美接受的制约因素

由于电视长久以来的传播工具属性，使得其自身社会美的内容往往大于电视的形式美本身。因此不仅是普通受众，即使是学者也极容易将单纯的审美感情与其他层面感情的愉快和快感混淆。在中国影视剧中，具有道德感召力的影片哪怕艺术上有较大缺陷，也比

美学上有更高价值的影视片影响更深远。多数作品的成功更多依赖的就是人们对道德范式、道德标准的寻求心态和激赏心理。在中国观众的心理结构中，影响最深的当属儒家思想。儒家“文以载道”“经世致用”的价值标准，决定了中国观众在评价文艺作品时常常不以形式技巧为重，而是以蕴藏其中的思想是否符合伦理观念和道德要求为首要因素。这种对伦理道德的强调，在经历了几千年的遗传与积淀后，早已渗透、铭刻于观众的心理结构之中，内化为观众的自我和自觉。所以观众观影时下意识地认同叙述者、关心主体命运的前提是叙事主体的言行必须基本吻合，或在主要方面吻合中国的传统道德与美善要求。

用道德来替代审美是目前电视艺术美学研究中的主要问题。因此，学术界对《激情燃烧的岁月》的争论依然停留在“石光荣是一个战争年代的英雄还是一个男性霸权的封建家长”一类的道德评介上。社会舆论对《金婚》的追捧也停留在社会伦理层面，“佟志与文丽携手走过的 50 年是真情永久的赞叹、养育子女的不易，还是对婚外情所引发的共鸣”，而对该电视剧编剧编年体的巧妙安排，跨年度摄制在表演、导演和制作技术上的创新却言语缺失；对《亮剑》的争论也依然是“李云龙是抗战英雄中的侠客，还是一个违背军纪、胡打乱撞的蛮汉”。

黑格尔认为东方民族属于“日神型民族”，而“日神型民族的文化性格比较强调礼仪、秩序、中和、适度，个性淹没在社会之中”。因此，东方人特别是中国人更多是从理性原则和道德标准出发，即从社会和整体来探讨影视作品的内在意蕴。中国观众看戏，首先要分清“好人”“坏人”，同情善者，憎恨恶者。基于这种审美心理，中国的传统戏剧人物往往是脸谱化的、简单化的。这些程式化的道德论调都极容易形成与期待视野所匹配的观赏，不容易产生差异效果，审美表现层面的魅力自然会降低。

中国观众在影视审美接受中，往往道德诉求的表现优于审美诉求，观众和学者们往往用道德的刀来斩杀艺术形态的创新和创作者对技术进步的追求，这无疑会影响影视创作的审美趋向，偏重于迎合人们的道德认同而忽视电视艺术特有的审美形式追求，这不能不说是一种悲哀。道德固然重要，但接受主体在最后阶段必须跳出这个道德“框”来对视觉艺术做深层的判断和理性的审视，否则永远没有超越现有审美体验的机会。审美类型中的崇高美与道德有交集，但不是一致的，特别是审美的表现形式与道德的判断完全是不等同的。西方电视剧普遍可以将道德诉求置于次要的欣赏地位，相反以契合自身的心灵价值共鸣为第一标准，在不违背社会善良风俗、理性因素占主导的基础上，对作品做出较为客观、理性的解释和评价，并在这个过程中积累审美经验、提高审美认识，不仅获得美的愉悦，还会获得一种自我创造的满足，获得冷静观察、理性思考的成就感。

电视审美研究面临的最大难题，便是无法将纯粹的美感与其他的社会功能性情感相剥离，到底是应该剥离开来研究，还是笼而统之地研究，成为一个难点。

20 年前，纪录片和电视剧中蕴含的社会人性、伦理、道德等功利内容都有所偏重，专家学者们评价一部电视作品，基本是不自觉地通过“仁义礼智，忠孝节义”等社会伦理和道德功能来判断。20 年后，知识性、形式美的内容逐渐增多，知识性意味着信息量的增加，形式美则表现为动画、数字技术、搬演重现等内容的加入。电视节目的评判标准，也正在悄然发生变化。

第二节　网络短视频的审美路径

1895 年卢米埃尔兄弟曾以“短视频”的方式开启了对世界影视艺术的前沿探索，如今，短视频迅速崛起壮大，仅仅几年的时间，短视频成功重构了视频生态、社交形态、审美习惯甚至公共传播图景。短视频的迅速发展得益于技术变革，从 PC 端向移动端的全民转移、快速稳定的移动互联网技术，皆为短视频发展提供了有力的技术支持。快节奏、重效率的社会发展状态使得短视频短浅化、碎片化欣赏模式被广泛接受。随着大量资金流入短视频领域，短视频开启了有效的市场化运作，从无到有，从无序到规范，迎来了对原有传媒格局解构与重构式的发展。

抛开短视频发展的技术因素、社会环境特点和市场运营机制，向短视频内容本身看去，我们又不免存有不少疑问。短视频是不是艺术，一直存有争议。短视频内容立足于生活而制作，它是否就高于生活？精选和浓缩是否就实现了高于生活？在短视频欣赏中，欲望驱动和思想驱动究竟谁为主导，市场导向和文化导向谁又占着上风？不断翻屏的快感是不是美感？短视频是否包含生活美和艺术美？这些疑问都关乎艺术创作的内容根本和审美意义，从短视频的长远发展来看，对这些问题的探讨和解答，终究不能回避。

一、背景与现状：媒介生态、文化权力、艺术景观

短视频诞生并成长在媒介演进、革新并不断向智能化迈进的进程之中，在此环境下，受众迁徙加剧、媒介边界消失、传播渠道多元变换，短视频有着不同于传统媒体时代独特的审美背景。从“连接一切”

的网络化到“万物智联”的智能化仅仅用了不长的时间，短视频处在这种交替和延续之中，正与媒介形态、大众审美和社会关系发生着深刻的化合作用。

（一）多主体、可视化的媒介生态形成

短视频消费市场保持快速增长，网络原生的移动短视频头部机构开始兴起，以互动、竖屏、10~30秒时长为特征的短视频发展势头猛烈，算法和社交关系在短视频分发中占据重要地位。短视频正以主体多元化、内容碎片化、受众年轻化、平台社交化为特点进行着高效传播。[①] 据2021年2月中国互联网信息中心发布的第47次《中国互联网发展状况统计报告》统计显示：截至2020年12月，我国网络视频（含短视频）用户规模达9.27亿，其中短视频已成为新闻报道新选择、电商平台新标配。[②] 短视频几乎构筑了一个“无视频，不传播”的格局，从横屏到竖屏的转化逐渐塑造了可视化的媒介生态环境。

技术水平提高的同时带来了传播门槛的降低，万物皆“媒”的时代迎来了多元的传播主体，从PGC（专业生产内容）向UGC（用户生成内容）的转移已经完成，UGC与PGC互补交融形成PUGC（专业用户生产内容）也已在探索的路上。在可见的未来，AIGC（人工智能生产内容）又将赋能人类的视频内容生产，带领我们走进更为高效便捷的可视化生态之中。

以影像为核心建立起的短视频传播场域，融合了丰富的信息流、场景流和情绪流，实现了视频社交、休闲娱乐、商品宣推、知识分享、信息传播等多元功能。依托大数据、智能推送等技术手段加持，短视频拥有超强的用户黏性，多主体交融协作、可视化视频传播的

---

① 冷淞、张丽平：《如何从最大变量成长为最大增量》，《人民日报》2019年3月4日第9版。

② 中国互联网信息中心：第47次《中国互联网发展状况统计报告》，http://www.cnnic.net.cn/hlwfzyj/hlwxzbg/hlwtjbg/202102/t20210203_71361.htm。

生态已经牢固地建立起来了。

（二）无边界、去中心的文化权力下移

媒体融合发展、交融互渗，正在构建一种无边界、去中心的传播规则。在这种规则中，内容生产不再只由专业媒体完成，文化经验也不再只由专业媒体和少数意见领袖塑造。多元主体崛起导致单向度的文化传播权力被不断稀释和分化，文化权力下移已是鲜明可见的社会图景。

动态化、直观化、可视化的视频内容有着更强的渗透力，能更自由地跨越知识水平的鸿沟，穿梭于不同的文化阶层之中。如今，在公交、地铁、校园、家庭中的人们，利用碎片时间不断翻屏刷视频的场面已经颇为常见。短视频完全颠覆了传统的“传—受”关系，在这一领域中的内容传播者和接受者互为传者和受众，实现了难以分割的互融共通。

技术变革正在赋能大众，改变公共传播场域的状态。人人皆“媒”的传播环境将更多的人纳入公共议题之中，促使人们能够更便捷、更深入地参与甚至构建自己关注的公共话题。公共议题的传播更加及时、深入，智能化精准推送提高了信息传播和接收效率。在这个新型传播场域之中，不同主体之间也成功地打破了熟悉与陌生的界限，实现了跨熟人圈的互动交流，延展了多元主体之间沟通交流的广度与深度。

（三）短浅化、碎片化的后现代艺术景观

后现代主义文化思潮自20世纪50年代开始盛行于西方，如今的大众化媒介早已被打上了后现代主义的烙印。“去中心化”是后现代主义的一个重要观点，即通过对中心话语体系的消解，激活那

些被隐瞒、被掩盖、原本处于边缘地位的话语环节，[①]使“社会从所有那些作者、创造支配性话语的知识权威的观念束缚中挣脱出来”[②]。克里斯托弗·巴特勒指出：“互联网目前是典型的后现代主义现象。”[③]短视频正是诞生和发展于后现代主义大众化、生活化的诉求之中，并且成功地迎合并巩固了这种后现代艺术景观。

多元主体形成了“众声喧哗”的传播效果，主流话语和精英意识被逐渐改写，短视频强化了生活化的媒介氛围。人们被科技赋能，没有把关人的制衡，没有“主流”的压力，没有“中心”的束缚，大众得以以最真诚、最坦荡的方式将日常生活进行影视化构建和传达。事无巨细的生活情景被不断地传播—接受、分享—扩散，15 秒左右的时长带着这些真实的生活碎片进入大众视野，供人们在时间的缝隙里不停翻刷。

西方后现代主义研究者提出“碎片化”（fragmentation）一词，如今也已被广泛地运用在我国传播学领域，短视频内容形态和传播方式更加深了信息碎片化、媒介碎片化、受众碎片化的程度。内容碎片化、短浅化符合现代经济环境中快节奏的生存模式，正如有学者认为：“碎片化，是电脑与网络技术深度嵌入现代经济社会与文化生活之后，人类社会对科技文明的一次彻底反叛。”[④]碎片化传播的一个不良后果便是信息泛滥，这原本会给受众的信息鉴别、筛选带来压力，但值得一提的是，尽管信息内容丰富多元，在算法、智能推送等技术的作用下，受众却可轻而易举地只关注自己喜欢的内容，久而久之便形成了狭窄的“隧道视野”。人们不再有共同的“视角”，也将更难以形成“共识”，视野的碎片化、思想和知识的碎片化也就生成了。

---

① 杨延生、孙波：《后现代主义影响下的大众传媒》，载《新闻爱好者》2011 年第 6 期（下半月），第 22 页。

② 乔治·瑞泽尔：《后现代社会理论》（谢立中译），北京·华夏出版社，2003 年版，第 174 页。

③ 丁磊：《基于 CMC 新语言视阈下的后现代主义影像呈现——以网络大电影和 Vlog 影像为例》，载《电影艺术》2020 年第 1 期，第 106—112 页。

④ 段永朝：《互联网：碎片化生存》，北京·中信出版社，2009 年版，第 156 页。

总之，短视频正在改写媒介生态和社会图景，正在构筑一个可视化、多主体、去中心、无边界的新世界。在这里，人们依靠场景和关系感知生活，依靠算法和大数据接收信息，依靠短浅化的内容构筑一个民间化、大众化的后现代传播场域。

二、动力与效果：欲望驱动、囿于生活、市场导向

短视频在短短三四年的时间里，就迅速获得数亿拥趸，这绝非偶然。有效的市场模式、被带到前台的娱乐属性、沉浸式的传授模式、大众性的内容构建……这都促使短视频从一种新型的媒介样式迅速成长为一个成熟的产品生态。目前，较多的针对短视频的研究，都更愿意将短视频作为产品去探究其运营机制和传播模式，而当我们抛开这些成功的手段，去近距离聚焦作为媒介作品的短视频时，又可以提出很多问题，所以有必要立足于作品的角度探讨短视频的美学意义。

（一）欲望驱动多于思想驱动

《荀子·乐论》中说“君子以钟鼓道志，以琴瑟乐心”，自古以来我们便强调艺术作品应具有厚重的精神属性。从内容角度和精神性看，当下的短视频是否具有艺术性？人们对短视频的欣赏是否属于审美活动？这值得探讨。

短视频是否具有艺术性，我们首先需要明确什么是艺术作品。简言之，艺术作品应是为满足人的精神需要，由艺术家依靠技艺和才能创造出的一种精神产品（作品）。它具有人工性、技艺性和精神属性，而这种精神属性主要是指能不能生成具有意蕴的意象世界，即能否生成美感。

短视频中确有经过精心立意、策划、拍摄和制作的影视内容，但就大多数而言，短视频内容较多依赖于用户对日常生活进行的简单截取或者刻意搬演。从艺术作品的技艺性角度，确实没有太多技术含量。在欣赏机制上，短视频的物理形态简短、快捷；操作上，每逢不喜欢的内容又可迅速翻屏；在心理期待上，下一个新内容有效阻断了审美疲劳，又以新的内容形成了兴趣吸引。可以说，短视频有着绝佳的吸引机制和沉浸机制，一段段十几秒的内容，不知不觉就占去了用户的大量时间，正如网友感叹的那样“抖音五分钟，人间一小时”。仔细分析这种沉浸机制下用户的体验过程，观看者快速识别内容、快速生成情绪（欢乐的、悲伤的或者无波澜的）、快速跳转到新内容，就是从这样的循环往复中获得娱乐性的观感。这种碎片化、快节奏的观看体验停留在了浅表性层面，短视频的内容“更是屡屡将思想诉求降格为肉身操演，从而最大限度地刺激受众感官，让他们沉溺于形色各异与意识形态无涉的戏仿与恶搞之中，由此成为这个时代最为流行的文化征候”。① 短视频的欣赏主要依赖欲望驱动机制，而较少思想驱动，从艺术作品的精神性角度缺少精神意蕴，美学意义上的意象生成自然也就无从谈起。

（二）源于生活却未高于生活

综上分析，大多数短视频内容并不具备艺术作品应有的属性，因此尚不具备艺术美。短视频呈现的大多数内容都是日常生活，我们可以从生活美学的角度考查其是否具有生活美。可以确定的是，日常生活是具有美的，日常生活的内容也可以转化为美的艺术。古今中外众多伟大的艺术作品都取材于日常生活，比如北宋画家张择端所作的《清明上河图》，描绘的就是北宋时期的生活图景；再如19世纪法国著名画家米勒的很多画作都以表现农民的生活场景为核

① 陈元贵：《喜剧狂欢·身体美学·欲望消费：审美文化视角下自媒体短视频论析》，载《现代传播》（《中国传媒大学学报》），2019年第6期，第101页。

心，著名的《晚钟》《拾穗者》皆是如此。我国古代的唐诗宋词更是多以描绘日常生活为主要内容，如辛弃疾的词作《鹧鸪天·陌上柔桑破嫩芽》所描写的："陌上柔桑破嫩芽，东邻蚕种已生些。平冈细草鸣黄犊，斜日寒林点暮鸦。山远近，路横斜，青旗沽酒有人家。城中桃李愁风雨，春在溪头荠菜花。"这种对生活的直陈式描写皆有无限意境和美感，艺术源于生活又高于生活便在这些例证中一次又一次被证明。

反观短视频的内容建构，同是立足于对日常生活的直呈，短视频的选题多是美食、宠物、萌娃、刺激挑战、搞笑整蛊、旅行见闻、生活妙招等。这些内容引人围观，甚至很多题材重复的内容依然能够持续受到欢迎，如吃播类、萌宠萌娃类、刺激挑战类等内容，都属于高点赞率的"长红"选题。但是，这些源于生活的作品却未包含足够的审美意象和审美氛围。

日常生活的美，在很多时候，表现为一种生活的氛围给人的美感。这种生活氛围，是精神的氛围、文化的氛围、审美的氛围。这种氛围，有如玫瑰园中的芳香，看不见，摸不着，但是人人都可以感受到，而且往往沁入你的心灵最深处。[①] 短视频内容仅靠刺激、窥探或反差迎合了观者的欲望诉求，缺少精神氛围、文化氛围和审美氛围的构建和传递，虽源于生活却并未高于生活，甚至一些内容还存在恶意丑化、抹杀生活美感的做法。

（三）市场导向多于文化导向

短视频依靠低价值的简单模仿和内容制作一路走来，尽管泥沙俱下，高度重复，尚缺少足够的艺术性和生活美感，但依靠其"洗脑""魔性"、搞笑、解压等特质，短视频的发展势头依然迅猛，从最初的小规模起步，到如今"两超多强"的行业格局形成，仅仅用了不长

① 叶朗：《美学原理》，北京大学出版社，2018 年版，第 297 页。

的时间。今天的短视频早已不仅仅是娱乐工具，更是一种社交方式、一种生活方式。大众并没有因短视频内容的浅表性而抛弃它，反而因为其短平快的特点而选择它，这充分反映出短视频是十分契合当今大众消费时代通俗化、碎片化的消费诉求的。

短视频一路走来，更多依赖于市场环境和市场选择，在其发展进程中，市场导向也自然多于文化导向。巨额资本不断流入，政策导向不断规范行业发展，技术的进步不断为平台和用户赋能，这都为短视频的快速成长保驾护航。未来，伴随5G技术的发展、农村互联网的进一步普及，短视频凭借成熟的行业规范、有效的营销推广模式、强大的用户黏性，依然有着良好的增长前景。

在稳定的市场环境下，短视频可以适时地调整导向，在市场导向作为坚实后盾的基础上，思考文化导向的发展道路。所幸的是，短视频的发展对既有文化消费品市场的影响并非“颠覆格局”，而是“打开增量”。一个小说名著爱好者不会因为“三分钟速读”的出现而放弃读原著，而从来不读小说的人却可因此初窥文学门径。同理，也不必把短视频产品摆到严肃文化、主流文化的对立面。① 我们倡导文化产品百花齐放，而短视频与主流文化也并非水火不能相容，依托短视频有效的传播力和用户黏性去为主流文化传播赋能，可以取得更好的社会效益，短视频有了正确的价值导向和文化底蕴，其未来之路也会走得更远。

总体而言，目前短视频的欣赏动力主要源于由肉身操演所产生的浅层感官刺激，欲望消费也远大于思想追求，短视频虽源于生活却不高于生活。但面对这样的欣赏状态，尚无须我们痛心疾首，因为这是在大众消费时代市场、行业和用户之间找到的最大公约数。我们在分析时，将短视频这一新出现的媒介样态与有着悠久历史的传统艺术族群相比较、② 将晚近出现的形态与皇皇艺术殿堂的作为人类文明结晶的传统艺术族群中的精品相比较，当然会相形见绌。但

---

① 马涌：《让短视频赋能主流文化》，2019年1月4日《人民日报》，第20版。

② 刘俊：《融合时代的传媒艺术》，北京·中国传媒大学出版社，2016年版，第7页。

这也并不意味着短视频无须发展、创新与提升。

当然，短视频若要一路向好，不应停留于此，更需要在保留现有优势的基础上，从内容层面向深度探寻，提升内容的文化吸引力、丰富审美意蕴，在艺术美和生活美的构建和传递上下功夫。

三、出路与展望：情感体验、创化意象、日常审美

短视频以日常生活为主要呈现对象，其美学方向的发展其实大有可为。车尔尼雪夫斯基在其著作《生活与美学》一书中提出“美是生活”的论点，我国学者将这种论点解析为三种理解：第一种理解为美就是生活“本身”，反之亦然，美的本身也就是生活。第二种理解是美以生活为“本质”，或者说，生活构成了美的本质性规定。第三种理解则为生活是美的“本源”，反之则不是如此，美并不能成为生活的本源，这是肯定的。[①] 自20世纪四五十年代开始至今，“美是生活”被我国的美学研究者不断发展、丰富和完善，形成了具有举足轻重地位的“生活美学”。车尔尼雪夫斯基在《生活与美学》中还有一句关于美是历史范畴的论述：“每一代的美都是而且应该是为那一代而存在，它毫不破坏和谐，毫不违反那一代的美的要求；当美与那一代一同消逝的时候，再下一代就将会有它自己的美、新的美，谁也不会有所抱怨的。”[②] 美是历史范畴，每一个时代都应有属于自己时代的美。在当今高新技术不断发展、审美需求不断变迁的媒体融合时代，美可以以多种方式呈现。短视频可以从呈现生活美的角度为自己的内容赋能。

① 刘悦笛：《从“美是生活”到“生活美学”：当代中国美学发展的一条主流线索》，载《广州大学学报（社会科学版）》2019年第5期，第63页。

② 车尔尼雪夫斯基：《生活与美学》，北京·人民文学出版社，1957年版，第72页。

（一）化生理快感为情感体验

在短视频欣赏的过程中，观者会产生一系列生理快感，如娱乐的快感、休闲的快感、食色的快感等。虽然快感与美感一样都具有愉悦性，但快感不是美感，这在美学研究领域早已有定论。美感是一种更高级的精神愉悦，它与快感有两个重要的区分：第一，美感是超越实用、超越功利的，而生理快感则起于实用要求的满足，如口渴时喝水所获得的快感，肚饿时吃饭所获得的快感；第二，美感的实质是情景交融、物我同一，美感必有一个审美意象，而生理快感完全受外来刺激所支配，它不可能出现情景交融、物我同一，不可能有审美意象。[①] 立足于快感与美感的本质区分，我们可以探寻短视频内容从快感满足向美感跨越的路径。

当前，在短视频中大量充斥着单纯满足快感的内容，例如吃播类短视频便是典型的一例。在各大短视频平台涌现出不少“大胃王”，一些视频甚至被网友调侃为“丧命式吃播”。吃播类短视频首先能给人以奇观化的视觉快感，同时又带给观看者一种“望梅止渴”式的食欲满足，除此之外，“大胃王”们一次性大量吃下单一的或极其多样的食物，对于观者来说也是一种迎合心理期待的快感满足。但不难体会，这些快感皆是外来刺激所产生的生理快感，确实会带给人一种愉悦，但这是作为人本身的基本欲望的满足，并没有带来“情景交融、物我同一”的高级精神愉悦。这种生理快感不仅不具有美感，甚至有些是对日常生活规则和礼仪所具有的美感的颠覆。

随着时代的发展进步，大众文化水平和审美能力也在不断提升，依靠生理快感吸引受众注定不能长久，短视频必须致力于高级精神愉悦的传递，其中一个有效的方法便是增强内容的情感体验。一切缺乏情感的作品都是苍白、空洞的，一切与人类情感相契合的作品

---

① 叶朗：《美学原理》，北京大学出版社，2018 年版，第 171 页。

都将是洋溢着光彩、让人回味无穷的。当下的很多短视频内容缺乏与人的情感连接，致使内容只有单一浅表的搞笑、刺激，让人看后反而更觉空虚无趣。

快感不是美感，无法带给人回味无穷的精神愉悦，短视频需要致力于与大众建立真挚的情感连接。当然，人的情感是广阔的，用短视频去描摹人间爱与被爱的基本诉求，呈现爱国思乡的大爱，展现对大自然的亲近和敬畏……这些感情都可以用最简单、直白的方式去构建和呈现，正如古人那样，用“游子身上衣”展现母爱，用“日日思君不见君”表达相思之苦，用“举头望明月，低头思故乡”来描写思乡之情，等等。目前短视频平台也不乏情感真挚的内容，这些内容都能给人以心灵上的浸润与抚慰，是能够让观者“走心”的作品。

（二）创化意象贴近中国人的精神连接

在中国美学中，自古强调“美在意象”的观点。中国传统美学否定实体化的、外在于人的“美”，例如柳宗元强调：“美不自美，因人而彰。”同时又否定纯粹主观的美，认为美是在现实世界的基础上铸成另一个超现实的意象世界。宗白华先生在其著作中也一再强调审美活动是人的心灵和世界的沟通，他说：“美与美术的源泉是人类最深心灵与他的环境世界接触相感时的波动。”[①]“艺术家以心灵映射万象，代山川立言，他所表现的是主观的生命情调与客观的自然景象交融互渗，成就一个鸢飞鱼跃、活泼玲珑、渊然而深的灵境。”[②]宗白华所说的“灵境”就是意象世界，拥有意象才有美感。

大多数短视频内容，着力于对现实生活的直接描写，而没有致力于具有美感的意象构建。因此，观看者在接收短视频时依然无法

① 宗白华：《介绍两本关于中国画学的书并论中国的绘画》（见《意境》），北京大学出版社，1987年版，第81页。

② 宗白华：《中国艺术意境之诞生》（见《意境》），北京大学出版社，1987年版，第151页。

超脱实际内容的控制，只依赖于场景实体达成陌生化的或熟悉的内容刺激。短视频向美感跨越，需要在创化意象上做足够的理论构建和实践探索，需要充分考察受众的审美诉求，与受众建立起富有共鸣的精神连接，用场景、内容、音乐、剪辑等多元手段促成意象世界的生成。

日常生活的内容与人最为亲近，也是人重要的精神家园。在日常生活内容中构建与人的精神连接，更易引起内心的感悟与共鸣。未来短视频应建立起日常生活与文化的关联，例如在人们日常的活动中发掘与旅游文化、美食文化、中国传统文化等内容的连接，在展现生活美、自然美、艺术美、科技美等层面做深入探索。

（三）在日常生活中创造审美氛围

生活世界是人最本原的世界，生活是美的，只是生活领域主要涉及人的衣、食、住、行等实用功利的行为，加之日常生活循环往复地单调重复，使人们在日常生活中最易产生“审美冷淡”。在人们熟悉的环境和场景中排除功利性去建立一个意象世界，虽然效果很好，但相对来讲是比较困难的。这主要的困难之一便是人们对于日常生活过于熟悉，一切活动和器物都有功利的效用，因此不易跳出日常发现生活本身的美。例如日常生活中默默坚守岗位的人是美的，老百姓的勤俭朴素是美的，儿童天真无邪的笑脸是美的，动物与人之间的深情是美的，发现生活里这些美的瞬间并去传递这些美，有助于帮助我们摆脱“眩惑”“冷淡”的审美状态，从而能够让短视频更具有审美氛围。

在短视频中，也不乏具有审美氛围的内容，例如城管人员根据相关规定制止高龄老人街头摆摊，同时他自掏腰包买下了老人所有的货品，这种行为是恪尽职守的美，更是充满人性关怀的美的散发。再如帮助中外众网友圆了山水田园梦想的李子柒，她的短视频内容是美的，烧柴、做饭、杀猪、摘果，所有的行为都是日常的活动，但这些生活片段的记录就产生了恬静的生活美感，契合了当下人们向往慢生活的心理共鸣。

此外，短视频的内容发布者是多元主体，来自世界各地，这种多元的内容其实还包含着民俗风情的美。俗话说“十里不同风，百里不同俗”，一定区域的人们相对固定下来的生活习惯就变成了具有审美意象的“风情”，短视频充分挖掘不同地域民族风情的美，也将是提升内容美感的重要角度。例如，在很多“晒旅游”的短视频中，对西安等古都的呈现中就不乏历史文化的风情，国外的城市中又充满了异域风情……短视频应着力去展现民俗风情这个重要的审美领域，这一领域离百姓的日常生活极近，有的包含着丰富的人生图景和历史图景，有的包含着百姓最平凡的酸甜苦辣和喜怒哀乐。

因此，短视频要从日常生活中去发现并创造美的氛围，引导人们从日常生活的“审美冷淡”中跳脱出来，引导人们去发现并感受民俗风情的审美意蕴，用现代影视手段的多元功能，去构建人人可感的生活美学。

短视频行业突飞猛进，激发了影视行业的发展活力，丰富了视频及社交的模式和手段，也极大丰富了大众的娱乐生活方式。可以说短视频在市场选择、政策引导和技术加持下，成就了一个活跃、稳定、符合大众追求的内容品类。媒介产品百花齐放，符合当代的时代诉求，我们无须将短视频摆到严肃内容和主流文化的对立面去，当然，我们也强调短视频内容应在当前状态下更加向好发展。因此，关于短视频内容的美学探讨变得十分必要。

短视频一路走来更多依靠市场规则和产品生产模式，短视频由产品转向作品，是受众不断成长后终将迎来的审美趋势。短视频内容源于生活，却未高于生活，缺乏艺术美、生活美、自然美等审美意象的构建和传递。从古至今，温润的中国人都在追求内在精神世界的成长，将修身之道摆在最前面，重视自身“浩然之气”的养成，短视频作为拥有极高传播力的媒体，应契合受众的精神诉求，不断创化与人内在精神的连接，在日常生活中创造审美意象。

第五章
危机与契机：融媒视听作品的国际传播

从某种程度来讲，国际传播的目的就是为了争夺在国际上的话语权，与此同时，国际话语权的获得与否、强弱程度则与传播有着密不可分的关系。当下，国际传播格局正在发生变化，中国面临着前所未有的机遇与挑战，也正在努力提高自己的国际传播能力。而在跨文化传播中，视听作品有着直观生动、文化折扣小、传播速度快、接触层面广等优势，是国际传播的重要形式。同时，在媒介融合时代，视听作品还可跨媒介、多媒介传播，影响各个层级的、不同国别的受众群体，视听作品应当在国际传播中发挥显著作用。

第一节　国际话语权的实质与表现

2009 年 3 月 23 日，在 G20 峰会的前夕，中国人民银行时任行长周小川在央行网站上发表了题为《关于改革国际货币体系的思考》署名文章，在经济动荡时期提出了“超主权货币”等先进观点。这些观点的提出犹如巨石入海，顿时激引起了国际各界舆论的普遍关注。几乎所有的世界主流媒体都对周小川的观点做出了评价。美国的美联储时任主席伯南克和财长盖特纳、俄罗斯时任副外长安德烈·杰尼索夫乃至于时任美国总统奥巴马对此迅速做出了回应，时任巴西总统卢拉也在与英国首相会晤时肯定中国的建议是“有效的”和“恰当的”。

2009 年 9 月 22 日，在匹兹堡峰会上，时任中国国家主席胡锦涛在四大峰会上就不同问题提出了我国的主张，中国关注的议题都得到了重要体现，大部分被写入了会议文件。不仅如此，胡锦涛在峰会上讲话的中英文稿被与会记者争抢一空，大会不得不对稿件连续加印了好几次。

2011 年 2 月 14 日，日本内阁府发布的经济数据显示，日本 2010 年名义 GDP 总值约为 5.474 万亿美元，低于中国同年的 5.879 万亿美元，中国正式超过了日本成为仅次于美国的全球第二大经济体。

2012 年 11 月 29 日，习近平总书记在党的十八次全国人民代表大会上，把“中国梦”定义为“实现中华民族伟大复兴，就是中华民族近代以来最伟大梦想”，并且表示这个梦“一定能实现”。正当中国人民纷纷沉浸在“中国梦”“世界梦”的热潮中时，2013 年 4 月，时任美国国务卿克里在出访亚洲时，也开始谈论起了“亚洲梦”。

党的十八大以来，以习近平同志为核心的党中央高度重视对外传播工作，强调要努力提高国际话语权，加强国际传播能力建设，精心构建对外话语体系，增强对外话语的创造力、感召力、公信力，讲好中国故事，传播好中国声音，阐释好中国特色；构建人类命运共同体，着眼于人类发展和世界前途提出的中国理念、中国方案，向国际社会传递了中国和平发展的声音和共创人类美好未来的愿景。[①]

2021年1月25日晚，习近平总书记在北京以视频方式应邀出席世界经济论坛“达沃斯议程”对话会，并在题为《让多边主义的火炬照亮人类前行之路》的特别致辞中，指出了一条“维护和践行多边主义，推动构建人类命运共同体”的发展之路，主张摒弃意识形态偏见，共同走和平共处、互利共赢之路，携手应对全球性挑战，共同缔造人类美好未来。

已经不难看出，中国的影响已经在政治、经济、文化以及全球性问题等诸多领域逐步渗透到了世界，中国在国际事务中频繁发声，中国的声音也越来越受到世界的重视，越来越起到举足轻重的作用。可以说，中国已经获得了越来越大的话语权；更可以说，我国应该开始准备迎接一个属于中国的话语权时代。

一、多维探究：国际话语权的概念分析

中国在政治、经济、文化、军事和科技等多方面的表现都不断在为我国的综合国力加分，使我国的综合国力跻身世界前列。中国已经成为一个世界大国，这是毋庸置疑的，未来也将一步步走向强国之列。中国文化是人类文明的重要代表，“大方无隅，大器晚成。大音希声，大象无形”，老子在《道德经》中提出了中国古代的一种美学观念，绵延千年。“大音希声，大象无形”这种对极致美学的形容，用在艺术领域是绝佳的描摹，而在国际事务和交往中，作为“大国”要发出“大音”，要铿锵有力，更要掷地有声！所以，

① 何良：《提升新时代中国国际话语权》，载《红旗文稿》2019年第17期，第37-38页。

发出中国的声音，在国际话语权竞争中取胜，也是中国在国际交往中取胜的关键之一。

近几年来，“话语权”一词频频出现，对于话语权的研究也逐渐增多，有关话语权的概念，也相继被专家学者们谈及了不少，在很多相关的学术研究中，对于话语权的定义并不鲜见。冯广艺在《论话语权》一文中，对“话语”和“话语权”分别做出了解释：“话语这个词有广、狭两种含义，狭义的话语是话语分析 (discourse analysis) 的对象，指一个人在一次言语行为 (speech act) 中用词的序列所表白的内容，它可以是一个词、一个句，也可以是句以上的单位，如段落、段落群等。广义的话语，泛指人们的言语和所说的话。一般话语权中的话语，是指在宽泛意义上的话语。话语权是人们为了充分地表达思想、进行言语交际而获得和拥有说话机会的权利。话语权是语言权利的一种具体表现形式。”① 张国祚在《求是》杂志上发表文章《关于“话语权”的几点思考》仅从“话语权”的角度来理解其含义为：“话语权就是说话权、发言权，亦即说话和发言的资格和权利。这样的话语权往往同人们争取经济、政治、文化、社会地位和权益的话语表达密切相关。”② 梁凯音在《论国际话语权与中国拓展国际话语权的新思路》一文中，从国际政治学的角度也给出了关于话语权的定义：“国际话语权中的话语 (discourse) 并不完全等同于或被简单地理解为一种声音 (voice)。国际话语权指以国家利益为核心，就社会发展事务和国家事务等发表意见的权利，而这些事务是与国际环境密切相连的，并体现了知情、表达和参与权利的综合运用。”③

综合各方专家学者的研究成果，并且经过思考与总结，我们认为关于“话语权”的内涵可以从以下几个方面来进行分析、挖掘。

---

① 冯广艺：《论话语权》，载《福建师范大学学报（哲学社会科学版）》，2008 年第 4 期，第 55—59 页。

② 张国祚：《关于“话语权”的几点思考》，载《求是》2009 年第 9 期。

③ 梁凯音：《论国际话语权与中国拓展国际话语权的新思路》，载《当代世界与社会主义（双月刊）》，2009 年第 3 期。

首先，从词汇本身的角度来说，“话语权”一词是“话语”和“权”的全新组合，构成了一个具有新含义的词汇。话语并不完全等同于或被简单地理解为一种声音 (voice)，话语是制造和再造意义的社会化过程。而“权”包含两层意思，即权利和权力。“话语的权利”，也就是指人们在社会活动中使用“话语”的“资格”与“好处”；而“话语的权力”则蕴含的是人们在社会活动中支配“话语”的“能力”和支配“话语”的“程度”。可以说，权利是社会规则安排和该社会规则安排的合理程度展示，而权力则体现了一种社会力量和这种社会力量的布局，通过这种社会力量的布局又可以看出该社会中话语资源分配的基本格局。因此，通过对话语权中“权”的分析不难发现，话语权的实质其实就是关于一个社会中的“话语”资源的分配问题，根据权利的含义来理解话语权，则应该得出这种话语资源的分配应该是以“人人普遍享有”为基本准则和伦理基础的。但是在现实的表现中，话语权因为不同阶级、不同国力的国家主体，表现出了“享有与否和多寡”的实际格局。因此，可以得出这样的结论，即话语权具有伦理和阶级两个基本维度，在伦理的维度上更多地体现出了其“权利”的意蕴，而从阶级维度上讲，则是体现出了“权力”的意蕴。在实际的生活和国际交往中，话语权的阶级维度即“权力”意蕴一直是处于支配地位，甚至很多时候都掩盖了伦理维度即“权利”意蕴的作用发挥。有学者认为：“话语权在表象上是以话语为载体，但话语之所以产生权力，关键在于话语所包含的价值观和意识形态因素。”① 还有学者进一步指出：“哪个国家、民族、阶级、阶层和集团组织掌握了文化话语权，就控制了社会舆论的走向，进而有利于立足其根本意志和利益实现对社会的整合控制，统领社会发展的前景趋势，规范社会发展的具体轨道。”② 因此，话语权的本质不是“权利”而是“权力”，是主权国家权力的语言表达，也就是指主权国家通过话语或者其他方式在国际上进行议程设置，并且意图对其影

① 张志洲：《中国国际话语权的困局与出路》，载《绿叶》2009 年第 5 期，第 64 页。

② 刘先春、关海宽：《马克思主义意识形态优势话语权的当代建构》，载《上海行政学院学报》2010 年第 3 期，第 96 页。

响、控制，力图谋取舆论的主动，达到其既定的某种目的。可以说，主权国家语言影响力的大小代表着其话语权的大小。

当今，话语权在国际传播和国际交往中起着越来越重要的作用，甚至话语主权已经同国家主权、领土主权和领空主权一样，成为一个国家尊严和国家独立的重要标志。在国际传播和国际交往中的话语权涉及以下五个方面，即话语的传播者、话语的对象、话语的内容、话语平台和话语反馈。

第一，话语的传播者。话语的传播者是关于“谁在说”的问题，也可以称为话语的施行者，是话语权的实施主体，这个主体包括主权国家的官方机构，也包括主权国家的非官方机构或者群体和组织等。话语传播者可以使用语言符号，或者非语言符号的形式在国际上表达话语权。

第二，话语的对象。话语的对象是关于“对谁说”的问题。准确地选择话语对象，能够争取或者扩大话语的效果，如何选择话语的对象与话题所处的国际环境和听众所在国的政治生态环境有着密切的关系。话语的对象范围广泛，可以是外国政府和国际官方组织（如联合国及其所属机构），也可以是国际非官方组织（如国际非政府组织）、外国民间组织（如所在国的非政府组织）和民意力量（如议员或议会）等。

第三，话语的内容。话语的内容是关于“说什么”的问题，话语的内容往往与一个主权国家所关注的与自身利益或所承担的国际责任义务密切相关，主权国家从本国的利益出发表达相关的观点和立场，表达的内容可以包括政治、经济、文化、军事以及社会生活等各个方面。但从国际关系实际发展的现实来讲，话语的内容常常是取决于一个主权国家的实力和它在国际事务中的地位和拥有的国际影响力。此外，话语内容的表现形式也十分重要，文字、图片、音频、视频各有其展现话语内容的优势，无疑，视频作品内容的动感形象、信息量大，让其成为呈现话语内容的重要形式。

第四，话语的平台。话语的平台是关于“怎么说”的问题，指的是话语主体通过何种载体或者何种渠道来表达或传播话语。话语的平台是话语的传播者实现其话语权利的重要工具，是话语权表达中不可或缺的重要组成部分。随着世界经济的不断发展和科技的不断进步，在国际环境中，现代社会有多种多样的话语平台来实现话语主体的国际话语权。以国际舞台为背景的话语平台主要有几种：1. 公众媒介，主要包括传播媒体、互联网和出版物，如电视、网络、报纸、杂志和书籍等；2. 主权国家的对外交流、合作和援助计划，包括政府和民间项目；3. 国际会议，包括政府间的国际组织和非政府组织的活动，如联合国、世贸组织、绿色和平组织等机构组织的活动等；4. 国际间的正式和非正式官方互访活动；5. 民意机构，主要是相关国家的议会，可通过电话、传统邮件、传真和电子信箱等，及时与这些相关国家的议员进行沟通，或面对面探讨共同关心的问题并表达自己的观点和立场；6. 民间特别活动，可以是因某一个特定的国家主体利益问题与国际环境相关所引发的公众集会或游行等活动。

第五，话语反馈。话语反馈是关于“效果如何”的问题。话语反馈指话语主体所表达的观点、立场和主张等，最终获得的结果和效果。话语反馈一般有两种效果，一种是毫无效果，即话语没有得到任何实际上的反应；一种是话语在某种程度上被关注或者得到了某种相应的互动。毫无效果的话语不能产生作用获得影响，这往往是没有话语权的表现。这也是话语权不同于说话权的一个重要表现，说话权是追求发声的权利，而话语权则要在发声基础上追求所表达的内容能够被确认，能够产生效果和影响。

近些年来，我国在国际上频频发声，并且都引起了较大的反响，所表达的观点和主张在国际事务中起到了举足轻重的作用，这说明我国的话语得到了良好的效果和反馈，足以证明通过我国多方面的不懈努力，中国的国际话语权在不断增强和扩大。这都依靠于有效和灵活的中国政府决策和行动，有赖于中国非官方组织的努力以及中国公民的高度责任感和使命感，还在于我国对多种话语平台的综合合理的运用。可见，在国际话语权的竞争中，要将话语传播者、话语对象、话语内容、话语平台和话语反馈这些元素充分掌握和有效组织，在充分把握话语权的内涵和要素的基础之上努力增强我国的国际话语权。而在各类媒体迅速发展、媒体融合渐次展开的当下，媒体所呈现的视听内容是人们接触最多、影响最大、传播最广、最为直观的内容形态，深刻地影响着国际话语权的建构。

二、纵深挖掘：国际话语权的理论溯源

19 世纪末 20 世纪初，西方哲学著名的“语言转向”引发人文、社会科学诸多学科对语言问题的关注与研究。20 世纪 80 年代末，“话语”概念正式进入国际关系研究领域。国际话语权的概念是由话语权衍生出来的，如果对国际话语权的理论发展进行一番寻根溯源的探索，则可以从马克思、恩格斯的意识形态“领导权”学说、列宁的“软国家机器”思想、葛兰西的文化领导权理论、福柯的“权力话语”、约瑟夫·奈的“软实力”理论等学说、论点中找到其理论渊源。

1. 马克思、恩格斯的意识形态“领导权”学说

马克思和恩格斯在对意识形态的研究中得出了意识形态具有阶级性的结论，认为意识形态与各个阶级的阶级利益关系是紧密相连的。“一个阶级是社会上占统治地位的物质力量，同时也是社会上占统治地位的精神力量。支配着物质生产资料的阶级，同时也支配着精神生产资料，因此，那些没有精神生产资料的人的思想，一般是隶属于这个阶级的。”[①] 在此理论中，马克思、恩格斯涉及了意识形态的“领导权”问题。对于意识形态领导权，马克思、恩格斯认为，就是思想、理论，也就是意识形态的影响力、说服力和战斗力。

① 《马克思恩格斯选集》(第 1 卷)，人民出版社，1995 年版，第 635 页。

认为阶级的经济基础和政治地位决定着意识形态领导权，夺取领导权是一切阶级或者集体掌握意识形态的基础和前提。“无产阶级要实现自己的解放，就必须掌握科学社会主义理论，在斗争和鼓动的各个方面加倍努力，以高度的热情把由此获得的日益明确的意识传播到工人群众中去。”

马克思和恩格斯对意识形态“领导权”学说的论述强调了无产阶级主动夺取意识形态领导权并且去努力维护的迫切愿望。意识形态是代表统治阶级意志的思想和理论，它所表达的正是统治阶级的话语，所运用的也正是统治阶级的话语体系和话语平台，所寻求和维护的正是统治阶级可以将本阶级意志上升为国家意志的话语权利，所彰显的正是强制被统治阶级服从的话语权力。在这一学说中，马克思和恩格斯已经对话语权的重要性和强大作用力有所述及。而当今的话语权正是各个阶级、各个集体表达自身、维护自身相关利益的一种重要权利。马克思、恩格斯意识形态领导权学说为话语权理论的产生和发展运用提供了思想基础，先见性地指明了其本质要义。

2. 列宁的“软国家机器”思想

列宁的“软国家机器”思想是对马克思、恩格斯意识形态领导权学说的继承与发展。列宁认为，统治阶级在实施其阶级统治的时候，不仅仅使用“披着甲胄的”实体性工具，如通过一系列制度和暴力设施来维护自己的阶级利益，而且使用观念性的工具，即通过意识形态从思想上制约和控制人民的思想，同化被统治阶级的阶级意识，以观念性的东西来消解人民的反抗意识，从而达到阶级统治长久延续的目的。统治阶级不仅仅有“硬性”的统治工具，更有“软性”的统治工具。

在此基础上，列宁又进一步提出了意识形态党性原则和意识形态灌输理论。列宁认为，无产阶级对于本阶级的意识形态应该保持高度的自觉性和坚定性，必须明白马克思主义对于自身的重要意义，自觉学习和掌握，并且要坚定不移将这一科学理论推广，使它成为武装全阶级进行革命斗争的强大理论武器。

除此之外，列宁认为意识形态并不是哪个阶级随意就能够一下子掌握的，而是要通过强大的思想宣传平台，不断地从外部灌输给阶级成员。“无产阶级夺取了政权，要想发挥意识形态‘软国家机器’的作用，也必须将马克思主义灌输给国内各个阶级，使马克思主义由无产阶级的意识形态上升为社会主义国家的国家意识形态，进而维护无产阶级的阶级统治。”①

不难看出，列宁的“软国家机器”思想指出了观念的重要力量，将之上升为统治阶级的统治思想的观念、意识等，能够超越个人和阶级，通过灌输和潜移默化能够发挥出巨大的影响作用。列宁就十分重视电影发展，主张利用电影对人民进行思想教育，提高广大劳动群众文化水平。无产阶级将马克思主义这一先进科学理论作为自己声音和思想的代表作，成为斗争时期的有效武器和社会主义现代化建设的重要指引，由此形成的马克思主义的“话语体系”不仅仅是反映社会现实的权利诉求，更是主动改变阶级力量和国家政权的先驱力量。

3. 葛兰西的霸权理论

霸权理论是 20 世纪 20 年代至 40 年代由意大利共产党总书记安东尼奥·葛兰西在漫长而悲惨的监禁生涯中钻研出的，这一举世闻名的重要理论创造为 20 世纪的马克思主义思想做出了重大贡献。葛兰西是一位富有独创性的思想家、革命家和政治家，同时也是“欧洲共产主义”思想的肇始者，也是“西方马克思主义”的鼻祖。

霸权理论在葛兰西的思想中具有多重维度，在其著作《狱中札记》里，葛兰西具体论述了三种类型的霸权概念：第一种类型的霸权是指政治霸权。政治霸权强调的是国家统治的暴力层面，是狭义上的

---

① 郭品：《软实力视域下的中国国际话语权提升对策研究》，宁波大学硕士毕业论文，思想政治教育，2012 年 2 月 17 日。

“统治”。葛兰西认为“国家的基础是狭义的政府强制机构”，“国家机关代表司法治理的强制和惩罚力量”，等等。第二种类型的霸权是指文化霸权。文化霸权在葛兰西霸权理论中最具有原创性意义，在《狱中札记》中葛兰西谈到霸权时指的就是文化霸权。我国台湾地区的学者把“霸权”直接翻译成“文化霸权”，就是想用“文化”这个定语来表明葛兰西霸权概念的本质含义。葛兰西指出，“一个社会集团的至高无上的地位表现在以下两个方面：即‘统治’与‘知识和道德的霸权’。一个社会集团统治着它往往会‘清除’或者甚至以暴力来制服的社会集团，他领导着同类的和结盟的集团”。第三种类型的霸权是“完整的霸权”。这是前两种类型霸权的综合和统一，同时也是最核心的部分。葛兰西的霸权理论区别于列宁在“软国家机器”学说中的观念影响具有外部性、方向性和强制成分，而是更多地强调文化的“内化”作用。葛兰西从政治统治的合法性出发，指出无产阶级不仅要争夺文化“领导”，更为重要的是，必须夺取文化领导“权”。“文化领导权”关系的是文化领导能否被接受、被认同，能否合法化的问题。他认为，西方无产阶级在当时所能采取的革命道路，必须以夺取资产阶级建立在市民社会中的文化领导权为首要目标。否则，即便掌握了政权，执政也不会长久。

梳理葛兰西的文化领导权理论，不难发现，与马克思、恩格斯的意识形态领导权理论，列宁的“软国家机器”思想相比，葛兰西的创新就在于突出了“话语权”的合法性问题。这对于致力于夺取政权和实现本阶级话语转化为“国家话语”的无产阶级来说，至关重要。即使到了无产阶级掌握国家政权以后，在考虑如何获取并维持政治统治合法性的同时，也必须考虑如何获取并维持文化领导权的合法性。这是一个历久弥新的问题，也是“话语权”如何论证自身合法性的具体表现。

4. 福柯的权力话语理论

米歇尔·福柯（Michel Foucault）是 20 世纪法国闻名于世的思想

家，其最为著名的思想就是“权力话语”，这是一个关于话语与社会权力关系的理论，即微观权力思想。1970年12月，福柯在其就任法兰西学院院士时的演讲《话语的秩序》中，提出了“话语即权力”的著名命题，他认为话语不仅仅是思维符号和交际工具，而且是人们斗争的手段和目的，“话语是权力，人通过话语赋予自己权力”。

福柯认为：“语言的实际社会应用问题比语言本身更重要，语言的基本问题，不是语言的形式结构，而是它在社会实际应用中同社会文化因素的实际关联，是语言论述的结构及其操作技巧、策略的问题，也就是语言应用中的话语问题。”① 福柯将一切社会文化问题产生的症结，都归结到了“语言话语”以及各种话语的实践上去。正如有学者指出的那样：“不论福柯关注什么问题，他所发现的都是话语；而无论这些话语从哪里产生，福柯看到的都是一场争斗，一方是那些声称自己对话语拥有‘权力’的集团，而另一方则是那些被否认对他们自身的话语拥有权力的集团。”②

“话语”作为一个术语，最早出现在语言学中，并在语言学领域中被频繁使用，到了20世纪“话语”的概念逐渐从语言学领域扩展到其他许多领域，诸如历史学、社会学、文学批评等。“话语”在这些领域的使用使得“话语”一词突破了语言学的界限，具有了历史维度和社会维度。到米歇尔·福柯为止，“话语权”的概念得以提出并且初步确立，他的这一论断极其具有创新性，以至于“福柯的话语分析方法被社会学家广泛地当作一种模式”。福柯的话语理论突破了谈话行为、课堂话语等语言范畴的局限，而将话语置于语言和言语之间的一个全新的层面之上，现在将话语还原成为构成知识和人类活动的一种方式。福柯的话语理论突破了结构主义语言学“语言—言语”二分法的思维定式，深刻地探索了话语与权力的关系、话语在社会变化中的功能等多维领域。首创性地将话语与权力和知

---

① 石义彬、王勇：《福柯话语理论评析》，载《新闻与传播评论》2010年第3期，第67页。

② 约翰·斯特罗克：《结构主义以来》（渠东等译），沈阳·辽宁教育出版社，1998年版，第97页。

识联系到一起，为“话语权”提供了更为具体的合理性，同时也为“话语权力”找到了可能的路径以及在不同环境下的不同运作方法，这也是福柯权力话语理论对现今话语权理论的重要贡献之一。

5. 约瑟夫 · 奈的“软实力”理论

约瑟夫·奈是国际关系理论中新自由主义学派的代表人物，以最早提出“软实力”（soft power）概念而闻名。约瑟夫·奈从权力对他人施加影响的作用方式上，将权力划分为“硬实力”和“软实力”两个方面。“硬实力”（hard power）通常包括基本资源（如土地面积、人口、自然资源）、军事力量、经济力量和科技力量等，指的是那些与具有支配性实力的具体资源相关的“硬性命令式权力”（hard command power）；“软实力”指的是与诸如文化、意识形态和制度等抽象资源相关的，决定他人偏好的“软性同化式权力”（soft co-optive power）。“硬实力”往往与一个国家的强制措施密不可分，而“软实力”则与文化、制度和意识形态等抽象资源和潜在力量有关，分为国家的凝聚力、文化被普遍认同的程度和参与国际机构的程度等。约瑟夫·奈将“软实力”的主要内容概括为三个方面：1. 文化吸引力，即普世性文化，也就是具有全球吸引力的文化；2. 意识形态或政治价值观念的吸引力；3. 塑造国际规则和决定政治议题的能力。

“软实力”和“硬实力”同样重要，但是在当今信息社会，“软实力”表现得日益突出，“软实力”理论的提出为以美国为首的西方发达国家的文化霸权、话语霸权在全世界范围内的迅速扩张提供了理论基础和动力支撑。约瑟夫·奈的“软实力”理论在正确的历史时期为各国的发展指出了隐藏在传统权力背后的一个强大的但是隐性的权力，这使得越来越多的国家在当今社会中都逐渐认识到拥有“话语权力”是谋求国家的国际地位、谋求更好发展的必然要求。约瑟夫·奈的“软实力”理论指明了话语权在整个权力体系中的巨大影响力和不可或缺的重要性，这也正是“软实力”理论在全球化不断推进的背景下备受追捧和认同的重要原因之一。而以视听作品为主要内容的影视文化软实力成为国家软实力的重要表征，在建构国家软实力中起着举足轻重的作用。

除了以上这些重要理论之外，哈贝马斯的“合法化”理论、罗兰·巴特的“泛符号化”等思想都可以从某种角度上看作是话语权理论的重要理论基础，这些重要理论为话语权理论的产生、发展、完善和丰富提供了有力的支撑和强大的动力。

三、当代重构：国际话语权的重新认知

近些年来，话语权在世界范围内都是一个高频词汇，被各国不断地发展和践行着，在全球化不断推进的时代背景之下，以西方发达国家为首的话语权争夺更是愈演愈烈。现代各国对话语权争夺的实践基础上，同时也在马克思、恩格斯的意识形态“领导权”学说、列宁的“软国家机器”思想、葛兰西的“霸权”理论、福柯的“权力话语”、哈贝马斯的“合法化”理论以及罗兰·巴特的“泛符号化”等经典理论的基础上，我们可以得出以下几点有关话语权的基本认识。

1. “话语”不单纯等于“声音”

“话语”并不完全等同于一种“声音”(voice)，因此，也不能够将“话语”简单地理解为“声音”。“话语是制造和再造意义的社会化过程”，在理解话语权时要丰富“话语”的内涵，从简单的语言范畴中丰满起来，赋予其丰富的社会属性和权力属性。“话语权”也不等同于“说话权”，虽然话语权既包含“权利”(right)概念，也包含“权力”(power)概念，但其本质是“权力”。说话权寻求发声的权利，而话语权则是在发挥说话权的基础上，使得话语得以最终被确认并产生影响和反馈。在当今，谁掌握话语权谁就能够决定舆论走向，谁就是话语权竞争中的胜利者。

2. 话语权蕴含权力和价值观

葛兰西较早从意识形态斗争的角度涉及话语及话语权的问题，他认为："一个社会集团的至尊地位以两种方式展现自身，其一是'支配'，其二是'知识和道德领导权'。"[①] 前一种形式表现为上层建筑的国家机器，后一种形式则体现为文化领导权或称话语权。而在后现代思想家福柯那里，权力和话语则成了他理论中的核心词汇。在他看来，"权力形式是一种知识方式"，权力和知识是"共生体"。从这些观点中可以看出，话语权既包含了具有支配作用的权力，又是一定阶级或集团意识形态的反映，包含着某一阶级或社会集团的利益诉求和价值观要求。

3. 硬实力是话语权的基础，软实力是话语权的表现

在话语权的竞争中，西方发达国家占有很大优势，我国的话语权与西方很多发达国家相比依然呈现出了"西强我弱"的状态，长期难以扭转。在话语权的竞争中，一个国家的政治、经济、军事、文化和科技等硬实力是话语权的基础，决定着话语权力的大小。而话语权是国家软实力的重要体现，一个国家是否具有国际话语权是这个国家软实力的重要衡量标准之一，同时一国的软实力又能够作用于国际话语权的争夺。

4. 话语权与国家利益密切相关

具有国际话语权的国家才能够更好地在国际社会发展和在全球性问题中享有更多的发表意见的权利和影响力，才能够使一国在国际事务中充分运用其参与权、知情权和表达意见的权利，只有这样才能够在国际事务中处于主动地位，使得主权国家有机会按照本国的核心利益来影响甚至决定国际事务和事件的走向，从而确保本国的利益得以实现。具有国际话语权的国家总能够在国际事务中占据

① 刘笑盈：《再论一流媒体与中国的话语权时代》，载《现代传播》（《中国传媒大学学报》）2010 年第 2 期，第 6—10 页。

主动，因此，国际话语权与国家的核心利益有着密不可分的关系，各国都想在国际话语权竞争中取胜，都是本着维护自身核心利益这一主要原则。

5. 话语权与社会意识形态密切相关

国际话语权最基本的层面是国家利益的表现，但是每一个国家都有统治阶级的社会意识形态，所以在国际政治权力背后，蕴藏着的更深层的表现就是社会的意识形态。社会意识形态是国际话语权的基础，二者是密切相关的。在分析与理解国际话语权的同时，也需要对国家内部的阶层、社会关系及其运行进行相对深入的分析，重视其内在的复杂性。

6. 话语权受社会历史条件的制约

任何事物都是普遍联系的，话语权也同样不是孤立的存在，而要受社会历史条件的制约。正如福柯所言："在任何社会中，话语的生产是根据一定的程序被控制、选择、组织和再分配的。"[①]"福柯提出了话语内部秩序控制的三组力量：外部力量的控制、话语内部的控制和对话语主体的控制。"[②] 话语权与硬实力有关。但就话语平台来讲，比如媒体对话语权的表现同样受到媒体的制约，在话语传播过程中同样有把关人对其再次地加工和取舍，在编码和解码的过程中同样产生话语表达和理解上的"错位"，这都制约和影响着话语权的表现和传播。因此，话语权并不是封闭的，更不是孤立存在的，它始终受社会历史条件的制约。

---

① 黄华：《论话语的秩序》，载《北京行政学院学报》2006 年第 2 期，第 28 页。

② 刘笑盈：《再论一流媒体与中国的话语权时代》，载《现代传播》（《中国传媒大学学报》）2010 年第 2 期，第 6—10 页。

第二节　国际传播中的机遇与挑战

一、中国面临的国际舆论现状

“他们无法表述自己，他们必须被别人表述。”[①] 这是著名的美籍巴勒斯坦学者萨义德在其成名作《东方学》一书的开头引用的马克思的这句传神之语，用来描述东方和西方的不平等关系。尽管在现如今，我国意识到了国际话语权和占据主动权的重要性，开始拒绝在“被建构”和“失语”中生存。长久以来，国际话语权一直掌握在西方媒体的手中，中国不仅没有国际话语权，甚至连“中国议题”也是西方媒体设计出来的。

当前，国际舆论中的“西强我弱”早已成为一个困扰中国国际形象的大问题。这里面有政治、经济等原因，更有由于中西方文化误解和传播方式差异的因素。多年以来，由于中国影视在国际舆论中的力量相对弱小，在国际事务中经常被误读、曲解甚至被歪曲、污蔑。长久以来，西方发达国家围绕人权、民主、台湾地区、西藏、新疆等一些热点问题、突发事件，常常率先发难，与我争夺话语权，他们往往先声夺人，形成强大的话语压制，掌握话语霸权。2008 年，西方媒体对“拉萨‘3·14’打砸抢烧事件”的失实报道，本质上是中国与西方媒体争夺话语权的斗争，是国际话语霸权与反霸权斗争的一个例证。西藏问题是近年来西方反华势力指责中国违反人权、灭绝藏族文化和宗教的老题目。西方政客和媒体与达赖集团沆瀣一气，互相唱和，围绕着这类老题目做文章，乐此不疲。尽管中国的经济

① 爱德华·W. 萨义德：《东方学》（王宇根译），北京·生活·读书·新知三联书店，2000 年版，扉页。

腾飞换来一大批西方学者用“中国共识”等理论高度赞扬，但在一系列灾难事件中，部分西方利益集团操纵的国际舆论报道借机发动了一场“以偏概全”的新闻战争。他们忽视中方立场，对视觉影像“张冠李戴”，“选择性编辑”，损害了中国国家形象。他们甚至在一些国际峰会上通过电视手段将傲慢无礼、民族仇恨、气候变化、环境恶化等罪名一股脑强加于中国身上，结果导致“中国不高兴”“中国很生气”一类的凸显民族主义的论点和极端言论开始盛行，这促使中国与世界的隔阂进一步加剧。由此，也可见视听内容在“话语权”建构中的重要性。如何运用视听内容展现真实，避免由恶意剪辑造成的歪曲事实与负面意义；如何选择时机，适时推出内容；如何在媒介融合的背景下选择适当的渠道或平台进行传播（或跨媒体传播）；等等，都是视听产品在国际传播中应当注重的问题。

当前对中国而言，还没有建立起世界承认的独立话语体系，中国还没有一个具有世界影响力的话语传播平台，中国的本国媒体系统尚不成熟，没有世界级的媒体和世界级的影响，更重要的是，作为国际话语权代表的西方主流媒体系统依然走在对中国保持偏见、不断中伤的道路上……不可否认，在新中国建国前30年里，中国的一些话语在国际上有着广泛的影响力。比如20世纪50年代确立的和平共处五项原则，60年代毛泽东提出的“三个世界”划分理论，70年代中国在中美苏大三角中的发言权，等等。改革开放以来，中国电视在对国际传播上曾进行过有益的尝试。1997年，“小平逝世”“长江截流”“香港回归”“中美首脑正式会晤”“十五大召开”等众多重大历史事件，促使1997年成为中国争取国际话语权的突围年。借助香港回归，世界各国纷纷在中国开设记者站，千名媒体工作人员进驻，中国新闻机构也借机打出“宣传组合拳”，引导国际舆论正面展现中国。相比之下，20世纪90年代之后中国影响世界的能力虽然在总体上增强了，但是自己影响国际社会的话语权反而下降了。其中包含复杂的原因，如在复杂的国际环境中与世界接轨和韬光养晦的策略等等多元因素。

2010年，我国共出版图书32.8万种，与此同时，全国500多家出版社的收入总和不及德国贝塔斯曼集团一家的年收入；全世界每100本图书中，85本由发达国家流向不发达国家。全世界每100小时音像制品中，74个小时由发达国家流向不发达国家；美国生产的电影占全球影片数量的10%，却占用了全世界一半的观影时间。[①]

看到以上这些数据，不得不令人深思。

近些年来，我国经济的持续快速发展在国际上产生的巨大影响，让很多过去不大关心中国的人开始重视中国社会的各个方面。“硬实力”带动着中国的“软实力”不断上升。但是单单从以上这几组数据中就能够轻易看出我国的文化产品仍然存在巨大的外贸赤字，以文化为核心的中国“软实力”还相当薄弱。

当年，一部《泰坦尼克号》拿走了中国3.2亿元的票房，而那一年中国的票房总收入只有14.4亿元，美国的一部片子就拿走了近1/5的票房。这些年随处可见的麦当劳、星巴克，甚至是《谁动了我的奶酪》这样的书籍都成了年轻人追捧的畅销书。反观中国的文化产品对美国的影响，我们输出产品的种类，获取的利润又有多少呢？随着电影的平民化、大众化，每年有不少国外大片被引进，引得我国影迷们争相追捧。来自国家广播电视总局等权威部门的统计数据显示，中国电影的外销呈“三少现象”：一是海外票房少，2011年中国电影海外票房和销售收入达20.46亿元，海外票房比2010年有所下降，中国电影文化与发达国家相比还十分缺乏足够的竞争力与影响力；二是连续增长少，近5年中国电影的海外收入虽增长113%，但明显低于国内票房410%的增幅；三是进入海外主流院线的中国影片少，2010年达成出口交易的纯国产影片仅1部。在2011年引进的国外影片中，好莱坞大片的破亿率就达到3/4，我国甚至已经成为欧美电影票房的总仓库，大片们顺利卷走大量票房收益的同时，还成功地传播了西方文化和理念。在这一派繁荣的背后，映射的却是我国文化作品的数量有余、质量不足。我国电影面对如此的外销窘境，若想

① 任仲平：《文化强国的“中国道路”》，2011年10月15日《人民日报》，第1版。

突出重围还需要电影人不懈坚持和努力，影视作品是实现国际传播的重要手段之一，拿出高质量的影视作品不仅可以抵抗国外电影的竞争压力，还可以让我国更多的优秀作品走出去，推动中国电影的海外落地，展现一个真实美好的中国。

与经济的贸易顺差相比，我国文化方面的贸易逆差形势依然严重。虽然近年来我国文化产业发展迅猛，但由于起步晚、基础薄弱，加上缺乏必要的财政资金支持，目前在国际市场中仍处于相对劣势地位。数据显示，我国文化产业竞争力指数仅为美国的 24%、英国的 29% 和日本的 38%。受此影响，我国文化产业在国民经济中的贡献率远远低于美国等发达国家，如 2011 年中国文化产业总产值预计达到 39.648 亿元，占 GDP 比重首次超过 3%，而美国的文化产业已占到整个 GDP 的 1/3。由此可见，我国在输出文化产品的同时，并没能成功地输出中国的影响力，这将极其不利于我国的国际传播发展，势必也将会给我国的经济发展带来巨大阻碍。

我国有几千年的悠久历史文化，瓷器、丝绸、古乐、武术，编织成一件华美却陈旧的外衣，披在今日中国的身上。五千年博大精深的传统文化看起来正在与老百姓生活习惯渐行渐远，也与日渐强盛的现代中国经济似乎毫不相干，这是可口可乐中国有限公司总裁陈奇伟曾经深切的感慨。文化是一个国家的品牌，可是现在我们这个品牌却面目模糊。我国是个文化大国，但离文化强国还有一定的距离。我国文化产品的输出困境和贸易逆差，使得长城、京剧和四大发明等仅仅作为“符号”，仍然是西方多数人对中国的全部认识，这不得不说是我国文化发展的一个悲剧。一个历史如此深厚的国家，要有一个有效的方式表达自己，要让世界充分了解自己，因此，大力发展我国的国际传播事业，展现给世界一个真实的中国、完整的中国、全面的中国是非常必要的。

尽管面临着复杂的国际环境，在话语权争夺中处于劣势地位，但随着逐渐的摸索和努力，在国际话语权争夺战中，我国也有了一些令人鼓舞的表现。2008 年至 2009 年，中国经历了大喜大悲的两年，从雨雪冰灾、四川地震到北京奥运，一系列事件促使中国在国际传播方面迎来了一个全新的语境与格局。

海内外华人抗震救灾的视频画面，“歪打正着”地改变了西方媒体对中国的印象。国际传媒领域一直高调提倡“民族的就是世界的”，但长久以来中华民族的宽广情怀和仁爱精神却始终被西方所忽视或误读，美国式的爱国主义饱含了浓厚的民族自豪感和优越感，但缺乏民族悲愤和牺牲壮志。汶川地震改变了西方对中国的看法，也让双方看到了加深沟通的希望所在、基础所在。真正开放透明的舆论环境，换来了与国际接轨的融洽的国际传播气氛，中国政府借助“天灾”打了一场前所未有的舆论翻身仗，有力地反驳了中国威胁论，国外媒体的报道最终由质疑转变为赞扬。但国际话语权并非一成不变的，21 世纪的第二个十年，随着中国经济的进一步崛起、国际地位的进一步提高，在国际上却形成了多国对中国的“围堵”，特别是新冠疫情在全球爆发以来，显得尤为突出。因西方人思维中固有的斗争思维、两极分化思维以及刻板印象，面对中国在疫情防控中的优秀表现,却抛出如“中国病毒”“武汉病毒”“中国疫情源头论”“中国不透明论”等污名化论调。虽然这些问题都不是“传播”能完全解决得了的，其背后有着复杂的政治经济、思想文化、社会阶层的因素，但传播依旧是重要的影响因子，值得认真分析与合理运用。

二、中国在国际传播中的努力

1. 努力践行文化强国战略

在全球化传播时代，国家之间的竞争，并不完全取决于国家的经济发展与军事建设，正如“软实力”概念的首创者约瑟夫·奈所说：“胜负还取决于谁讲的故事更能够赢得人心。”目前，我国已成为全球第二大经济体，我国的国际地位也在与日俱增，但与此同时，外界对我国的误读误解仍然不少，对我国的了解依然太少，作为世界第二大经济体，我国还是未能真正发出自己的声音。据一项调查显示，目前全球 90% 以上的新闻信息是西方主要媒体提供的，形成了“一犬吠日、众犬吠声”的态势。随着中国国际地位的提升，对外传播的作用日渐凸显。中宣部原部长刘云山曾经刊文强调我国加强对外传播的迫切性：“当今时代谁的传播手段先进、传播能力强大，谁的文化理念和价值观念就能更广泛地流传，谁就能更有力地影响世界。构建覆盖广泛、技术先进的现代传播体系，形成与我国经济社会发展水平和国际地位相称的传播能力，已经成为一项十分紧迫的战略任务。”

2010 年 7 月 23 日，时任中共中央总书记胡锦涛在中共中央政治局第二十二次集体学习时指出：“改革开放以来，我国文化建设加快发展、文化日益繁荣，开创了中国特色社会主义文化建设新局面。综合观察当前国际国内形势，我国文化建设既面临许多有利条件也面临严峻挑战。深入推进文化体制改革，推动文化建设和经济建设、政治建设、社会建设协调发展，已成为实现科学发展的必然要求。”胡锦涛强调，“要精心打造中华民族文化品牌，提高我国文化产业国际竞争力，推动中华文化走向世界”。党的十八大以来，习近平总书记多次强调“要努力提高国际话语权”。2013 年 12 月 30 日，习近平总书记在中共中央政治局第十二次集体学习时指出：“提高国家文化软实力，要努力提高国际话语权。要加强国际传播能力建设，精心构建对外话语体系，发挥好新兴媒体作用，增强对外话语的创造力、感召力、公信力，讲好中国故事，传播好中国声音，阐释好中国特色。”[①]2016 年 2 月 19 日党的新闻舆论工作座谈会上，习近平总书记强调要遵循新闻传播规律，创新方法手段，建立对外传播话语体系，增强国际话语权。这次会议上，习近平总书记系统地阐述了构建对外传播话语体系的任务、方法、策略、手段和责任主体。

2020 年 9 月 26 日中共中央办公厅、国务院办公厅在《关于加快推进媒体深度融合发展的意见》中指出，要推动传统媒体和新兴媒

① 习近平：《习近平：建设社会主义文化强国 着力提高国家文化软实力》，http://www.xinhuanet.com/politics/2013-12/31/c_118788013.htm。

体在体制机制、政策措施、流程管理、人才技术等方面加快融合步伐，尽快建成一批具有强大影响力和竞争力的新型主流媒体，逐步构建网上网下一体、内宣外宣联动的主流舆论格局，建立以内容建设为根本、先进技术为支撑、创新管理为保障的全媒体传播体系。

近些年来，我国恪守文化强国战略，努力打造先进的文化和思想理念以在国际交往和话语权竞争中取胜。

首先，我国正积极地强化传统媒体，特别是中央“三报一刊”和“中央三大台”的国际传播品牌形象，传播以“和平、发展、合作”为价值观的外交精神，积极主动地提升中央媒体在海外的“知名度、美誉度和忠诚度”，积极为党和国家创造有利的外部舆论环境。在这种战略格局下，“十一五”期间以中央各大媒体为主体的中国国际传播大军就已开始“挥师西进”。中央三大台增设了各类小语种频道，实现了多种语言、几十个频道的国际化布局。新华社及三报一刊也将逐步开设中、英、法、西、俄等多种文字的新闻内容。

第二，我国高度重视互联网在国际传播和国际话语权竞争中日渐崛起的地位，同时努力提高中国各级行政领导驾驭网络工具的水平和能力。目前，将网络视为对外传播的助推器已成为时代主流，近些年来，我国从一些失败的国际传播案例中得出结论：国内的某些领导干部对待互联网上的消极舆论采取简单的堵、盖、封等传统方法其实具有巨大的弊端，认识到这种做法显然不符合国际传播的精神。我国的各级党政官员开始意识到，在国际传播和对外交往中不应视互联网为洪水猛兽，而应视其为“党宣政宣的新窗口，服务民众的好平台，了解民意的直通车，社会心理的调节器”，也逐渐认识到了网络的利用是推进社会主义民主政治发展的一种新方式，更是国际传播和争夺国际话语权的新途径。

第三，我国积极平衡针对发达国家与发展中国家的国际传播的投入，强化中国形象在国际舞台中的重要性，避免国际传播中的“一边倒”现象。近年来，随着中国与四大经济区域的经济贸易额度逐年攀升，中国针对这些国家和地区均投入了大量的国际传播力量，但由于经济、科技、商贸等领域的限制，针对非洲、拉美、中东、东南亚这四大发展中国家密集地区的国际传播明显不足，但是也在积极的改进当中。我们通过不断的国际传播和交往活动，逐渐认清了发达国家“远交近伐”“亦敌亦友”的本质，认识到了发展中国家才是中国“永远的朋友”，争取到多数发展中国家的理解与支持就是赢得了国际话语权。

一个国家、一个民族有没有先进、繁荣的强大文化，对国家的兴衰存亡至关重要。一个国家硬实力搞不好，可能一打就跨；如果一个国家文化软实力不行，可能不打自垮。我国在注重经济硬实力发展的同时，还大力促进软实力不断进步，使得我国能够真正做到两条腿走路，在世界的道路上走得稳、走得好。习近平总书记曾说：“读书学习应是一种生活态度、一种工作责任、一种精神追求。只有自觉做到爱读书、读好书、善读书，把学习作为工作生活中非常重要的一部分，才能不断坚定理想信念、提高政治素养、锤炼道德操守、提升思想境界，才能真正把握人生道理、领悟人生真谛、体会人生价值、实践人生追求。我们党才会永葆先进，我们国家的事业才能不断兴旺发达。这才是学习的全部真谛。”习近平总书记反复强调领导干部要认真学习、加强学习，可谓语重心长，期望切切，充分表明了学习之重要、文化发展之迫切。

传播与艺术在最高境界是彼此相通的。在国际传播工作中，战略的高度、广阔的视野和巧妙的方式，三者互相依存，缺一不可。原清华大学新闻与传播学院院长范敬宜曾列举白居易《琵琶行》“大弦嘈嘈如急雨，小弦切切如私语。大弦小弦错杂弹，大珠小珠落玉盘”来形容目前中国对外传播工作的弊端。这种“只强调理直气壮，不讲究委婉曲折；只强调大雨倾盆，不讲究细雨润物；只强调大开大合，不讲究以小见大；只强调浓墨重彩，不讲究轻描淡写”[①] 的传播方式必然有损宣传效果。

① 《谈国际传播人才的综合素质——访清华大学新闻与传播学院院长范敬宜》，2005 年 5 月 26 日（中国网）。

国际传播工作在贴近实际、贴近生活、贴近受众的基础上必须讲求艺术性和差异性。当代中国的国际传播对象已经与过去发生了很大变化，既包括美国、日本、西欧等发达经济体，也包括东南亚、中东、拉美等地区的发展中国家；既包括普通人群，也包括商界、政界的“精英”；既包括儒家文化区，也包括佛教、伊斯兰教、基督教等文化区。因此，必须改进宣传方式，增强宣传效果，摒弃过去那种“以我为主”、轻视接受对象和传播效果的国际传播理念和做法，积极把握受众群体的接受习惯和心理特点，力求让不同地区、不同国家、不同宗教文化的受众喜闻乐见。

追溯国际传播理论的历史渊源，马克思和恩格斯两位革命导师曾多次对艺术化的宣传做过精辟论述。他们首先反对非白即黑的简单化的宣传倾向和抽象化的宣传方式，对宣传者来说“敌情”意识是经常存在的，但如果对“敌情”意识认识简单化，就会导致一种黑白分明的简单化的宣传倾向。恩格斯指出，这种宣传实际上是“服从对手的规则”，不但得不到任何宣传效果，反而容易陷入对手的陷阱，“因为我的对手说黑的，我就说白的——这纯粹是服从对手的规则，这也是一种幼稚的政策”。①

马克思、恩格斯十分厌恶把宣传变为空洞、肤浅的政治说教，他们曾对毫不重视宣传技巧，只会重复、说教的宣传方式进行了严厉批评。两位伟人要求宣传具有特色，富有艺术魅力，或警醒，或幽默，或一语中的，或辛辣讽刺。他们不仅从正面论述了宣传的经验、风格和艺术，同时也从反面总结了一些宣传上应该记取的教训。

21世纪是多元融合的世纪，中国需要更多地了解世界，世界也需要客观地认识中国。目前，中国已经成为无可争议的外宣大国，但是中国离“外宣强国”的目标还很遥远。与巨大的行业规模相比，我们能够承担起塑造中国形象的宣传品和文化精品严重匮乏，国际传播手段和国际传播技巧的运用也与西方有很大差距。尤其在当前复杂的国际环境中，要赢得国际上的话语权，不仅需要强大的经济

---

① 《马克思恩格斯全集》（第44卷），人民出版社，1982年版，第213—214页。

实力、科技实力和国防实力，同样需要强大的国际传播实力。我们必须增强忧患意识，加快提高国际传播能力和国际传播水准，在国际话语权的竞争中占据制高点，掌握主动权。

国际传播工作和中国的国际话语权竞争任重而道远。从 2009 年开始，中宣部每年主办一次“全国对外传播理论研讨会”，这为中国国际传播战略规制的制定和研究提供了丰富的学术土壤。新语境下，中国形象的塑造离不开国际传播这个代表“软实力”的文化产业的繁荣、进步。我们必须创造性地、艺术性地发挥中国国际传播的传播力和影响力，肩负起“民族文化大使”的使命，全面客观地向世界介绍中国特色社会主义物质文明、政治文明和精神文明不断发展的进程，让世界真正了解一个和平崛起的、对世界富有责任心的中国。

2. 强化媒体发展，抵制文化渗透

进入新媒体时代，网络传播的及时性、便捷性，使得国外影视资源的网络传播更为迅猛，传统媒体之间的互为渗透也更趋复杂。以美英等国家为首的西方传媒机构和媒介巨头善于以进口大片和依靠网络传播的电视剧等“软实力”的形式抢滩国内市场，从而达到宣传目的，西方电视产品通过“阳光下”的产品整合行销手段和“阴影中”的网络地下传播渠道潜入内陆。随着国际社会多级格局日趋复杂、文化跨地域传播日益交错，西方的审美价值观正演变成一种全球性的普遍标准，侵蚀着世界其他地区的传统审美文化，使中国电视业的实践与学术两大领域都普遍感到压力。中国电视对外传播既面临着国内影视生态格局的复杂建构与整合，也面临着“文化帝国主义和美国化”的侵蚀与困境。

新媒体时代电视与新媒体的嫁接成为趋势，中央电视台成立国家网络电视台，新华社也成立国家电视台，各大媒体均密切注意到了新媒体冲击下对外传媒语境的变革。传统电视是世界人民都喜闻乐见的传播媒介，对传播多元价值观、共享文化信息，对不同种族、

民族、宗教信仰、价值观消除误解，对增强互信起着最为重要的沟通作用。然而，在市场经济为导向浪潮的冲击下，中国电视的国际传播属性却显示出严重的后劲不足，宣传属性日渐淡漠，电视的商品消费属性被一批经济利益至上的电视人唤醒，刹那间娱乐风、选秀风肆虐，活动造势、海选赢利无处不在，“专业化”和“制播分离”的浪潮对娱乐、电视剧、体育、经济等各类“赚钱节目”均打开了绿灯，然而缺少了政府资金扶持的宣传类新闻、国际传播节目，有助于中国文化走出去的纪录片、专题片等却停滞不前，尴尬地徘徊在文化市场的边缘。

“软实力”意味着一个国家文化与意识形态的吸引力与影响力。“向世界说明中国”这个标志国家文化软力量的命题意味着，中国已在国家战略的层面高度重视和加强国际传播中的吸引力、感染力和影响力，正在通过“软实力”的象征机制提高中国特色社会主义文化的吸纳力，提高中国媒体引导世界舆论的能力和水平，构建与中国国际地位相一致的中国国际传播能力。应当“努力抢占先机，赢得话语权，掌握主动权”，“努力抓住提高舆论引导能力和国际传播能力这个重大课题”。①

在这个新的战略布局下，各大中央媒体，特别是中国电视大军开始“挥师西进”。中央电视台开始增设各类小语种频道，几年内实现 7 种语言、11 个频道的国际化布局，新华社也将开设中、英、法、西、俄等多种文字网络新闻视频。电视国际传播的新任务，就是要通过国际化的观念、中国化的视角、全球化的语言，向外部世界阐明中国的政治立场、经济发展、社会生活的方方面面，说明真相，消除误解，化解矛盾，结交朋友，为中国特色社会主义事业营造和谐、良好的国际环境。

然而，掌握了舆论工具和舆论渠道，并不代表掌握了舆论。几年来，中国电视“走出去”战略的成果还不明显，效率亟待提高。

① 《外宣办新闻办：推进外宣科学发展树国家良好形象》，http://www.gov.cn/govweb/jrzg/2008-11/19/content_1153622.htm，2021 年 2 月 1 日。

如何用恰当的“心态、语态、姿态”呈现中国的政治、经济、军事、文化和人民生活的状况；如何通过视听语言正确显示中国政府和人民的透明与友好；如何才能适应国际新闻传播领域的“游戏规则”，用易于接受的媒介语言在国际舞台和对外窗口中表达中国政府和中国人民的观点、立场；如何利用好网络等新媒体优势，将电视这一生动鲜活的传统媒介更加有效地传播出去，让世界观众更加准确地了解中国、理解中国；这仍然将是中国争夺国际话语权要解决的首要问题。我国要想在国际话语权竞争中取胜、获得更多的话语权，在不断努力提高的基础上依然回避不了对这些问题的回答。

三、中国在国际传播中的机遇

近年来，随着我国的国际地位和作用不断提升，我国在国际传播和话语权竞争中表现得越来越积极。虽然在国际话语权竞争中依然处于起步阶段，话语地位尚未彻底转变，但是经过我国的不断努力，目前的国际话语权格局出现了松动，我国的国际话语权争夺遇到了机遇期，如果把握住机会将会有一个大的突破。就目前的国际舆论环境而言，我们可以用“尽管……但是”的四个句式来表达：“尽管依然是西强东弱的国际舆论格局，但是这一格局明显开始松动；尽管我国的国际地位在不断上升，但是我国媒体的地位与之还不相适应；尽管政治议题依然是舆论焦点，但是经济和文化议题增位显然开始上升；尽管传统媒体依然是舆论主角，但是新兴媒体正在分割传统媒体的话语权。”①

1. 非英语新闻不断崛起

“西强我弱”是国际舆论的传统格局，而近两年来，“西强”

① 刘笑盈：《关于构建中国话语体系的思考》，载《对外传播》2003 年第 6 期，第 58 页。

的格局逐渐开始松动，这种松动的背后深层原因是西方的衰落、新兴经济体的崛起以及多元文化格局的出现。表现在国际传播媒体上，一方面是西方过度商业化的媒体开始大幅度减少国际新闻的报道量，追求刺激性报道和负面新闻使西方媒体正在丧失感知世界的能力，随之而来的是公信力和媒体国际竞争实力的降低；另一方面，随着今日俄罗斯、半岛电视台等国际非西方媒体的出现，西方新闻界开始惊呼“非英语新闻的崛起”。

半岛电视台卫星频道是一个独立的、阿拉伯语言的频道，它从1996年11月开始，每天传送6小时的节目。1999年2月起，半岛新闻电视台实现了24小时不间断播送新闻节目的目标。在半岛电视台的手册上这样写道：“因为半岛电视台，阿拉伯的电视节目再也不相同了。”半岛电视台以其强大的国际影响力被称为“阿拉伯国家的CNN”，中东小国卡塔尔也因为半岛电视台成了外交大国。半岛电视台用了10年的时间，让卡塔尔这样一个只有67万人口的小国家走向了世界。现在不仅仅在阿拉伯世界，就是在美国、在欧洲，阿拉伯民众或关心阿拉伯世界的人们，都可以通过卫星收看到这个阿拉伯语的“海湾CNN”。不仅其收视率在急剧上升，更重要的是其影响力正在日益增加，世界对阿拉伯—伊斯兰世界的认识将因此而更为全面、客观。它的声音从阿拉伯世界传向了世界各地，它甚至可以和美国的CNN、英国的BBC并驾齐驱，一个弱势的国家发出了强势的声音。以半岛电视台为首的非英语新闻的崛起，打破了西方媒体长期垄断话语权的状况，它的出现让世界从此听到了不同的声音，正如半岛电视台的准则一样，“一个观点、另一个观点”，表明了电视台允许各种声音说话的胸怀，而它的崛起同样是这句话的最好的诠释。

非英语新闻的崛起分化了世界范围内以英美为代表的西方媒体的强势话语权。“传播的全球化与世界传播主体和声音的多元化，构成了公共领域的全球化，或者说全球性的公共领域正在一个形成的过程中。”[①] 这些变化为我国的国际传播战略和话语权的提升，提供了前所未有的机遇。

2. “把中国放在头版”

2009 年 10 月，在北京举行的世界媒体峰会上，新闻集团董事长兼首席执行官默多克向媒体称赞中国的快速发展。他说：“一份报纸希望在全球畅销最快捷的办法，就是把中国放在头版。”随着中国综合国力的迅速提升和国际地位的不断上升，中国已经成为“世界的中国”，世界的目光都聚焦在这个以前所未有的速度突飞猛进向前发展的国家。中国已经处在了世界的聚光灯之下，成为世界关注的中心，再也无法被忽略，再也无法被“边缘化”。正如 2009 年世界媒体峰会上各个国家的共同呼声一样，“感叹中国潜力，盼合作谋共存”。

传播力决定影响力，影响力决定话语权。在当今时代，谁的传播手段先进、传播能力强大，谁的价值观念和文化理念就能广为流传，谁就能掌握话语权。随着中国经济的高速增长和国际地位的迅速提高，中国文化在国家整体外交格局中的地位日益彰显，在世界上的传播力和影响力逐步提高。据统计，中国目前已同 145 个国家签订了政府间文化合作协定和近 800 个年度文化交流执行计划，与上千个文化组织保持着密切的合作关系；欢乐春节、亚洲艺术节、非洲聚焦、相约北京联欢活动、阿拉伯艺术节等一批中国文化品牌项目正在实施，市场化、商业化、产业化的对外文化交流合作项目逐年增多，中国文化“走出去”的渠道逐步拓展。

在这些有利的外部环境中，中国在经济、文化等多领域都得到了广泛认同，如果说获得媒体聚焦是获得话语权的前提，那么中国已经很好地完成了这个前提。世界正在注视着中国，这对中国来说既是机遇也是挑战，在世界的聚光灯下，一切成绩和缺点都将会被凸显、被放大，这就需要我国善于借助崛起的巨大平台，在国际活动空间

---

① 斯蒂格：《全球化社会中的新变革》（瑞典），2001 年第 1 期。

不断扩大的同时有所作为。也正是由于世界的注视，才给了中国在国际舞台上展现自我、解释自我的机会。而这一切，都是在国际传播和国际话语权竞争中取胜的一个关键。

3. 来自中国的声音不断响起

研究表明，自20世纪90年代起，西方媒体的主要议题就是政治议题，民主、人权、军事、西藏、台湾地区等问题在西方媒体中出现频率最高，直到今天也未改变这种格局。但是21世纪以来，国际的主要议题也发生了一些显著的变化，特别是近几年来，经济、贸易、环保、能源、文化、体育等议题开始增多。这给我国在国际社会中发声提供了更多的机会。其中值得注意的是经济议题的变化，从20世纪90年代的“中国经济崩溃论”，到21世纪以来的“中国责任论”，从前几年的“中国制造危险论”到最近的“中国经济贡献论”等，可以看出议题总体上正在朝对我们有利的方面变化。特别是2008年华尔街金融风暴的爆发，我国采取了市场和政府宏观调控两手果断出击，率先走出了危机。同时我国在文化对外传播和全球性问题方面也频频出声，从而形成了对我国总体有利的国际议题环境。

随着国际议题的增多，我国在国际上发声的机会大大增多，来自中国的声音不断响起，中国的思想、观点和文化等内容正在被世界上更多的国家认同和接受，这为我国国际话语权发展提供了良好的机遇。但是，尽管机遇难得，我们不难看出，很多国际议题依然掌握在西方少数发达国家的手中，我国在国际议程设置上仍然处于被动的状态。可见，我国只有努力扭转这种议题设置的被动局面，努力在国际社会的议程设置中发挥更大的作用，才能够从根本上促使我国国际话语权现状真正转变。

第三节　视听作品构建中国话语权

一、新兴媒体与话语权构建

“国际话语权的实现有三个要素：作为话语权基础的国家硬实力，表达话语的工具、渠道和方式，以及独特并被广泛理解和接受的话语体系。”[①] 目前，在第一个要素已经具备的前提下，后两个要素开始日益凸显，而且集中表现为打造我国的国际一流媒体的问题了。尽管在前几年我们就提出了一流媒体的建设问题，但是这一问题从来没有像今天这样突出。

当下，我们已经进入了多媒体、融媒体时代，这不仅使得现今的媒介环境变得异常复杂，同时也给我国的国际传播工作带来了新的机遇和挑战。不仅仅是网络第四媒体日益崛起发挥巨大作用，而且“第五媒体”也逐渐兴起并来势汹涌。报纸是第一媒体，广播是第二媒体，电视是第三媒体，互联网是第四媒体，手机则被人们称为“第五媒体”。“第五媒体”是以手机为视听终端、手机上网为平台的个性化即时信息传播载体。“第五媒体”的崛起，是我们国家社会生活特别是媒体界最重大的变化和趋势之一。20 世纪 90 年代初，中国刚刚出现手机的时候，它的个头还大得像一块砖头，人们给它起了个外号，叫“大哥大”，它不仅是当时最先进最便利的通信工具，而且因为价格昂贵，成为人们显示身份的一种标志，以至到了今天，手机普及了，“大哥大”作为“老大”的代名词，仍然流行。

时至今日，作为近年来被热炒的概念，手机报和手机电视成为

① 刘笑盈：《关于构建中国话语体系的思考》，载《对外传播》2003 年第 6 期，第 59 页。

业界人士瞩目的焦点。同时，手机报和手机电视业务也正在如火如荼地展开。数十年间，手机以空前的速度普及。据三大运营商披露的最新数字，截至 2012 年 3 月，中国手机用户数已经达到 10 亿规模。而根据中国互联网络信息中心（CNNIC）2021 年发布的第 47 次《中国互联网络发展状况统计报告》显示，截至 2020 年 12 月，我国手机网民规模为 9.86 亿，网民中使用手机上网的比例为 99.7%。[①] 其中包括的不仅是数量方面的变化，更包括了功能和性质方面的深度变化，手机的功能已经远远超出通信工具的意义，变成了一种新型的传播工具和传播体系，人们的生活与手机高度嵌合，于是便自然获得了“第五媒体”的称号，甚至手机等移动设备逐步成为了人的一个重要“器官”。

手机媒体的崛起已经是不争的事实，这是一个新兴的、发展迅猛的领域，是一个前景无限广阔、目前还难以准确预料的领域。手机媒体有着其自身的特点，其特点也是它不断壮大的原因之一。首先，具有受众的广泛性。随着人民生活水平和科技的发展，手机早已冲破了身份和阶层的限制成为百姓生活的一部分，以手机为视听终端的移动媒体早已打入社会的最深层并且在发挥着不可替代的作用。其次，具有内容的草根性。传统的媒体中，内容往往是由专业媒体人士来制作完成并且传播的，但是手机媒体的主角却是百姓自己，这种草根性在社会网络和微博中表现得尤为明显，百姓自己就是信息的制造者和传递者，因此也更具贴近性、参与性和影响力，其威力不可小觑。再次，途径的多样性。传统媒体的传播途径通常是单向传播，受众群体只能是被动接受，无法进行反馈。而“第五媒体”具备了新媒体多样传播途径和多向传播的特点，颠覆了传统媒体的单向传播形式。如在移动互联网门户、手机杂志、手机视频、二维码等应用形式中，用户不仅仅能够“消费”这些内容，如浏览观看，还能对这些内容进行互动，如评价、点评、点击进一步观看等。不

① 中国互联网络信息中心（CNNIC）：第 47 次《中国互联网络发展状况调查统计报告》，2021 年 2 月 3 日 .

仅如此，手机媒体还可以实时转发，对于手机报、电子杂志等一些文件可以无限制地转发给其他人。由此看来，“第五媒体”的传播效率要高出许多。

以互联网为代表的“信息高速公路”每天在不间断地为现代人提供大量信息，互联网的开放性、便捷性、互动性等特点使得人们可以随时获得大量信息并参与其中。而手机“第五媒体”的出现又将现代人群推入一个更为多元和便捷的环境之中。都说“三个苹果改变世界”，夏娃的苹果代表着人类叛离固定模式的努力，牛顿的苹果是人类探索世界道路上的经典一笔，而乔布斯的苹果带领现代人感知了一个全新的世界，从此将互联网装进了人们的口袋。这是一个信息高速运转与更新的时代，为我国的对外传播也带来了巨大的机遇和挑战。根据“第五媒体”的试听特点和内容要求，积极制作出长短不一、风格各异的视听产品，把握“第五媒体”草根性传播的广泛性、即时性和针对性，将会成为行之有效的传播介质。提高传播效率，有助于提高对国民的引导和教育，提高国民素质，同时促进国际传播和国际话语权竞争的进展。

除了手机媒体的不断壮大，当今仍有不少其他的新媒体日益走进人们的生活，争相抢占着公众的眼球。移动电视在伴随着现代人的旅途生活，楼宇电视让人们在行走的途中也能够接收视听画面，起到娱乐和宣传的作用……尽管如此，自新中国成立以来，我国却很少成功地向世界宣告自己究竟是怎样一个国家。中国到底是一个怎样的国家呢？70 多年来，世界对中国的印象，大多是来源于以西方媒体为主的国际媒体的报道。而在这 70 年里，随着中国社会的巨大变化，中国在西方世界的形象几度起伏，有时候甚至可以说是剧烈摇摆。2010 年是重要的一年，中国向世界交了一份满意的答卷。中国成为世界上的第二大经济体，举办了史上规模最大的世博会，创造了世界上最快的“和谐”号和运行速度最快的“天河”超级计算机。这一切都让世界惊叹。而惊叹的同时，世界对中国的敌视少了，重视多了。然而重视中却免不了有一些误读。怎么样才能够减少误读？怎么样才能够向世界呈现一个真实的中国？在新媒体不断发展的背景之下，我国的国际传播及时准确地抓住了新媒体发展的时机，成功地向世界展示了中国——从 2011 年 1 月 17 日开始，中国国家形象宣传片在美国纽约时报广场的大屏幕上亮相，从此中国形象闪耀在“世界的十字路口”。

国务院新闻办公室启动国家形象系列宣传片的拍摄工作，该片是为塑造和提升中国繁荣发展、民主进步、文明开放、和平和谐的国家形象而设立的重点项目，是在新时期探索对外传播新形式的一次有益尝试。2011 年的国家形象宣传片分为两个部分。一部分是 30 秒长度的电视宣传片，参与拍摄的人员都是国内外比较有影响力的人物，包括郎平、邓亚萍、姚明、刘翔、丁俊晖等，宣传片将会在国际主流媒体播出，以“中国人”的概念打造中国形象。另一部分是 17 分钟长度的短纪录片，提供给我国驻外使领馆及重要外宣活动使用，力图从更多角度、更广阔的视野展示当代中国。宣传片将中国的整体宏观形象细化了，或者拆分到了每一个人身上。片中有科学家，有普通的中国人，有演艺明星，有体育明星，有各种各样丰富的人物形象。这些丰富的人物形象实际上也是在告诉世界，原来中国也是一个有丰富内涵、很多元的文化大国。

自 2008 年北京奥运会以来，我国的对外宣传工作逐步加强，展示中国软实力的工作也进一步地提上日程，我国的外宣工作及时准确地抓住了世界瞩目的这一良好时机，同时也巧妙地利用了广场大屏幕这一新媒体作为传播载体，选准了美国纽约时报广场这一“世界的十字路口”，将中国的形象恰当、大气地传播到世界，让世界了解了一个客观、多元的中国。这样一个国家形象宣传片实际上是在世界橱窗栏中展示中国的形象。这样无疑会拉近中国和世界的距离，拉近中国和美国之间的距离。这个距离拉近之后，有助于世界更好地了解中国。中国和美国的关系经过多年发展，已经从原来政界的关系、商界的关系，发展到现在的中美两个国家或者两国民众之间的关系——交流越来越多，人的交流越来越亲近。如果说两个国家或者中国和世界其他国家民族之间能够很好地交流、理解，让世界更好地了解一个真实的中国，显然是有助于中国整个对外关系平稳发展的。而且，这对中国文化的提升、对中国吸引力的提升、对中国国家形象的改善都具有非常重要的作用，是一个重大的战略举措。

新媒体的出现和发展不容小觑，它的出现并不仅仅是为百姓增添一种娱乐方式这么简单，而是关系到国家发展的诸多方面。2020年，时任美国总统特朗普，欲封禁抖音海外版应用 TikTok 在美国的运营便是一例，其中涉及诸多权力博弈、商业经营等原因。中国要学会把握运用新媒体的主动权，充分利用诸媒介，用中国人自己的方式展现真实的中国，把握对外宣传的有利时机。在新旧媒体并存发展的时期，在新媒体不断出现和壮大的今天，我国的外宣工作也应与时俱进，积极利用新媒体，实施新形式外宣，为我国争取外宣主动权做出有效贡献。

相信随着新媒体的不断发展，一个更为真实、多元的中国会在世界的更多角落闪耀它氤氲了五千多年的华彩。

二、影视文化与话语权构建

目前，我国已成为全球第二大经济体，但还没有一家真正意义上的世界一流媒体。与发达国家尤其是西方国家媒体相比，我国媒体在新闻采集能力、传播能力、辐射能力等方面还存在很大差距，这造成了我们和西方之间新闻信息流量上的较大逆差，也在一定程度上导致了我国文明进步开放的真实形象与一些西方记者笔下妖魔化形象的较大反差。

话语与文化不可分，一种话语必定内含着特定的文化，西方的话语历来就是与西方文化联系在一起的。当今世界的话语系统存在严重失衡，某些西方国家凭借其超强的经济地位，拥有了强势的文化地位，而处于强势文化的西方国家在对外文化交流中更多地使用本国语言，这样就形成了强势文化对弱势文化的语言优势。在这种语言优势下，西方大国能够在国际文化交流中获取更多的话语权，它们的话语霸权也就顺理成章地加以实施。跨文化传播是国家形象在文化视角下的集中体现和传扬，而影视文化更是国家实力和形象中比较受人关注的对象。因此，一个国家的影视文化，在国际传播和国家形象的塑造中具有不可替代的作用。在全球化兴起的今天，在多元融合的时代，世界各国都在通过对外影视文化传播，来努力使国家和民族的文化融入世界，以促使本国获得国际社会的积极认同。

1. 电影、电视剧与话语权构建

电影作为可以被出口的文化产品，在一国对外宣传中，扮演着不可忽视的角色。虽然电影艺术化的处理，往往和事实不符甚至相去甚远，但我们却不可否认艺术化影像强大且“润物细无声”的宣传作用。在一个信息膨胀而又没有人愿意劳神去查阅翔实资料的时代，电影甚至塑造了许多人对某个未知地域的全部印象。看过伍迪·艾伦的《午夜巴黎》，陶醉于电影中如诗如画的巴黎夜景，我们会很自然地把巴黎和干净的街道、艺术气息浓厚的建筑、优雅的艺术家联系到一起来。正如片头的台词：“你能设想雨中的这座城市，会美得让人晕倒吗？”伍迪·艾伦的这部电影，成了最好的巴黎“城市宣传片”。每一个镜头、每一段音乐、每一句台词，都为世界各地那些从未去过巴黎的人，塑造了一个美到极致、浪漫致死的“拟态环境”。

目前，世界范围内的影视文化交流日益繁荣。可以说，一个国家的影视作品，就是该国文化传播的重要组成部分；而影视作品中所展示的国家形象更具有政治信息传播的内涵，在国际传播和国际话语权竞争中有着极其重要的作用。

从 20 世纪 90 年代初期开始，西方传媒领域对中国文化、中国政治的误读就来源于中国目前的影视出口产品中的鱼龙混杂，其中也包含了大量的纪实作品，“伪文化”“愚昧文化”“极端文化”“边缘文化”等见不得阳光的格调，占据了相当一部分地下出口市场比例。而别有用心的少部分西方传媒却舍本逐末，对一些顺从阴暗的“角落文化”张开关心的臂膀，使许多对中国形象不利的纪录片流通海外。相反，此类作品的出口又反过来刺激了个别国内制作人改变自己的主流创作形式，舍本逐末，迎合边缘。

21 世纪的第二个十年，中国电影票房收入快速增长，电影产业复苏繁荣，但外国电影特别是美国电影的影响依旧不小。2019 年，中国电影总票房为 642.66 亿元，国产片占比 64.07%，虽然无论是总票房还国产片票房占比都有所增长，但依然有近四成票房被外国电影拿走，其中美国电影《复仇者联盟 4：终局之战》《速度与激情：特别行动》《蜘蛛侠：英雄远征》以 42.05 亿元、14.18 亿元、14.01 亿元票房，位居中国电影票房榜第 3 位、第 10 位和第 11 位。从票房上看，美国电影在中国的影响不容小觑，更为重要的是，美国电影带来的美国文化成为青年观众休闲娱乐、文化生活的重要内容，潜移默化地影响着人们的思想价值观念。

近年来，中国电影在世界的影响虽有所提升，但影响力依旧不强，除了早年间的武打片、功夫片，以及几个亚洲面孔明星作为好莱坞电影的点缀，世界观众对于中国电影的印象不深，与中国作为政治经济大国的地位极不相称。

而与中国不同的是，掌握着世界话语霸权的美国，在利用影视文化进行国际传播和话语权表达时却产生了意想不到的良好效果，造成了全球化，从某种意义上来说就是美国化的态势。借助美国强大的影视文化产业霸权，西方的价值观和思考方式在地球上广为传播，从而让世界上更多的人得以了解美国文化和价值观，也有更多的人会倾听美国、关注美国，帮助其获得并掌握话语霸权。

美剧在中国的流行独具特色。它一直延续着网络下载的方式，美剧不像韩剧的进口，它没有被国内电视台大张旗鼓地引进，而更多地依靠互联网传播在人群中火热流行，有报道称之为“隐秘流行”。之所以隐秘，一部分原因是因为在这种流行之中，涉及多个文化和法律的灰色地带，或者直接就是违反相关规定。

美剧的火爆流行，让许多局外人不解。究竟美剧有何多娇，引无数“粉丝”竟通宵？十几年前谁也未曾想到，遭国门抵制的美国电视剧借助新媒体技术成为时下最被看好的流行文化。而今，美剧的影响已经遍及国内，并且有愈演愈烈之势。尽管有语言门槛和传播渠道上的诸多限制，美剧依然长驱直入到大陆流行文化的最深层。近几年来的北京中关村图书大厦内，最醒目的位置摆着热销书和光碟，书是国学书，光碟则是“看美剧，学英语”。打着英语教学的旗号，美剧终于寻找到通路堂而皇之地通过正版市场进入中国，受到青年一代追捧。在流行初期，大多数国内观众以学英语为目的观看美剧，为美剧的网络地下传播大开方便之门，那些能熟练使用网络资源、英语较好、有空闲时间的年轻人成为拥抱美剧的首批忠实粉丝。深入侵略一个国家的文化，莫过于语言的方式，当语言在担任交流工具的基础上演变为国家文化跨国同化的工具时，本国的传统文化就面临挑战了。其实，国内英语教育的普及无疑是美剧传播的一个便利条件。

美剧独创的互动播出方式在网络上得到了放大。比如一般美剧论坛都会有多个栏目，栏目中常见到以当下流行的电视剧为名分的栏目，比如《越狱》《犯罪现场调查》等。对于这样一个特殊的现象，网友说：“美剧不同于以往国内的电视剧。首先是取材广泛而独特，对美剧来说编剧是非常重要的，是成功的关键。流行美剧中，角色是被剧情推动的，人物性格也由剧情塑造。还有就是美剧制作精良。”“每周一集的播出给网友们提供了充足的讨论时间。大家都可以预测下一步的剧情，每个人都有一种参与感。”其实，国外已经有过类似的例子，一些电视台在“剧迷”的抗议下曾经屡次修改剧情，这比传统的单向灌输方式要好很多。

西方影视文化对中国传统文化的影响与互动日益加深，也成为新语境的重要表现之一。国际电视形势的日新月异，使国内电视业的实践与学术两大领域都普遍感到压力，人们迫切期望汲取西方传媒领域的先进经验与知识；同时以美英等国家为首的西方传媒机构和媒介巨头把握一切机会抢滩国内市场，西方电视产品通过“阳光下”的产品整合行销手段和“阴影中”的网络地下传播、盗版经营渠道潜入内陆。随着国际社会多级格局日趋复杂，文化跨地域传播日益交错，西方的审美价值观正演变成一种全球性的普遍标准，侵蚀着世界其他地区的传统审美文化。

美国电视剧是西方影视文化进入我国最主要的形式之一。美剧的文本领域中拥有话语权的往往不是学者，更多是成千上万条网友的感慨，这些感慨往往是零散的、碎片化的，甚至是缺乏逻辑的，但是自发的、最真挚的、充满内心体验的。这正充分表明美剧的“入侵”对我国的影响之深，同时更是我国外宣领域错综复杂的生动表现。

不难看出，影视文化的国际传播往往裹挟着本国价值观的渗透，通过影视文化潜移默化地输入到世界的各个角落中去，对人的思想和观念进行影响，潜在地促使人们认同传播者的思想和观点。如果再在这个基础上进行话语权的竞争，往往能够更快收到满意的效果。可以说，影视文化是国际传播和话语权竞争的一个有力的武器和工具，充分利用好这个武器，能够为我国的国际话语权竞争贡献力量。

需要指出的是，影视文化在国际传播中时常扮演着双刃剑的角色。以电影为例，得天独厚的传播载体使其在外宣与对外文化交流上成绩斐然。然而在显示中国气派和大国品格的同时，中国电影的出口也时常传播着容易引起误导的信息。从20世纪70年代李小龙武打电影的风靡，直到今天成龙、周润发、李连杰等打星在海外影视圈地位的确立，都曾一度使很多外国人误认为中国是一个崇尚暴力和武力的国家。无独有偶，20世纪90年代后期清朝历史题材影视剧的出口，给西方造成“中国古人都是光头留辫子”的误解。可见，在利用影视文化进行国际传播时，要充分认识到影视文化双刃剑的特性，在利用影视文化进行国际传播时要充分重视传播内容可能产生的影响。只有将中国优秀的文化和先进的思想不偏不倚地传播出去，才能够为我国赢得更多的理解和话语权。

2. 纪录片与话语权构建

21世纪以来，外国媒体眼中的中国，似乎任何事物背后都有一个“更真实”的“真相”，这些“真相”多半见不得人，或至少可以被解读成“见不得人”。食品安全、质量问题、滥用职权、贪赃枉法等，成为别有用心的西方记者们先入为主的“中国真相”。外国媒体热衷于到中国“闯衙门，反权威，揭疮疤”，让人们对所谓真相不忍卒读，以至于对中国产生误解和偏见。

“真相”并不存在，却能够吸引眼球。“真实”也都是带有主观选择性的，但他们都有“貌似客观”的外表，因此在传播效果上更好。如何利用好“纪实”武器，打赢外宣战役，为话语权竞争营造有利条件，纪录片是一个不能够回避的方面。

纪录片兼具艺术美与社会美的特质，是一个国家或地区物质文化、制度文化和精神文化建设中不可或缺的重要组成部分。纪录片文化是人类文化创造中最具时代活力、国际传播意义的文化样式，也是社会影响最大的文化样式之一。其特点是同属于大众传媒系统与艺术创造系统，也属于广义的社会文化系统。纪录片不是最为盈利的商业电视行业，但其不仅在传媒文化、艺术文化、审美文化的几个系统中占据着不可替代的扛鼎地位，而且对政治、经济、文化、社会、科技乃至外交、经贸等各个领域都产生着直接或间接的重要影响。

回顾中国电视纪录片半个多世纪的发展轨迹，每一个阶段、每个特征都与整个社会的大背景紧密相关，技术革新、西方先进经验的吸纳等都是60多年轨迹变迁的推动力与关键性因素。在这60多年的发展历程中，无论中国电视纪录片迈向高峰还是徘徊低谷，中国电视纪录片人都以无限的热情、坚忍的精神、无畏的勇气探索创新、努力前行。因为我们不但有着丰富的自然资源、上下五千年的人文资源，我们还处在伟大的历史转折和千载难逢的时代机遇中，这些资源、背景、优势都为中国电视纪录片的发展提供了新的契机。

“真实”与纪录片的关系始终是争论的焦点。中国纪录片发展的历史，是“真实”这一概念被不断解构、重构、颠覆的历史。历数中国纪录片的数次起承转合，都表现为一种对“真实”的矫枉过正。曾几何时，连篇累牍宣传与说教受到批判，带来了“原生态真实记录”的矫枉过正，一时间“长镜头”“跟踪拍摄”“同期声”成为关键词，摇摇晃晃的拍摄方式成为时尚。这种矫枉过正使得一批走了边缘化误区的纪录片人终被主流播出平台所扬弃，夹缝中生存的纪录片人坚定地追求“真实”，却越来越远离对“真实”意义的思辨与判断。

真实不等于真相。近十年来，不少独立纪录片人的作品在主流媒介得不到肯定的情况下，开始通过外销作品卖给国外电视台，或参加国外电影节等方式来获取名利。从 20 世纪 90 年代初期开始，西方传媒领域对中国文化、中国政治的误读就来源于中国目前的影视出口产品中的鱼龙混杂，其中也包含了大量纪实作品，“伪文化”“愚昧文化”“极端文化”“边缘文化”等见不得阳光的格调，占据了相当一部分地下出口市场的比例。

业内关于纪录片创作方式、创作理念的探讨层出不穷，却少有人用国家发展战略的眼光来看待纪录片的国际对外交流问题。在喧嚣与浮华的背后，纪录片在对外交流和国际传播领域中树立中华民族形象方面的重要性尚未引起国内专家学者的足够重视。我国不仅没有充分利用这一纪实艺术手段展现一个全面、真实的中国，反而给一些别有用心者留下了以偏概全、误读中国的机会。

虽然纪录片具有了传承文明、凝聚历史人文价值的社会功效，但由于中国在纪录片国际传播领域的投入与重视严重不足，难以形成规模并得到国际市场重视。“中学为体，西学为用”，百年前晚清张之洞在大搞洋务运动时的心得在今天对国家影视对外策略的制定依然有所启迪。当“探索发现”“国家地理频道”等机构的纪录片以科技和教育为手段渗透，蚕食国内纪录片的残余时段时，国内纪录片也终于开拓思维向西方学习策划系列化、制作模式化、营销工业化的精品战略——我们欣喜地看到央视等媒体的纪实与专题栏目已经开始用“娱乐的方式去教育受众，用悬念的方式解构故事，用故事的方式传播信息”等国际化制作方式进行大胆尝试，进而拓展纪录片的外宣张力。

步入 21 世纪，中国文化乃至世界文化均呈现多元化发展的态势，纪录片作为社会文化的一面镜子，最终由于文化多元变化的内因也表现为百花齐放的景观。纵观近年国内外优秀纪录片创作趋势，题材类型的多元化、选材内容的仪式化、写意手法的多样化，涉及的领域包涵社会的各个角落、方方面面。纪录片作为一种纪实的艺术是实现对外传播的有效途径，虽然不是最为盈利的商业电视形式，但国际各国均不会放弃纪录片领域的发展。国际纪录片不仅在形式上突破创新，而且在题材的选择上、时空结构的创新上，都有了长足进展。

如同电视本身一样，中国电视纪录片从制作设备、创作理念、表现手法等最初都是“舶来品”。这种先天的基因使它在成长过程中有种不断向外延伸的内在动力，但是由于特定的社会环境，中国电视纪录片的理念与方式未能与世界同步，直到 20 世纪 80 年代中后期才开始将目光瞄准世界，大踏步地前进。因此，在创作路径上，中国电视纪录片体现为从国内走向国际，并且与国际逐步接轨、融合。

3. 新闻传播与话语权构建

30 年前，联合国教科文组织曾在其报告《多种声音，一个世界》中指出：美联社每天通过世界通信服务从纽约向亚洲发送 9 万个单词，而亚洲每天只向全世界传送 1.9 万个单词。另一项研究显示，目前全球 90% 以上的新闻信息是西方主要媒体提供的，形成了“一犬吠日、众犬吠声”的态势。CNN、BBC 几乎成了新闻的代名词，这说明西方媒体的话语权优势大多数反映在新闻信息的领域中。对于正在走向世界的我国媒体来说，西方媒体是最大的挑战。

（1）中国媒体的新闻采编，应由以国内发展为主兼顾国际，向国内国际并重发展转变；由被动接受、回应国际舆论，转变为主动影响、制造国际舆论。特别是中央级电视媒体，应建立全球重大突发事件应急报道机制，在全球范围内逐步建立若干区域性突发事件应急报道小组，配备海事卫星传送系统等便携技术设备，成为“移动记者站”，建立辐射全球的电视新闻采编网络，增大自主选题、独立采访的原创国际新闻量。

（2）拓宽国际自采新闻节目的同步或二次传播渠道，力争形成包括各地方台、平面媒体、网络媒体、其他新媒体、海外输出、行业机构、个人用户在内的立体传播载体网络。特别是国际新闻采编领域，一定要提高到达现场的能力，提高信息的有效性、权威性、现场感和感染力。要充分利用国际社会和其他国际媒体资源，建立特约报道员、特约通讯员制度，确保在电视记者不能及时到达现场的情况下，也能实现第一现场、第一时间视频发稿。还要加强国际新闻评论，提升国际新闻的原创率、首发率。

（3）在国际传播中，中央台、国际台等新闻中心应推行“去栏目化”战略，除保留少量精品周刊类深度新闻节目以外，其他内容应该实现连续性滚动串接，使新闻频道内容更加循环流畅。在新闻外宣的管理上，对电视新闻业务人员要采取专业化分工，区分“采集”与“编辑”工作。国际上的新闻采集工作应该结束于共享平台的通稿，后期编辑、包装、整合编排等工作应该由各国际频道新闻中心编辑完成。

总体来讲，中国的视听内容文化要进军国际电视舞台，我们认为，应该注意这样几点：

1. 综艺娱乐领域应强化节目形态的策划与创新，特别要注意与国际接轨。即便是一档文化访谈栏目，也应该尽量交叉融合演艺、娱乐、文化、资讯、益智等多重文艺元素。还要在栏目的设置中，广泛借鉴海内外优秀电视节目样式，整合盘活国内外明星资源。要在坚决抵制“三俗”的基础上，力求雅俗共赏，努力满足国内外广大电视观众的多样化收视需求。

2. 财经领域应注重放眼世界，多多了解全球性的资讯，特别要在“专业性和服务性”上，加大提升专业财经资讯的采集和解读能力，加强国内国外分演播室建设，加大消费类、时尚类、理财类等大众财经节目布局，更好地满足国内外百姓多样性的经济生活需求。要建立财经“智库系统”，引进表达能力强、适合电视化表现的国际性财经行业专家，着力打造大众的、权威的、专业的让世界财经界和理财者“离不开”的财经节目。

3.影视剧方面，应通过政策和市场两个手段杜绝“奢华虚假”与“粗制滥造”两个极端现象。要大力提升编剧与策划的国际视野，在鼓励贴近百姓生活、展现社会风采的现实主义题材作品，打造电视剧“重点基地”和“中国制造”品牌的同时，广泛借鉴西方以及美剧创作经验，加强与国际优秀影视制作机构和创作团队的有效整合。

4. 纪录片层面需要拓宽创作选题，尤其要想方设法与国际接轨。这除了要尽量多地介入国际电影电视节，将中国的纪录片推介到国外，还要在国内建立大型纪录片项目的招投标制度，扶植那些传承中华文明、聚焦百姓民生的重点选题；同时大力开发素材资源的重复利用，制作真实感强的纪实性素材增值节目；与国际一流纪录片制作机构或团队合作选题拍摄，购买优质海内外纪录片播映版权。

5. 动漫方面，我们在品牌树立上与国外比还有不少的差距。我们要力争将节目类型覆盖全年龄段，开发动画制作新技术，引进优秀动漫人才，增强动漫资源的国际共享，在制作水准上尽快与国际接轨，提高自制节目数量和水平，设计并打造“中国特色”的电视经典品牌卡通形象。

6. 体育方面，与国际接轨的一个重要内容就是要加快制播分离试点改革，聚焦世界体育核心赛事的信号制作与版权销售，主动策划大型民生类文体娱乐活动，开发体育文化衍生品市场，打造电视体育文化产业链条，最终实现上市融资。

中国与世界发展的现实，已经把国际话语体系建构的任务突出地摆在我们面前了，这是毋庸置疑的，在我国发展的重要机遇期，我们要善于发现机遇、把握机遇。在未来国际社会的发展中，国际传播和话语权争夺依然将会是各个国家在发展政治、经济、军事等硬实力基础上，要努力经营和发展的软实力因素。我们相信，随着中国模式的成功，中国的话语体系和核心价值观也将作为软实力扩散到全球，成为人类价值观多元化的积极组成部分。